근대 호텔 모습

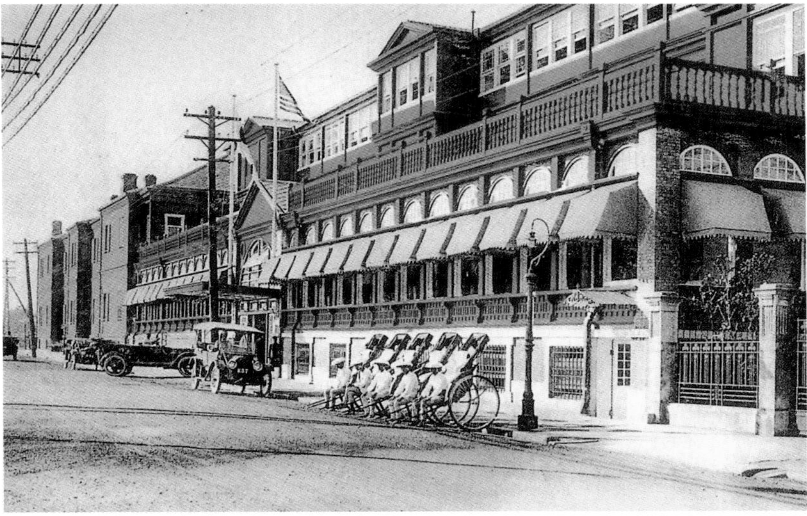

요코하마 그랜드 호텔 1912~1921년(다이쇼 시대)

호텔 앞에 자동차와 인력거가 줄지어 서있다.

요코하마 그랜드 호텔의 휴게 · 담화실 1912~1921년(다이쇼 시대)

하코네 미야노시타 후지야 호텔 1880년(메이지 13)

순 일본 가옥으로 된 숙박시설. 정원에 분수가 이채롭다.

하코네 미야노시타, 체어

등나무와 대로 만든 의자에 대나무 봉을 달아 네 명의 인부가 어깨 위에 들쳐 멨다.

교토 야아미 호텔 1887~96년(메이지 20년대)

1879년(메이지 12) 외국인 가이드 출신인 나가사키현 이노우에 만키치가 폐불훼석으로 폐사가 된 교토 마루야마 공원 안에 있는 안요지(安養寺)를 매입해서 야아미 호텔을 개업했다. 객실 수 40, 조명을 석유 램프를 사용했다. 커튼을 문 대용으로 이용했다.

고베 오리엔탈 호텔 1907~1916년(메이지 40~다이쇼 5)

가마쿠라 유이가하마 가이힝인 호텔 1907~1916년(메이지 40~다이쇼 5)

1884년(메이지 17) 나가사키에서 네덜란드인 의사 폰페로부터 서양 의학을 배운 의사 나가요 센사이(長与專齊)가 사나토리움을 건설. 1887년(메이지 20) 7월 요코하마의 나카야마 야스베(中山安兵衛), 하라 젠노스케(原善之助) 등으로부터 사나토리움을 사들여 호텔로 개조, 20개의 객실을 갖춘 가이힝인 호텔 영업을 개시했다.

닛코 가네야 호텔 1897~1906년(메이지 30년대)

1873년(메이지 6) J.C.헵번 등의 요망으로 가네야 카테지인이 탄생. 1893년(메이지 26) 헵번이 처음 머문 이래 20년의 긴 세월에 걸친 꿈을 실현하여 닛코 가네야 호텔을 개업했다.

도쿄 신바시역 1907년(메이지 40)

1872년(메이지 5) 신바시에 역을 설치. 일본 최초 철도 시발역. 사진은 긴좌 쪽을 찍은 것. 중앙 왼편은 전시장의 시계탑. 촬영은 오가와 가즈마사(小川一眞).

도쿄 쓰키지 세요켄 호텔 1897~1906년(메이지 30년대)

1872년(메이지 5) 개업 당일 화재로 하루도 채 영업을 하지 못하고 소실. 이듬해 1873년(메이지 6) 재건 후 영업을 재개하여 1906년까지 존재했다. 문명개화와 더불어 서구의 사상과 풍속을 학습하기 위해 일본 해군 사관이 세요켄에서 양식을 먹으며 매너를 익혔다.

도쿄, 라이트가 설계한 데이코쿠 호텔 1922년(다이쇼 11)

1922년(다이쇼 11)에 7월에 개업 설계 및 감독은 미국인 프랭크 로이드 라이트. 총 공사비 850만 엔. 목욕탕과 전화가 설치된 객실 250실 대연회장, 극장, 대식당, 무도장, 대소 연회장, 옥상 정원, 실내 수영장, 그릴, 우체국을 갖추고 있었다. 구조는 철근 콘크리트와 벽돌. 서양 세탁, 통풍 장치, 엘리베이터, 실내 청소까지 전기화되었고 세계에서 둘도 없는 전기 호텔로 불렸다.

식민지 시기 경성의 조선호텔(1934, 경성)

당시 호텔 주변의 정원은 유명했다.

대만의 철도호텔(1930, 대만)

지붕의 나무숲과 서양식 건축이 돋보인다.

중국 대련 오오야마 거리의 요동호텔(1935, 대련)

만주철도 직영의 대표적 호텔

화려하고 우아한 르네상스식 건축을 뽐내고 있다.

호 텔

근대 문명의 상징

국립중앙도서관 출판시도서목록(CIP)

호텔 : 근대 문명의 상징 / 도미타 쇼지 지음 ; 유재연 옮김.
-- 서울 : 논형, 2008
p. ;   cm. -- (일본근대스펙트럼 ;7)

원표제: ホテルと日本近代
원저자명: 富田昭次
ISBN 978-89-90618-68-9 04910 : \15000
ISBN 978-89-90618-90-0(세트)

596.81-KDC4
647.94-DDC21   CIP2008000166

호텔

근대 문명의 상징

도미타 쇼지 지음
유재연 옮김

논형

ホテルと日本近代 富田昭次 著 青弓社

HOTEL TO NIHONKINDAI
by Shoji Tomita

호텔

근대 문명의 상징

지은이 도미타 쇼지富田昭次

옮긴이 유재연

초판1쇄 인쇄 2008년 1월 20일

초판1쇄 발행 2008년 1월 30일

펴낸곳 논형

펴낸이 소재두

편집위원 이종욱

편집 최주연, 김현경

내지디자인 박진희, 이순옥

표지디자인 디자인공 이명림

등록번호 제2003-000019호

등록일자 2003년 3월 5일

주소 서울시 관악구 봉천2동 7-78, 한립토이프라자 5층

전화 02-887-3561 **팩스** 02-887-6690

ISBN 978-89-90618-68-9 04910

가격 15,000원

기획의 말

일본을 가깝고도 먼 나라라고 한다. 감정적인 거리를 뜻하는 말이겠지만, 학문적으로 무엇이 가깝고 무엇이 먼지 아직 불분명하다. 학문은 감정에 흔들려서는 안 된다. 지금까지 우리 학문은 일본을 평가하려고만 들었지, 분석하려고 하지 않았다. 더욱이 일본을 알아나가는 행위는 운명적으로 우리를 이해하는 길과 통해 있다. 그것이 백제 멸망 이후 바다를 넘어간 도래민족의 찬란한 문화, 조선통신사가 전한 선진 중국의 문물과 같은 자랑스러운 기억이든, 혹은 임진왜란, 정유재란, 식민통치로 이어지는 아픈 상처이든 일본과 한국은 떼어놓을 수 없는 적이자 동지이다.

그런 가운데 근대는 바로 그 질서를 뒤엎는 혁명적인 시기였다. 메이지유신을 통해 서구의 기술과 문물을 적극 받아들인 일본은 동양의 근대화에서 하나의 본보기로 여겨졌으며, 그들 또한 자신들의 기준을 동양에 강제적으로 이식시켰다. 근대는 한 마디로 엄청난 높이, 놀라운 규모, 그리고 무서운 속도로 우리들에게 다가왔으며, 지금까지 경험하지 못한 공포와 함께 강한 매력을 선물하였다.

'일본 근대 스펙트럼' 은 일본이 수용한 근대의 원형, 그리고 그것이 일본에 뿌리내리기까지 어떤 과정을 거쳐 변모했는지를 살피고자 한다. 특히 백화점, 박람회, 운동회, 철도와 여행 등 일련의 작업을 통해 근대 초기, 일본 사회를 충격과 흥분으로 몰아넣은 실상들을 하나하나 캐내고자 한다. 왜냐하면 우린 아직 그 높이, 규모, 속도를 정확히 측정한 적이 없기 때문이다. 다행히 '근대 일본의 스펙트럼' 시리즈에서 소개하는 책들은 현재 일본 학계를 이끄는 대표적인 저서들로 전체를 가늠하는 데 큰 힘이 될 것이다.

물론 이번 시리즈를 통해 우리가 얻고자 하는 결실은 일본 근대의 이해만이 아니다. 이번 작업을 통해 우리는 우리 근대사회의 일상을 잴 수 있는 도구를 얻을 수 있을 것이다. 식민지 조선사회를 형성하였던 근대의 맹아, 근대의 유혹과 반응, 그리고 그 근대의 변모들을 거대 담론으로만 재단한다면 근대의 본질을 놓치고 말 것이다. 근대는 일상의 승리였으며, 인간 본위의 욕망이 분출된 시기였기 때문이다. 안타깝게도 우리는 근대사회의 조각들마저 잃어버렸거나 무시하여 왔다. 이제 이번 시리즈로 비록 모자라고 조각난 기억들과 자료들이지만, 이들을 어떻게 맞춰나가야 할지 그 지혜를 엿보는 것도 유익할 것이다.

기획자가 백화점, 박람회, 운동회, 일본의 군대, 철도와 여행 등을 시리즈로 묶은 이유는 이들 주제가 근대의 본질, 일상의 면모, 욕망의 현주소를 보여주는 구체적인 예라고 생각했기 때문이다. 수많은 상품을 한자리에 모아서 진열하고 파는 욕망의 궁전, 그리고 새로운 가치와 꿈을 주입하던 박람회는 말 그대로 '널리 보는' 행위가 중심이다. 전통적인 몸의 쓰임새와는 전혀 다른 새로운 움직임을 보여 주었다는 점에서는 운동회와 여행은 근대적 신체가 어떻게 만들어졌으며, 근대적 신체에 무엇이 요구되었는지를 살피는 계기가 될 수도 있을 것이다. 이런저런 의미에서 근대를 한마디로 '보기'와 '움직이기'의 시대라고 할 수도 있겠다.

'일본 근대 스펙트럼'은 바로 근대라는 빛이 일본사회 속에서 어떤 다양한 색깔을 띠면서 전개되었는지 살피는 작업이다. 또한 그 다양성이야말로 당대를 살아가던 사람들의 고민이자 기쁨이고 삶이었음을 증명해 보이고자 한다. 그리고 궁극적으로는 한국사회의 근대 실상을 다양한 스펙트럼으로 조명되고, 입중되는 계기가 되었으면 좋겠다.

논형 기획위원회

서문

패전 직후 일본에 진주한 연합군 사령관 더글러스 맥아더Douglas A. MacArthur, 그를 처음으로 당당하게 맞이한 사람은 요코하마의 호텔 뉴그랜드 회장 노무라 요조野村洋三였다.

1973년(쇼와昭和 48년)에 일어난 김대중(전 한국 대통령) 납치 사건, 그 현장은 도쿄 구단시타의 호텔 그랜드팔레스였다.

오늘의 경제정세를 이야기할 때 빠뜨릴 수 없는 플라자합의. 여기서 플라자란 주요 5개국의 경제담당 장관들이 회합을 한 뉴욕의 플라자 호텔을 말한다.

사람들이 모이고 흩어지는 호텔이라는 공간에서는 항상 어떤 일들이 일어나고 있다. 그런 의미에서 어떤 이는 '호텔은 역사의 목격자다' 라고 말하기도 했다. 그러면 항상 역사의 무대가 된 호텔은 일본에서는 어떻게 세워졌고 또 어떻게 인식이 되어 왔을까?

숙박시설이라는 성격에 사교의 장으로서의 기능이 가미된 호텔이 일본에 들어온 것은 개국이 되고나서였다. 맨 처음에는 동양의 작은 섬

나라에 흥미를 품고 들어온 외국인이 거류지의 일본가옥을 호텔로 꾸몄다가 점차 본격적으로 서양식 건물을 지어 호텔로 사용했다. 그 새로운 숙박 시설은 재류 외국인을 위한 사교장이 되어 서양 문화 유입의 창구 역할을 했다. 예를 들어 그 대표 격이라 할 수 있는 외국인이 경영한 그랜드 호텔은 1873년(메이지 6년)에 요코하마에 개업한 후 간토關東 대지진(1923년 9월 1일 도쿄와 요코하마를 중심으로 발생한 대지진)으로 무너질 때까지 서양 문화의 전당으로 활약했다. 그랜드 호텔이 개업하고 나서 정확히 20년 후에 요코하마에서 태어난 시시분로쿠獅子文六는 어릴 적 보았던 그 호텔의 광경을 이렇게 기억하고 있다.

> 그것은 궁전 말고는 다른 인상이 없었다. 특히 밤의 모습이 아름다웠다. 당시 그렇게 휘황찬란하게 불을 켜놓은 곳은 없었다. [……] 1층에 대식당이 있고 [……] 식사시간에는 음악을 연주했다. 브라스밴드였는데 무척이나 산뜻한 청량감 그 자체였다.(《그랜드 호텔의 기억(グランドホテルの記憶)》)

교토京都 호텔과 데이코쿠帝國 호텔을 거쳐 다이쇼大正 시대에 이 호텔에서 바텐더로 근무한 아키타 세이로쿠秋田清六는 일본인이 경영하는 호텔에 비해 근무체제가 확립되어 있었던 점에 감동한다.

> 과연 미국사람이 경영하는 호텔이더군요. 근무시간이든 뭐든 일본과는 전혀 딴판이에요. 낮 열두 시에 근무를 시작해서 오후 여섯 시면 끝이 납니다. 그리고 그 다음 날 여섯 시부터 열두 시까지 근무합니다. 그런 사이클로 일을 하고 한 주에 하루씩 반드시 교대로 쉽니다. 그야말로 정확하게 시간표를 편성하지요.(이토 세이스케(伊藤精介), 《명 바텐더 이야기(名バーテンダー物語)》)

한편으로는 진취적인 정신을 지닌 일본인이 호텔 건설에 도전했다. 앞으로는 서양 건축시대가 될 것이라 간파한 2대 시미즈 기스케清水喜助는 일찌감치 호텔 건설에 착수하여 연호가 메이지로 바뀌던 해에 쓰키지 호텔관을 완공했다.

아마 이 여명기에 호텔 건설에 종사한 일본인은 호텔이 응접실과 회합, 식사, 그리고 취침에 이르기까지 모든 기능을 충족시켜주던 료칸旅館[1]이나 갸쿠사客舍[2]와는 구조가 전혀 다르다는 것을 분명히 알고 있었을 것이다. 로비나 식당, 연회장 등 공공의 공간을 갖춘 호텔 구조에 대해 처음으로 배웠을 터이기 때문이다. 아울러 호텔이 단순히 여행자를 위한 시설이 아니라는 것도 이해했을 것이다.

그러던 차에 메이지기 이후 외국인을 상대로 '호텔' 이름을 내건 료칸이 속속 등장했다. 그러다보니 외국인 여행자가 서양식 호텔로 생각하고 들어갔다가 실제로는 일본식 료칸이라는 것을 알고 당혹해하는 일도 흔히 있었다. 료칸 경영자는 단순히 료칸을 영역하면 호텔이 되는 줄로 알고 있었는지도 모른다. 그러나 외국인으로서는 호텔은 호텔, 료칸은 료칸일 뿐 양자 사이에는 커다란 골이 가로놓여 있었던 것이다. 어디까지나 료칸은 료칸으로 불려야 했고 호텔과는 분명하게 선을 그어야 했다.

그것은 그렇다 치고 메이지 시대에는 일본을 구미와 동등한 문명국의 반열에 올리려 했던 정치가나 실업가들이 호텔 건설에 뛰어든 사실도 잊어서는 안 된다. 그러한 배경은 구미 여러 나라들의 권력자나 대부호가 그랜드 호텔을 세워 황금시대를 구가하던 19세기 후반의 선진국의

---

1) 여관은 한국과 일본이 동일한 한자를 쓰지만, 일본의 경우 전통적인 숙박업소라는 측면도 포함하고 있어 일본어 원음대로 표기한다.

2) 료칸보다는 격이 낮은 숙박업소.

휘황찬란하던 모습을 재현하려는 데 있었다. 더욱이 호텔의 발전은 그야말로 일본의 근대가 쌓아올린 광경과 그대로 겹친다. 당시 정치가들의 의도에 의해 로쿠메이칸이나 데이코쿠 호텔, 삿포로의 호헤이칸豊平館, 교토 호텔, 나라奈良 호텔 등 영빈관 호텔로 불릴만한 호텔들이 출현한 것이다.

또 호텔이 숙박시설인 이상 여행자의 증가와 직결되는, 철도망의 발전이라는 국토 정비가 동시에 진행된 것도 간과해서는 안 될 것이다. 철도는 그야말로 근대의 상징이며 무엇보다도 청일·러일 전쟁 후에 획득한 식민지에서 철도회사가 호텔을 경영함으로써 패권을 과시한 것은 명백한 역사적 사실이다. 이 점에서도 분명 호텔은 일본 근대를 비추는 거울이었다.

산업사의 시점에서 보자면 그 당시까지의 료칸을 대신하여 사람을 접대하는 호텔 비즈니스는 지금 식으로 말하면 미지의 분야를 개척하려는 대망의 벤처산업의 선구이기도 했다. 사업가들은 여러 문제에 직면하여 문제 해결을 위해 백방으로 노력했고 외화 획득에 전념함과 동시에 국제 친선의 일익을 담당했다. 그리고 시대가 흐름에 따라 관광행정의 중요성을 인식하는 사람들도 늘어나게 되었다.

그러나 시대의 거울이었던 호텔도 처음에는 일반 대중과는 인연이 없는 세계였다. 호헤이칸에 대해 신문은 이런 비판 기사를 실었다.

> 무슨 공익을 위한다고 이런 훌륭한 특별보호 시설인 료칸을 지었단 말인가? 하고 삿포로 시민들이 의문을 품고 있다.

앞서 호텔에 대해 언급한 시시분로쿠처럼 동경을 하는 사람도 없지 않았으나 대부분의 일반인들에게는 좀처럼 받아들이기 어려운 시설이었다. 그 이유로는 호텔이 주로 외국인을 위한 숙박시설이라는 인식과, 생활양식이 아직은 일본식 중심이었기 때문이라고 생각된다. 거기에는 지금처럼 지극히 당연하게 호텔을 이용하고 있는 상황에서 보자면 상상할 수 없을 정도 커다란 격차가 있었다.

외국인을 위한 숙박시설이라고는 하지만 요금만 지불하면 일본인도 숙박할 수 있었다. 그러나 일본식 가옥에서 생활하는 것이 일반적이던 시대에 설령 경제적으로 부유한 사람이라 하더라도 외국의 귀빈을 맞이하는 호화스러운 분위기에, 그것도 많은 외국인이 머물고 있는 서양식 건물에 혼자서 당당하게 들어갈 수 있는 보통사람이 과연 얼마나 있었을까? 역시 외국인과 접촉해야 하는 정부 관계자나 무역상이 아니고서는 좀처럼 친근해지기가 어려운 시설이었을 것이다.

호텔이 아직은 멀게만 느껴지던 무렵, 일본인은 호텔을 일종의 이국적인 공간으로 받아들였던 것 같다. 예를 들면 1909년(메이지 12년)에 개업한 나라 호텔의 옛날 숙박객 명부를 보면 일본인 숙박자의 경우도 영문 서명을 남겼다(여담이지만 1963년(쇼와 38년)에 개업한 도쿄 힐튼 호텔에서도 일본인도 머물 수 있냐고 문의하는 손님이 있었다 한다).

호텔이 일반인들에게 인지된 것은 다이쇼 시대에 들어선 이후부터라 할 수 있다. 1918년(다이쇼 6년)에 발행된 잡지《건축화보建築畵報》에는 다음과 같은 기사가 실려 있다.

> 일본인 손님이 가장 많이 출입하는 도쿄역 호텔(현재의 도쿄 스테이션 호텔)이 번성한 한 가지 이유로, 일본인에게 서양식 호텔의 수속이 간단명료하여 합리적이라는 사실을 알게 되면서 손님이 모여들었기 때문이며, 특히 간사이(關西)지방(오사카, 교토를 중심으로 한 지역)에서 온 여행객이 가끔씩 머문다.

그리고 호텔의 간편하고 쾌적한 점을 확실하게 알게 된 것은 1938년(쇼와 13년) 개업한 다이이치第一 호텔을 통해서였다. 침대차 요금을 기준으로 객실 요금을 설정하여, 626실의 거대한 규모에 모든 객실에 냉난방 시설을 갖추자 호텔은 대성황을 이루게 되었다. 일류 호텔로 알려진 데이코쿠 호텔도 아직 냉방 설비를 갖추지 못한 시기였던 터라 다이이치 호텔의 시설 때문에 도쿄역과 신바시 근처의 많은 료칸들이 손님을 빼앗겼다. 앙심을 품은 료칸 경영자들은 다이이치 호텔 현관 앞에 말똥을 뿌려 분을 삭였다고 한다.

이와 같이 시대의 거울이라고도 할 수 있는 호텔이라는 문화 장치는 어떻게 해서 일본의 풍토에 뿌리를 내리게 되었을까? 그리고 그 과정에서 어떤 사람들이 관계를 맺으면서 역사를 쌓아왔을까? 시대와 국가의 요청이라는 거시적인 시점과 호텔을 하나의 산업으로 뿌리를 내리게 하려는 사업가들의 미시적인 시점을 교차시키면서 그 발전의 발자취를 더듬어 보고자 한다.

차 례

기획의 말 5
서문 8

1장_거류지 문화의 꽃 17

1. 붐타운 요코하마와 고베의 번창 18
2. 일본인으로 처음 호텔을 세운 사람 44

2장_정치 주도로 탄생한 영빈관 호텔 69

1. 외무경 이노우에 가오루의 도전 70
2. 삿포로에 잠든 일본에서 가장 오래된 호텔 건물 92
3. 외국인을 후대한 옛 도시의 호텔 108

3장_리조트 시대의 개막 135

1. 재류 외국인들이 찾던 피서지 136
2. 온천욕장과 해수욕장의 발전 163

4장_근대국가의 상징으로서 호텔 203

1. 역전호텔의 탄생 204
2. 식민지 만주에서의 호텔 경영 213
3. 관광입국에 대한 자각 237

5장_호텔문화의 다양화와 성숙 269

저자 후기 281
역자 후기 288
참고문헌 293
찾아보기 298

일러두기

- 인명과 지명은 원칙적으로 원음으로 표기했다.
- 그 밖의 고유명사도 원음 표기를 원칙으로 했으나 우리에게 익숙한 말은 일반적으로 사용되는 발음으로 표기 했다.(예 바쿠후(幕府) → 막부)
- 원저에는 각주를 전혀 사용하지 않았으나 한국어판에는 옮긴이 주를 넣었다. 역주는 일본어판 《위키백과》와 《고지엔》 등을 참고로 했다. 잘못된 설명은 전적으로 옮긴이의 몫이다.

1장

거류지 문화의 꽃

1. 붐타운 요코하마와 고베의 번창

《일본 호텔 약사》의 시작은 나가사키야

일본 호텔의 역사는 쇄국에서 개국으로 시대가 커다란 변화를 겪고 있을 때 시작되었다. 나중에 보게 되겠지만 에도 막부나 메이지 유신 정부가 도쿄 쓰키지築地와 오사카 가와구치川口의 거류지(정확하게 말하면 그곳과 인접한 곳이지만)에 계획한 호텔 설립 예정지에서 그 기원을 찾을 수 있다. 그러면 일본 호텔 제1호는 어느 것이었을까? 《일본 호텔 약사日本ホテル略史》라는 책이 있다. 운수성運輸省이 패전 직후인 1946년(쇼와 21년)에 발행한 것인데 이 책의 첫 페이지를 열면 이렇게 쓰여 있다.

> 겐로쿠(元禄) 연간(1699~1703년) 나가사키야(長崎屋). 에도(니혼바시) 혼세키초(本石町) 3초메의 나가사키야 겐에몬(長崎屋源右衛門)이 서양식의 장식이나 기구 등을 갖추어놓고 나가사키에서 올라온 네덜란드인과 그 밖의 외국인을 숙박시켰다.

이것이 일본 호텔의 효시일까?

당시 나가사키 데지마出島에 주재하던 네덜란드 상관장商館長은 정기적으로 헌상품을 가지고 에도로 가서 장군을 알현하는 것이 풍습으로 되어 있었다. 그 상관장이 에도에서 머물던 곳이 나가사키야長崎屋다. 지금도 도쿄도 주오구 무로마치中央区室町 4초메 4번지에 '나가사키야 터' 푯말이 서 있다. 이 나가사키야의 모습에 대해서 공학박사 오쿠마 요시쿠니大熊喜邦의 《도카이도 주쿠에키혼진의 연구 총설편東海道宿驛本陣の研究總說の巻》 속에 이렇게 서술되어 있다.

(상관장이) 체재하는 동안은 막부의 텐몬카타(天文方),[3] 의사, 난학자(蘭学者: 난학이란 에도시대 중기 이후 네덜란드어에 의한 서양의 학술을 연구하려는 학문) 등이 방문을 했기 때문에 손님을 맞이할 기회가 많았다고 하는데 이 나가사키야가 어떤 구조로 되어 있었는지, 방배치가 어떠했는지 등을 알 수 있는 자료조차 남아 있지 않다. 그렇지만 그 겉모습은 히로시게広重[4]가 그린 그림을 통해 다소 상상이 가는 부분도 없지 않다. 입구는 가부키문(冠木門: 지붕 대신에 관목을 두 개의 기둥위에 걸쳐놓은 문)으로 되어있고 그 옆에 지도리하후(千鳥破風: 지붕의 경사면에 붙인 삼각형의 장식판) 형식으로 된 경비실이 있으며 문을 들어서면 빗물막이를 댄 지도리하후 현관이 나타나는데 '영어로 쓴 나가사키야, 가마를 가로로 들여놓은 시키다이(式台)'라는 것을 보면 시키다이(式台) 현관이었음을 알 수 있다.

외부를 이런 식으로 꾸미는 방식은 도카이도東海道[5] 숙박업소 본관의 표면 양식과 똑같은 것으로 고급 하타고旅籠[6]형이라 한다. 아울러 시키다이란 현관 앞에 설치해놓은 나무로 만든 받침대로, 손님을 맞이하거나 보낼 때 인사를 하는 곳을 말한다.

내부에 대해서는 1775년(안에이安永 4년)에 네덜란드 상관의 의사로 부임한 스웨덴 출신의 툰베리Carl Peter Thunberg가 남긴 기록이 있다. 기록에 따르면 "2층에 커다란 거실이 있어 응접과 식사를 겸하게 되어 있고, 또 상관장용의 방과 의사가 공유하는 방이 하나, 그리고 작은 욕실이 붙어있다". 그리고 응접실에는 테이블과 의자며 깔개와 그 밖의 가구들

3) 에도 막부의 직명, 천문, 역술, 측량, 지지(地誌), 양서의 측량 등을 담당했다.
4) 우타가와 히로시게(歌川広重). 에도시대를 대표하는 우키요에 화가 중의 한 사람. 안도 히로시게로도 불린다.
5) 혼슈의 태평양 쪽과 면한 중부 지역의 행정구분 용어였는데, 에도시대에 사실상의 수도를 에도로 옮기면서 교토와 에도를 연결하는 일본의 가장 중요한 가도를 지칭하게 되었다. 구체적으로는 니혼바시(日本橋, 에도)에서 산조오하시(三条大橋, 교토)에 이르는 길.
6) 료칸보다는 급이 낮은 여인숙과 같은 숙박업소.

이 놓여 있었다.

어찌되었건 네덜란드인 일행이 오랫동안 머문 장소는 아니었지만, 향연만큼은 막부 측 또한 조금도 모자람이 없도록 고심한 데서도 엿볼 수 있듯이 막부로서는 가장 소중한 숙소였다고 한다.

또한 이와 비슷한 시설로 교토에 에비야海老屋, 오사카에는 오사카 나가사키야가 있었고 일행들이 에도를 오갈 때 이 시설들에서 머물렀던 것 같다. 《일본 호텔 약사》의 앞부분은 이 세 곳의 네덜란드식 숙박업소의 이름들이 등장하는데, 오늘날의 호텔 개념과는 거리가 멀어 일본 호텔 제1호로 보는 데는 의문이 남는다.

잊혀진 최초의 호텔

《일본 호텔 약사》에서 그 다음으로 등장하는 것은 요코하마横浜 클럽이다. 1863년(분큐文久 3년) "영국인 W. H. 스미스 요코하마 해안거리 5번지에 클럽(클럽호텔의 전신)을 설립하다"라고 서술되어 있다. 이 해는 요코하마 거류지가 건설러시를 맞이했을 무렵에 해당된다. 요코하마는 에도시대만 하더라도 반농반어의 시골로 기껏해야 백 호도 안 되는 한촌에 지나지 않았다. 그러던 시골이 1854년(가에이嘉永 7년) 매슈 페리Matthew Calbraith Perry 1794~1858년 제독[7]과 맺은 미·일화친조약 체결 장소가 되고 훗날 미·일 통상조약에 의해 1859년(안세이安政 6년) 개항함에 따라 거류지에 외국인들이 속속 입주하면서 일약 붐타운으로 변모하게 된다. 그리고 그런 상황 속에서 요코하마 클럽이 설립되었다.

클럽에는 숙박시설도 갖추어져 있어서 호텔로서의 역할도 맡았다.

---

7) 미국의 군인. 멕시코 전쟁에 참전했고, 동인도함대 사령관, 일본 파견 특파대사를 겸임했다. 일본의 개항을 요구해 미·일화친조약에 조인하고 개항을 약속하게 했다.

그리하여《일본 호텔 약사》에도 오르게 되었는데, 같은 내용이《요코하마시사고 풍속편横浜市史稿 風俗編》에도 실려 있다.

> 개항 후 도래한 영국인 모씨는 해안 5번지의 거류지에 거주했는데 분큐 3년에 같은 영국인 시메쓰(앞에 나온 스미스일 것이다)에게 이것을 넘겼다. 시메쓰는 자신의 주거를 같은 나라 사람들을 위한 사교장으로 사용해서 하나의 클럽조직을 이루었고, 아울러 신흥거류지 요코하마에 처음으로 오는 영국 사람들에게 안락한 료칸으로 제공했다. [……] 당시는 호텔 영업을 하는 사람도 없었고, 게다가 새로운 도래자들이 많았기 때문에 그들의 희망에 따르기 위해 각자의 나라 사정과는 관계없이 대체적으로 개방적인 료칸의 형태가 되었다. 그 클럽 료칸은 일본에서 이른바 호텔이라고 칭하는 것으로는 가장 오래된 것으로 일본 호텔의 효시를 이루는 것이었다.

이 책에서는 이 요코하마 클럽을 일본 호텔 제1호로 인정한 것이다. 그리고《일본 호텔 약사》도 같은 견해를 보이고 있다. 그런데 이 사료들은 중대한 사실을 빠뜨리고 있다.

1943년(쇼와 18년)에 발행된《사학논문집史學論文集》안에 이타바시 도모유키板橋倫行가 쓴 〈《요코하마 호텔》 일화横浜ホテル逸事〉라는 논문이 수록되어 있다. 이타바시는 논문 앞 부분에서, 앞서 언급한《요코하마시사고》의 내용을 제시한 다음, "그러나 나는 이 시사고의 설에 의문을 갖는다. 의문 정도가 아니라 이 설은 명백한 오류라 단정하고 싶다. 일본 최초의 호텔은 분큐 3년의 시메쓰 호텔이 아니라 훨씬 더 연대를 거슬러 올라간다"라고 밝히고 있다. 그리고 나서 몇 개의 문헌을 제시하면서 자신의 설을 전개한다.

그 한 예가《슈피스의 프러시아 일본원정기シュピースのプロシャ日本遠征記》다. 원정대에 시찰원으로 참가한 구스타브 슈피스Gustav. Spies는 1860년(만엔万延 원년)에 요코하마에 왔을 때 이용한 호텔에 대해서 다음과 같은 기록을 남겼다.

> 우리들이 묵은 '편자(蹄鐵)호텔(Das Hotel Hufnagel)' 은 널찍한 일본 가옥이었다. 그리고 이 저택 한 가운데는 마굿간, 하인용 방, 급조한 새 객실로 둘러싸여 있었다.

> 이곳 호텔에는 다른 일본의 목조 가옥들과는 달리 통풍이 매우 잘되고 이른바 식당과, 또 식당과 같은 특징을 갖춘 당구장도 있었으며, 바 즉 배에나 있음직한 방랑객을 위한 주점도 있었다. 이 지방에는 단 하나밖에 없는 당구장은 무척 붐볐다.

슈피스는 창문이나 난로가 하나도 없어 추위에 떨면서 지낸 일이라든가, 방의 가구는 '일종의 침대' 에 탁자와 대나무로 만든 의자가 두 개 있을 뿐이었다는 등의 내용을 기록했다.

그리고 이타바시는 이런 자료들에 바탕을 두고 "호텔 후프나겔이야말로 동방 군자의 나라에 세운 최초의 호텔 이름이었다" 고 단정한다. 더욱이 자료 속에 등장하는 편자 호텔이라는 이름이 완전한 오역이었음을 증명했다. 이타바시는《지볼트의 마지막 일본기행シーボルトの最終日本紀行》을 읽고 지볼트 부자(부: Philipp Franz von Siebold)가 묵은 곳이 요코하마 호텔이라는 것을 발견, 그 호텔에는 화가 빌헬름 하이네 Peter Bernhard Wilhelm Heine도 묵은 적이 있는데 그의 기행문 속에 있는 한 문장— "운조쇼運上所[8]

8) 막부 말기 수출입 화물의 감독이나 관세 징수 등의 업무를 맡던 개항장의 관청, 지금의 세관에 해당됨.

에서 멀지 않은 곳에 네덜란드 후프나겔 씨는 한 호텔을 세웠다. 그곳은 누구나 하루에 2달러, 월 50달러를 내면 자그마한 방에서 머물 수 있다"—는 내용으로 보아 후프나겔은 인명이라는 것, 그리고 호텔 이름이 서술자에 따라 요코하마 호텔이 되기도 한다는 사실을 보여주었다.

《일본 호텔 약사》는 나가사키야, 오사카나가사키야, 에비야 다음으로 요코하마 클럽을 올려놓았지만 실은 맨 앞쪽에 호텔 후프나겔 혹은 요코하마 호텔이 올라야 했다.

최고 수준을 자랑한 그랜드 호텔

1860년(만엔 원년)에는 이미 요코하마 호텔이 영업을 하고 있었다는 것이 판명되었지만, 이를 계기로 요코하마는 호텔 붐을 맞이했다. 그리고 마치 우후죽순처럼 소규모 호텔들이 잇달아 탄생했다. 일설에 의하면 그 후 10년 사이에 40개 정도의 호텔이 탄생했다고 한다.

이것은 당시 요코하마의 활발한 경제 상황을 엿볼 수 있게 하지만 그런 가운데서도 1873년(메이지 6년)은 특별한 해였다. 이후 요코하마의 서양풍속 문화의 커다란 무대로 되는 본격적인 호텔인 그랜드 호텔이 개업을 했기 때문이다.

그랜드 호텔은 해안거리의 끝자락인 20번지 헵번식 로마자의 발안자로 잘 알려진 제임스 C. 헵번James Curtis Hepburn 박사의 주거(거류지 39번) 앞, 더 구체적으로 말하면 현재의 마린타워 인접지의 자리에서 첫울음을 터뜨렸다. 목조 2층 건물로, 1층에는 식당, 주방, 독서실이 있고 2층에는 30개 정도의 객실이 있었다. 설계자는 나중에 자세하게 다루겠지만, 쓰키지 호텔관에도 관여한 R. P. 브리젠스Richard.P.Bridgens라고 한다. 호텔 경영은 당초 W. H. 스미스가 총 지배인을 담당했다고 한다. 스미스는 앞서 지적했듯이 요코하마에서 클럽을 설립한 인물로 영국 근위 해병 경기병대의 스미스 중위를 말한다.

그랜드 호텔은 이름 그대로 거류지 요코하마를 대표할 만한 설비를 갖추고 있었다. 1880년대 초에 체재한 크리스토퍼 드레서Christopher Dresser[9]는 그의 저서 《일본*Japan*》에 이렇게 설명하고 있다.

> 첫날 아침 좀 황급하게 식사를 했는데 생선요리, 앙트레(entree)[10], 거기에다가 커다란 고깃덩어리가 잇달아 나와 마치 파리의 그랜드 호텔에 머물고 있다는 착각이 들 정도였다. 또 요리 중에는 클로세 브랙웰사의 보존 육이라든가, 케이러사 제품인 던디(스코틀랜드 동해안에 있는 도시)산 마마래드에 잼까지 마련되어 있었다.

드레서는 또 처음에는 견고한 석조 건물이라 생각했다가 자세히 살펴본 후 벽 표면에 엷은 석판을 붙인 목조 건물이라는 사실을 알게 된다. 그러나 뛰어난 입지 조건에는 감명을 받는다.

양질의 고기와 뛰어난 입지 조건을 갖춘 그랜드 호텔은 애석하게도 실적이 부진하여 1889년(메이지 22년) 영국 해군병원 경리관 미첼 맥도널드 대령을 비롯한 몇몇 사람에게 20만 달러에 팔린다. 그들은 자본금 25만 달러의 그랜드 호텔 주식회사를 설립하여 경영한다.

---

9) 19세기 후반에서 20세기 초에 걸쳐 영국을 중심으로 근대 디자인의 선구적 역할을 한 디자이너로, 금속, 가루, 유리 공예에 뛰어났다.

10) 프랑스 요리로 메뉴 중의 맨처음 나오는 요리. 본래는 정식에서 생선요리와 로스트 사이에 나오는 메뉴의 중심을 이루는 따뜻한 고기요리를 가리키는데 현재는 오도불과 거의 같은 뜻으로 사용된다.

사진 1 1887년(메이지 20년) 준공한 근처에 있는 호텔 윈저하우스를 사들여 신관으로 조성한 뒤의 그랜드 호텔.

그 후의 움직임은, 앞에 나온 《일본 호텔 약사》에 의하면 "얼마 안가 75만 달러를 증자하고 윈저 하우스를 사들여 신관을 증축했다"고 한다. 이 신관에 해당하는 건물은 정확하게 말하면 맥도널드가 매수하기 2년 전인 1887년(메이지 20년)에 준공한 호텔이다. 앞 해의 화재로 소실된 후 프랑스 건축가 P. 샐더의 설계로 재건되었다. 어쨌든 그랜드 호텔은 신관이 마련되면서 객실 100개에 300명을 수용할 수 있는 대식당, 당구장과 바, 사교장, 독서실 외에 자가발전 설비까지 갖추게 되었다.

그렇다면 경영자가 바뀌고 이렇듯 풍부한 설비를 갖춘 후 그랜드 호텔의 분위기는 과연 어떠했을까? 1891년(메이지 24년)에 이 호텔에 묵었던 프랑스인 E. 카발리용의 인상기에서 그 모습을 엿볼 수 있다.

그의 인상기는 거부의 세계유람기라고도 할 만한 《254일의 세계일주》라는 책으로 출판이 되었는데, 이 책에 의하면 그랜드 호텔은 일본에 있는 모든 유럽인들이 모이는 장소가 되었다.

사진 2 그랜드 호텔의 라운지. 요코하마 항과 마주하고 있어 여기에서 배들이 오가는 모습을 볼 수 있었다.

> 외국인이 가볍게 들러서 테라스에 앉아 있기도 하고 바에 들어가 잡담을 나누는 장소가 바로 이 호텔이다.

카발리용이 요코하마에 도착한 것은 이른바 '오쓰 사건大津事件'이 일어난 다음 날이었다. 나중에 다시 언급하겠지만 오쓰 사건은 러시아의 마지막 황제 니콜라이 2세가 황태자 시절 일본을 방문했을 때 오쓰 시에서 무사 출신의 순사 쓰다 산조津田三藏가 칼을 휘두른 암살미수 사건을 말한다.

> 이곳에 도착하자마자 전날 밤의 습격사건이 엄청난 불안감을 불러일으키고 있음을 알 수 있었다. 이 비극적인 사건이 일본인은 물론 아마 거기에 살고 있는 유럽인들조차도 대단히 심각한 일로 여기고 있는 것 같았다.

사진 3 메이지와 다이쇼에 걸쳐 오랫동안 사교장으로 이용되던 그랜드 호텔도 1923년(다이쇼 12년) 간토 대지진으로 무너져버렸다.

호텔의 테라스와 바는 외국인들의 정보나 의견 교환의 장이 되었던 모양이다. 또 카발리용은 며칠간을 머물면서 다음과 같은 인상도 받았다.

> 테라스의 팔걸이의자에 앉아서 며칠 간 바다며 함선, 일본의 남녀들, 그리고 항구에 도착해서 뭍으로 올라오는 영국인이나 미국인을 바라보았다. 그렇지만 종일 그렇게 앉아있어도 질리지 않았다. 이 호텔에서의 사람들의 움직임은 꽤나 분주했다. 태평양이나 남양 쪽의 바다를 항해하던 증기선이 요코하마에 도착하면 순식간에 빈 방이 하나도 남지 않는다. 식당도 만석이 되고 이 호텔에 고용된 골동품상들이 엄청나게 바빠진다.

그리고 배가 출항을 하면 호텔이 온통 텅 비어, 장기 체류하는 외국인들만 남는다. 아직 일본인 손님이 드나들지 않던 시대,' 호텔의 분위기는 배의 입항과 출항에 크게 좌우 되었던 모양이다.

선물은 그랜드 호텔에서의 문신으로

1893년(메이지 26년)에 일본에 온 보헤미아 교육총감 요세프 코젠스키도 《메이지 자폰스코明治のジャポンスコ》에서 그랜드 호텔의 인상기를 남겼다.

> 외국인이 방에 들어가자마자 중국인 양복점이나 구둣가게 사람이 와서 필요한 게 없느냐고 묻거나, 행상인들이 일본의 골동품을 권하기도 한다.

온갖 장사꾼들이 출입했던 모양인데 더더욱 흥미로운 것은 다음과 같은 장면이다.

> 그들의 뒤를 이어 호리(조각가)라 불리는 일본의 예술가가 방으로 와서 손님 몸의 어떤 부분이 든 통증이 없이 문신을 새길 수 있는 그림의 견본을 보여준다.
>
> 외국인 중에서 문신을 새기지 않고 일본을 떠난 사람은 극히 드물다. 영국의 황태자도 문신을 새겨 모범을 보였다. 기선 차이나호로 유럽에서 온 승객들도 요코하마 그랜드 호텔에서 이 진귀한 기회를 놓치지 않고 일본 예술가의 영원한 기록을 몸에 남긴다. 문신은 한 사람 당 약 2엔이다.

외국인은 문신에서 이국적인 정서를 느꼈을 것이다. 문신 자체는 다이조칸太政官령11)에 의해 1872년(메이지 5년)에 이미 금지 되었지만 영국의 황태자는 어깨에 용의 문신을 새기고 귀국해서 물의를 일으켰다고 한다. 아울러 문신의 요금에 관하여 당시의 "통상 가이드 요금이 하루 약 1엔에 교통비가 추가된 것"이었다는 사실에 비하면 결코 싼 가격이 아니었음을 알 수 있다. 통역가이드를 수배하는 방법은 호텔에 명

11) 메이지 신정부에 의해 만들어진 직명. 다이조칸(太政官)이란 의정관 이하 7관의 총칭. 현재의 내각에 해당된다.

사진 4 그랜드 호텔이 무너진 뒤 무역도시 요코하마의 부흥을 촉진시키기 위해 당시 시장이던 아리요시 주이치(有吉忠一)와 재계의 하라 도미타로 등이 중심이 되어 계획한 호텔 뉴그랜드. 1927년(쇼와 12년) 개업

부가 보관되어 있어 지배인이 가이드와 면회를 한 뒤 손님이 직접 교섭을 하는 식이었다. 코젠스키는 요리에 대해서도 언급을 했는데 "이 곳 요리는 종류가 풍부하면서도 맛도 매우 좋다. 내 의견으로는 요코하마 그랜드 호텔과 그 외 두 개의 호텔이 일본에서는 최고다"라며 높이 평가하고 있다.

그런데 막상 요코하마에서는 어떠했는가 하면, 맨 첫 줄에 이름이 올라있어 많은 외국인 여행자들이 곧바로 그랜드 호텔을 선택했는데, 손님 중에는 이곳을 피해 거류지 87번지에 있는 조용한 오리엔탈 호텔에 머문 사람도 있었다. 이사벨라 버드Isabella Lucy Bird[12)]도 그 중의 한 사람이다. 《일본 오지 기행日本奧地紀行》으로 유명한 영국의 여행가 버드 여사는 그 저서에서 1878년(메이지 11년) 일본에 왔을 때의 모습을 이렇게 묘사한다.

가스등과 상점이 즐비하게 늘어선 큰 길을 지나 이 조용한 호텔로 왔다. 이 곳은 같은 배에 탔던 승객들의 비음 섞인 소란을 피할 수 있도록 와이빌 톰슨 경이 추천해 주었다. 그 사람들은 모두 해안거리에 있는 대료칸(그랜드 호텔)으로 갔다.

이 호텔의 주인은 프랑스인인데 중국인에게 모든 것을 맡겨놓았다. 소사들은 기모노를 입은 일본인 보이들이다. 급사장은 일본인으로 아주 훌륭한 영국식 복장을 하고 있는데 그야말로 정성을 다하는 정중한 태도에 그저 놀랄 뿐이다.

거류지 이외의 료칸에서는 최악의 날들

그런데 일본의 숙박시설은 호텔이 등장하기 전에는 하타고 등의 료칸이 주류였다. 완전히 새로운 도시로 건설된 요코하마나 고베 등의 거류지에서는 외국인들이 호텔에 머물 수 있었지만 그 외의 호텔이 없는 지방에서는 료칸에 묵을 수밖에 없었다.

그러면 메이지 초기의 료칸 사정은 어떠했을까? 요코하마와 함께 발전한 고베의 호텔에 대해 언급하기 전에 료칸의 상황을 보도록 하자. 앞에 언급한 버드는 같은 책에서 자신이 이용했던 료칸의 모습에 대해 이렇게 썼다.

---

12) 이사벨라 버드(1831~1904) 영국의 여성 여행가. 일본에서는 메이지 시대 도호쿠 지방과 홋카이도 등을 여행, 《일본 오지 기행 *Unbeaten Tracks in Japan*》을 썼으며 조선에 대한 기행문인 《한국과 그 이웃나라들》(이인화 역, 살림출판)을 썼다.

도치기(栃木)라는 큰 도시에 도착했다. [……] 숙소는 아주 큰 곳이었다. 이미 60명의 손님이 도착해 있었기 때문에 나로서는 방을 고를 수가 없어 후스마[13]가 아닌 장지문으로 사방이 둘러싸인 방에 만족해야 했다. 툇마루에 걸린 곰팡이 냄새가 나는 모기장 밑에는 겨우 침대와 욕조 그리고 의자를 둘 공간밖에 없었다. 그 모기장은 그야말로 벼룩의 소굴이었다. [……] 장지문은 온통 구멍 투성이었다. 그런데 그 구멍마다 사람의 눈을 볼 수 있었다. 그러다 보니 사생활이라는 것은 생각조차 할 수 없는 사치품이었다.

그런 열악한 환경 때문에 그녀는 "일본 여행을 당장 그만두려고도 생각했을" 정도다.

버드가 여행을 하고 난 수년 후에 여행가인 휴 윌킨슨은 나라奈良의 료칸에 머물었는데 그 때의 인상을 《태양의 나라들과 그 해역太陽の國々とその海域》에서 이렇게 기록하고 있다.

그것은 이름만 호텔일 뿐 얇디얇은 목조 건물로 옆방과 칸막이는 견고한 석조가 아니라 매끄러운 문지방 위의 아주 가느다란 나무틀에 종이를 바른 미닫이가 전부였다. [……] 방 내부의 설비도 우리 같은 서양인들이 호텔에서 느끼는 마음의 안식이라는 개념과는 한참 거리가 있었다. 의자나 테이블도 없고 침대며 세면대, 장롱, 심지어는 거울조차도 찾아볼 수가 없다. [……] 내 친구의 말에 의하면 아마 호기심 때문이긴 하겠지만 동네 남녀들이 밤이 깊으면 쉴 새 없이 방을 엿보러 왔다고 한다. 그 친구는 거의 한 숨도 못 잤다고 한다.

어쩌면 그는 머리말에서도 이야기했듯이 다른 뜻 없이 그냥 호텔

13) 일본 전통가옥의 종이를 바른 칸막이.

이라는 이름을 붙인 료칸에 아무것도 모르고 들어갔다가 그런 봉변을 당한 것인지도 모르겠지만, 메이지 시대 전반 료칸을 이용한 외국인이라면 한결같이 시끄러운 소동이나 호기심 어린 눈빛에 곤혹스러워 했다는 것은 틀림없는 사실인 것 같다. 그런 일은 대도시의 제1급 료칸에서도 마찬가지였다. 이런 통렬한 비판도 눈에 띈다.

> 나고야의 제1급 료칸에서는 한 층에 15에서 20개의 객실이 있고, [……] 묵고 있는 손님들이 일제히 야단법석을 떨기 시작한다. 마치 정신병원 환자들이 산만하게 떠들어대듯이 밤이 깊도록 소란이 그칠 줄을 모른다. 그래서 이국의 잠자리에서 잠을 이루지 못하고 밤새 뒤척이다가 객실 창문이 새벽의 푸르스름한 빛으로 물들 무렵, 나는 일본은 도저히 견디기 힘든 나라라고 생각했다.(루이스 윙필드, 《어느 세계 유람자의 극동여행(ある世界漫遊者の極東旅行)》)

후스마나 장지문으로만 칸을 막는 료칸의 구조 자체가 서양인을 애태우게 한 것이다. 사정이 이렇다 보니 프라이버시와 정숙한 환경을 갖춘 호텔이 만들어지는 것은 자연스러운 흐름이라 할 수 있을 것이다. 한편 자기만의 시간을 갖지 못한 데 대해 불쾌한 생각을 한 것은 서양인만이 아니었다. 동일한 경험을 한 일본인도 있었다.

메이지 시대에도 존속한 고추조야도

큰 길가를 따라 자리 잡은 하타고나 숙박촌은 에도 시대 산킨코타이參勤交代[14]에 의한 다이묘大名 행렬이나 슈쿠에키 제도宿駅制度[15] 아래서 발전했다.

그러나 메이지 시대가 되자 제도도 바뀌고 발전 기반도 잃어버렸다. 그것은 나중에 다시 언급하겠지만 숙박촌으로서의 가루이자와는 메이지유신과 함께 쇠락해갔다. 어떤 숙박촌이든 어려운 처지에 놓이게 되었으리라는 것은 쉽게 상상할 수 있다. 그렇게 되다보니 버드가 경험했듯이 열악한 숙박시설이 있었다는 것도 당연하지 않았을까?

그렇다고 해서 에도 시대의 숙박시설이 좋았느냐 하면 이 시기에도 역시 좋지 않은 곳이 있었다. 그 증거 중에 하나가 19세기 초경의 고추조야도講中定宿의 발생이다.

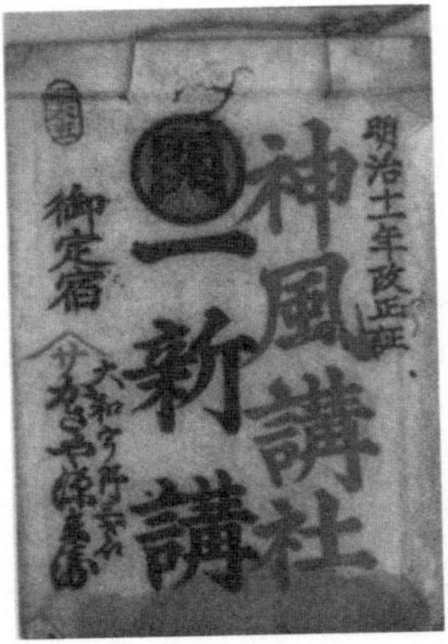

사진 5 1878년(메이지 11년)에 발행된 조야도 장부. 진푸코(神風講)는 72년(메이지 5년)에, 잇신코(一新講)는 73년(메이지 6년)에 창설되었는데, 사진의 장부의 표지를 보면 두 개의 고가 합병되었다는 것을 알 수 있다.

---

14) 에도시대 각 번의 다이묘를 정기적으로 에도에 머물도록 한 다이묘 통제를 위한 제도. 이전까지는 각 다이묘가 자주적으로 실시하던 것을 간에이(寬永) 12년(1635년)의 무가제법도 개정에 의해 의무화했다. 산킨(參勤)은 일정 기간 주군(이 경우는 쇼군)을 받드는 것. 고타이(交代)는 휴가를 받아 영지에 돌아가 정무에 종사하는 것을 의미한다.

15) 가도 변에 여행객을 숙박시키거나 화물의 운반에 필요한 인마(人馬) 등을 연결해주는 설비가 있는 곳. 12세기 이후 발달해서 교통, 경제상으로 중심지역이 되었고 에도시대에는 촌락 집단인 슈쿠에키초(宿駅町)로 번창했다.

에도 시대는 신사참배를 목적으로 한 여행이 유행했는데, 그런 여행자들에게 메시모리 온나飯盛り女[16]를 떠맡기다시피 강요를 해서 그들을 불쾌하게 하기도 했다. 또 사창가나 다름없는 숙박업소도 출현했다. 그리하여 양심적인 숙박업소를 조직하려는 움직임이 일어났는데 바로 그 조직이 고추조야도다. 일정한 품질을 보증하는 료칸 체인의 탄생인 셈이다. 각각의 고講[17]는 조합원의 업소를 '조야도定宿'로 정했는데 여행자들은 그 조야도의 이름과 소재지를 기록한 장부를 갖고 다니다가 업소의 간판에 쓴 고의 명칭을 확인하고 안심하고 묵을 수 있도록 한 것이다. 고추조야도는 메이지 시대까지 존속하면서 새로운 형태의 것도 생겨났는데, 고의 수가 30여 개를 넘어섰다. 에도 시대에 비하면 메이지 시대는 업종의 성쇠가 가파르게 변화했지만 그래도 이 고만큼은 메이지 30년대까지 지속되었다고 한다. 그만큼 수요가 있었기 때문일 것이다.

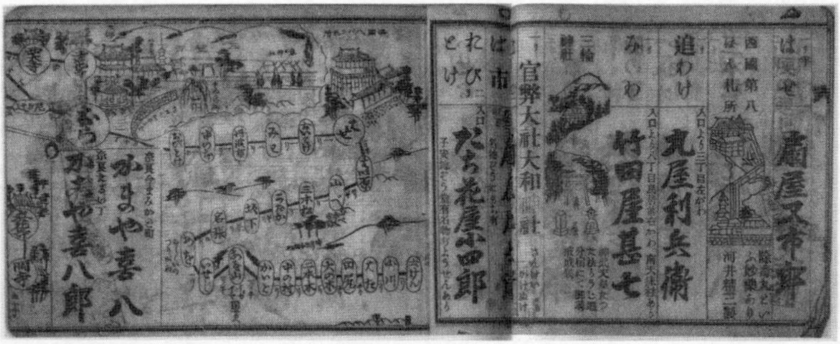

사진 6 산토코(三都講)와 마코토코(真誠講)가 합병해서 1896년(메이지 29년)에 발행한 조야도의 장부에 기재된 조야도 리스트. 도장 자국은 이 자료를 갖고 있던 사람이 해당 숙소에 머물렀다는 증거다.

16) 원래는 숙박업소에서 손님들에게 수발을 들어주던 사람이었는데 이부자리 등을 깔아주다가 매춘을 하게 되면서 매춘이 오히려 주된 일이 되어버린 여자를 말함.

17) 일본의 중세 중엽 이후 민중들 사이에서 만들어진 불사(佛事)나 신사(神事)를 치르기 위한 결사. 사원·신사 등을 유지하거나 집단 참배를 주최했다. 근세에 들어서는 행락을 주목적으로 영산·영지 등을 집단 참배하기 위해 생겨난 것도 있었다. 대표적인 예로 후지코(富士構), 이세코(伊勢構)가 있다.

그런데 경영 기반을 상실한 가도 주변의 하타고는 시대가 변하는 가운데서도 새로운 입지를 찾아냈다. 철도 건설과 함께 생겨난 '역전驛前'이다. 하타고는 이제 역전으로 자리를 옮겨 상인들을 맞이했다. 이 이야기는 다시 다루도록 하겠다.

동남아시아의 유명 호텔을 능가하다

거류지로서 요코하마에 이어 대대적인 발전을 한 고베神戸는 1868년(게이오慶応 3년)에 개항했다. 고베는 정박 중인 군함의 축포 이외에는 이렇다 할 만한 행사도 없이 조용히 개항했다고 한다.

당초의 개항지는 예로부터 항구로 번성한 효고兵庫항이 후보지였지만, 이곳을 개항하여 외국인들을 자유롭게 드나들게 하면 여러 가지 문제가 발생할 것을 두려워해 최종적으로는 그 동쪽에 이웃하고 있는 고베마을이 선정되었다.

고베마을은 당시만 하더라도 거의 논밭이었고 두드러진 건물이라고 해봐야 해군 조련소 정도였다. 그러나 요코하마와 마찬가지로 한촌에 거류지가 자리를 잡아 서양 문명을 받아들이는 창구가 된다.

그 거류지에서 맨 처음 탄생한 호텔은 어떤 것이었을까? 그 실상은 요코하마의 요코하마 호텔만큼은 분명하지 않은 것 같다. 도이 하루오土居晴夫가 쓴《고베 외국인 거류지 역사 이야기神戸居留地史話》에 의하면 "가장 오래된 것은 글로브 호텔로 경영자는 A. 모리스이다. 1868년에 개업했는데 장소가 어디인지, 언제까지 영업을 했는지 전혀 불분명"한 것 같다. 개항 후 약 일 년 반 사이에 상당수의 상관이 건설되었기 때문에 글로브 호텔, 혹은 몇 개의 호텔이 그 안에 섞여서 들어섰는지도 모른다.

사진 7 고베의 거류지 79번지에 개업한 오리엔탈 호텔. 사진은 메이지 중기.

어찌되었건 거류지 시대에 가장 훌륭한 호텔하면 역시 오리엔탈 호텔일 것이다.

고베 거류지는 효고현 초대지사인 이토 히로부미伊藤博文[18](당시는 이토 도시스케伊藤俊輔)와 영국인 토목기사 J. W. 하트 사이에 협의가 이루어지면서 계획이 책정되었다. 최종적으로는 구획번호가 126번까지 정해졌다(이토를 기념하기 위해 동쪽 편에는 이토초伊藤町이라는 명칭을 붙였다). 오리엔탈 호텔은 1870년(메이지 3년)에 79번지에 개업했다. 거류지의 중심지 부근으로 현재의 교마치京町 근처다. 당초에는 2층 건물이었다.

실은 예전에는 이 호텔이 1882년(메이지 15년)에 개업한 것으로 알려졌는데 지금으로부터 10년 정도 전에 그 이전의 호텔 광고가 발견되어

18) 이토 히로부미(1841~1909) 일본 근대정치가. 내각 총리대신을 역임했고, 한일합방을 주도. 안중근 의사에 의해 암살당함.

호텔의 역사를 다시 쓰게 했다. 1870년(메이지 3년) 8월 3일자의 영자신문 〈효고뉴스〉에 실린 광고인데, 광고에는 당구장이나 볼링장이 있다는 것, 경영자가 프러시아(독일)인 G. 판텔 페리에스라는 것 등이 기록되어 있었다.

그 후 1888년(메이지 21년)에는 남쪽 편에 인접한 80번지를 사들여 18개의 객실을 갖춘 2층짜리 새 본관을 지었다. 이 때 요리사 출신인 루이 비고가 호텔 경영의 중심인물이 된다. 페리에스에서부터 치면 여섯 번째다. 비고 시대 오리엔탈 호텔은 특히 음식 맛이 좋다는 소문이 자자했다. 예를 들면 《정글북》의 루디야드 키플링 Joseph Rudyard Kipling은,

> 만일 《파이오니어(*PIONEER*)》지가 선전 매체로 나서준다면 나는 누구나 볼 수 있도록 커다란 기사를 쓸 것이다. 비고 씨가 경영하는 호텔의 포테이토 사라다와 비프스테이크, 그리고 생선 튀김은 물론 고도로 훈련된 파란 타이스를 신은 일본인 보이들의 이야기를.
>
> 그들은 비록 벨벳 외투까지는 걸치지 않았지만 키 작은 헴릿이 여러 명 있는 것처럼 보인다. 손님이 희망 사항을 말하지 않았는데도 재빠르게 주문에 응해준다.
>
> [……] 고베의 오리엔탈 호텔은 지금 언급한 세 곳(페난도의 오리엔탈, 싱가폴의 랫훌즈, 홍콩의 빅토리아와 같은 호텔들)을 훨씬 능가한다고 해도 과언이 아니다.

라는 식으로 요리며 서비스에 대해 분에 넘칠 정도의 칭찬을 하고 있다. 비고는 프랑스에서 배가 들어올 때마다 더 좋은 음식 재료를 확보하기 위해 분명 남보다 먼저 서둘렀을 것이다(그렇다고 하더라도 통조림이 중심이었겠지만).

이러한 평판은 일본인 식도락가들의 호기심을 크게 자극했던 모양인데, 이 호텔의 사사社史에는 다음과 같은 재미있는 이야기가 실려 있다. 어느 날 일본인 몇 사람이 "도대체 양식이라는 게 어떤 것인지 맛이나 한번 보자"며 몰려들었다. 그러나 그들은 메뉴의 내용을 알 수가 없었다. 그래서 "전부 다 가져와!"라고 주문하여 보이가 가져온 십 수 종류의 요리를 차례차례 먹어치웠다. 그리고 그들은 먹다 남은 것은 가져온 찬합에 담았다. 이것을 본 지배인이 배꼽을 쥐고 웃었다는 이야기다. 당시의 일본인에게 당연한 일이었을지 모르지만 분명 외국인의 눈에는 아주 기이한 행동으로 보였을 것이다.

이런 재미있는 일이 일어날 정도로 평판이 좋았던 비고 시대의 오리엔탈 호텔이 1890년(메이지 23년) 그가 모국인 프랑스로 돌아가면서 폐쇄될 수도 있다는 이야기가 돌았다. 그래서 유지들이 모여 영업을 계속할 수 있도록 대책을 모색했다. 그 유지들이란 훗날 롯코산六甲山을 개척한 아더 H. 글룸Arthur Hesketh Groom, 오사카 철공소(히타치 조선소의 전신)를 세운 E. H. 헌터Edward Hazlett Hunter 등으로 그들이 호텔을 사들여 영국 국적의 주식회사 오리엔탈 호텔을 설립한다.

야채를 재배해서 제공한 글룸

메이지 시대에는 일본을 사랑해서 일본인을 아내로 맞아들이고 일본에 뼈를 묻은 외국인이 적지 않았다. 오리엔탈 호텔의 사장이었던 아더 H. 글룸도 그런 외국인 중의 한 사람이었다. 《고베 골프 클럽사神戸ゴルフ倶楽部史》에 수록된 글룸의 막내딸 기시 리우岸りう의 이야기에 따르면 그는 1846년 런던 근교에서 태어났다. 아버지는 왕실에서 문학 강의를 할 정

도로 교양인이었다고 한다. 그런데 형 프랭크가 동양으로 여행을 떠나 나가사키의 글래버 상회에서 근무하게 된다. 글룸 또한 형을 따라 1868년 4월(게이오 4년) 메이지가 되기 직전에 고베에 도착했다.

21세의 글룸은 당초 글래버 상회의 일을 했는데 1871년(메이지 4년)에 차를 판매하는 무역회사를 세운다. 그리고 시즈오카산 녹차의 수출과 실론산 등의 홍차 수입을 병행했다. 80년(메이지 13년)에는 요코하마에 진출하여 미국과 거래할 생사를 취급하기 시작했다. 10년 정도 고베와 요코하마 양쪽에 집을 마련해 놓았다.

그러다가 세월이 흘러 글룸은 오리엔탈 호텔 경영에 관여한다.

이미 언급했듯이 요리 솜씨로 평판이 자자하던 비고가 귀국하고 S. E. 에버라는 사람이 오리엔탈 호텔을 소유했다. 그렇지만 비고가 떠나자 요리의 맛이 전과 같지 않다는 불만들이 터져 나왔고, 호텔 측은 프랑스에 전보를 쳐서 비고와 교섭을 한 끝에 비고의 아들을 지배인으로 불러들인다. 그렇게 해서 일단 명예를 회복한다. 그 후 1893년(메이지 26년)에 거류지 87번지를 사들여 영국인 알렉산더 한셀의 설계로 36개의 객실이 딸린 별관을 지었는데 당시로서는 대규모인 합계 54실의 호텔이 마련되었다. 그때 글룸을 비롯한 유지들이 매수하여 주식회사를 설립하고 경영에 착수한 것이다.

어느 시대든 호텔을 경영한다는 것은 간단한 일이 아니다. 글룸은 사장이 된 것까지는 좋았으나 한 때 경영 위기에 몰리고 만다. 증축으로 타격을 받았던 것일까? 막내딸인 리우는 앞의 책에서 이렇게 회상한다.

> 호텔 경영에는 막대한 자금이 들었는데, 그 부담을 아버지 혼자서 떠맡게 되면서 우리 집은 더 이상 살아갈 수 없게 되는 게 아닌가 하는 두려움

이 들 정도로 위기에 처했습니다. 물론 어머니는 갖고 있던 동산, 부동산을 모조리 아버지에게 제공했습니다.

그 때 아버지가 자주 "엄마가 불쌍해" 라고 말씀하셨던 것을 기억합니다. 글룸 일가로서는 커다란 위기에 몰렸던 것이지요.

하지만 그는 결국 위기를 넘기고 호텔 경영을 정상 궤도로 끌어올렸다. 또 시기는 명확하지 않지만, 글룸은 호텔에서 쓰는 야채를 자체 공급하려는 시도를 한다. 아스파라가스 감자, 양상추와 꽃양배추 등을 자기 소유지에서 재배했다. 경험이 없어 원서를 뒤적이며 재배를 한 탓에 시행착오를 반복해야 했는데 숙박객들은 무척 좋아했던 모양이다.

잡담이 최초의 골프 클럽을 낳다

글룸이 호텔을 경영하던 무렵인 1900년(메이지 33년) 한 소년이 주방에 들어온다. 야마구치 유지山口勇治다. 훗날 일본 각지와 타이완, 만주의 호텔에서 오랫동안 주방을 담당했던 그는 저서 《백미왕래百味往來》에서 이렇게 회상한다.

당시 총 주방장은 프랑스인이었고 일본인 중에서 가장 높은 사람은 아케타니 도라노스케(明谷寅之助)가 있었다. 아케타니는 메이지 초 사이공에서 귀국, 서일본에서 서양요리의 개척자로 알려진 구로사와 다메기치(黒沢為吉)의 제자였다. 그리고 구로사와가 나가사키의 호텔에서 이쪽으로 왔다가 다시 미야코(都) 호텔로 가자 그 뒤를 이은 사람이다.

야마구치 소년은 곧장 아케타니 자택에서 머물렀다. 당시 요리사는 결혼을 하면 주방장 집을 떠나 세대주로서 자기 가정을 갖게 되지만 독신으로 생활하는 동안에는 스승인 주방장 집에 묵으면서 직장을 다니는 것이 풍습이었다고 한다. 견습생으로서 소년의 일은 냄비닦기나 채소를 씻는 것부터 시작하였다. 아쓰시(두껍고 튼튼한 면직물)로 만든 앞치마가 작업복으로 지급되었고 속에는 검정 바지를 입었다. 소년이 일을 하기 시작했을 무렵에는 식사 시간을 알리기 위해 징을 울렸다. "수업을 받으러 요코하마에 갔을 때도 그랬는데, 배에서와 마찬가지로 징을 울리면 손님들이 일제히 식당으로 몰려들었다" 고 야마구치는 회상한다.

또 당시는 카레를 담당하는 인도인이 있었다.

> 데이비스는 카레만 만들었어. 인도에서 수십 종의 재료를 가져와서 자기가 카레 파우더를 만들었지. 밀가루는 전혀 넣지 않아. 코코넛 열매를 으깨어 짜서 그 즙을 넣는 거야. 그렇게 하면 찰기가 생기거든. 이 인도인은 프랑스인과는 사이가 좋지 않았는데 우리들에게는 아주 친절히 대해 주었지.

오리엔탈 호텔에서는 날마다 메뉴가 바뀌었다. 야마구치 소년의 스승인 아케타니는 당시 일본인 요리사들처럼 요리 이름의 프랑스어 발음은 정확했는데 프랑스어나 영어를 쓸 줄 몰랐다. 그래서 아케타니가 그날 메뉴의 프랑스어 발음을 가타카나로 쓰면, 그것을 훗날 지배인이 된 식당 담당의 게마 신지로毛間新次郞가 요리의 내용을 들으면서 영어로 고친다. 그것을 다시 비서인 영국인이 타자기로 친다. 따라서 프랑스어와 영어가 뒤섞이게 되었는데 당시에는 그것을 허용했다고 한다. 이리하여 메뉴는 그날그날 점토판에 타이핑하여 만든 것을 테이블 위에 놓았다. 그리고 그 메뉴는 식사시간이 끝나는 대로 쓰레기통으로 넣었는데 소년은 적당한 틈을 타 메뉴판을 주워 집으로 가져갔다. 요리책을 곁에 두고 요리의 내용을 밤늦도록 연구한 결과 18세가 될 때쯤에는 메뉴를 읽고 쓸 줄 알게 되었다.

야마구치 소년이 요리사 수업에 몰두하고 있을 때 글룸은 롯코산 별장에 놀러온 친구들과 골프 이야기로 꽃을 피우고 있었다. 그런데 이 때의 잡담이 일본에서 처음으로 골프클럽을 탄생시킨 계기가 될 것이라고는 전혀 생각하지도 못한 일이었다. 글룸은 오리엔탈 호텔 사장이 된 1895년(메이지 28년)에 롯코산의 산코쿠이케三国池 근처에 산장을 지었다. 그는 다양한 취미를 갖고 있어서 무슨 일에든 관심을 보였는데, 사냥도 그가 즐기는 취미 중의 하나였다. 그래서 여기저기 산들을 오르며 사냥을 즐겼다. 그런데 그의 부인은 남편이 살생하는 것을 싫어해 어느 날 이렇게 말했다.

> 새들 가족도 우리 가족과 똑같아요. 가족 중에서 한 마리만 없어져도 가족의 슬픔이 얼마나 큰지를 알면서도 계속 사냥을 하실 거예요?

바로 그 때 다섯 번째 아이가 몸이 부자유스런 농아로 태어났다. 글룸은 자신이 살생을 한 것을 후회하면서, 아내의 이야기를 귀담아듣고 고베 시민을 위해 도움이 될 만한 일을 하고 싶어 했다. 그것이 계기가 되어 미개척 상태에 있던 롯코산 개발을 생각하게 되었다고 한다. "아버지가 롯코산에서 사냥을 한 것이 개발의 시초였다고들 하지만 롯코산에는 사냥을 그만두고 나서부터 오르셨습니다"라고 막내딸 리우는 잘못 전해진 이야기를 바로 잡았다.

글룸이 처음으로 롯코산에 집을 짓자, 그를 따라 그곳에 별장을 짓

사진 8 일본 최초의 골프장이 된 롯코 골프장. 고베 골프 구락부가 발족했을 때는 효고현 지사와 고베 시장도 축사를 했다.

는 사람들이 점차 늘어갔다. 아니, 글룸이 솔선해서 롯코산을 개발했다고 말하는 편이 옳을 것이다. 적당한 땅을 발견하면 자기가 집을 지어 그것을 친구들에게 보여주고 그 사람이 마음에 들어 하면 그 집을 넘겼다. 그렇게 해서 15년 사이에 별장 수는 63채에 이르렀다.

글룸이 롯코산에 별장을 지은 지 수년 후의 일이다. 어느 주말 친구들을 집으로 초대하여 차를 마시다가 고국인 영국 이야기가 나왔을 때 "고향을 생각하면 그리운 것이 하나 있는데 여기서 골프라도 해보면 어때?"라는 말이 누군가의 입에서 튀어나왔다.

하지만 당시 롯코산은 바위가 많을뿐더러 잡초나 관목도 도처에 널려 있었다. 골프장을 건설하기에는 엄청난 일손이 필요한 상태였다. 그래도 그들은 그 일손을 감수하면서까지 골프장을 건설하고자 했다.

맨 처음 완성된 것은 4홀. 글룸이 최초를 산장을 지은 지 6년 뒤인 1901년(메이지 34년)의 일이다. 그러고 나서 얼마 안 있어 골프장은 9홀로 늘어났고 1903년(메이지 36년), 이듬해 18홀이 완성되기에 앞서 고베 골프클럽이 정식으로 발족한다. 일본에서 최초의 골프클럽은 글룸과 그 친구들의 노력으로 탄생했다.

2. 일본인으로 처음 호텔을 세운 사람

눈코 뜰 새 없이 바쁜 시미즈야

도야마현富山県 서부에 이나미井波라는 마을이 있다. 진종파眞宗派 즈이센지瑞泉寺의 사하촌으로 발달, 가가번加賀藩[19]의 하이료치拜領地[20]로 목수의 전통이 살아 숨 쉬던 곳이었다. 《시미즈건설 150년清水建設百五十年》에 의하면 훗날 2대 시미즈 기스케清水喜助가 된 후지사와 세이시치藤沢清七가 태어난 곳이 바로 이 목수 마을이다.

세이시치가 태어난 1815년(분카 12년) 무렵에는 그야말로 예의 이나미 목수의 융성기였다. 2대 기스케의 생가는 잡화상을 운영했지만, 목수 마을의 독특한 분위기에 영향을 받아 목수를 꿈꾸었던 모양이다. 그는 같은 도야마현(당시는 엣추구니越中国) 출신의 대목인 초대 시미즈 기스케를 따라 에도로 나온다. 초대 기스케는 오늘의 시미즈 건설의 창업자에 해당하는 인물로 1804년(분카 원년), 21세의 젊은 나이에 간다 가지초神田鍛冶町에서 시미즈야를 일으킨 뒤 수많은 제자를 길러냈는데 그 중에 세이시치도 들어 있었다.

---

19) 지금의 이시카와현 남부의 옛 지명.

20) 번주로부터 하사받은 땅.

1838년(덴보 9년) 그들에게 커다란 비약의 기회가 찾아온다. 에도 성의 니시노마루西の丸 건설 공사에 참가하여 솜씨를 발휘했는데 그 기량을 인정받아 다이묘의 집에 출입을 허용받은 것이다. 한편 세이시치는 초대 기스케의 딸 야스의 데릴사위로 들어가 2대 기스케의 이름을 이어받는다.

초대 기스케는 그 후 막부로부터 묘지타이토名字帶刀[21]가 허용되어 마침내는 당대 최고의 대목으로 성장한다. 그리고 요코하마 개항의 중심적인 인물인 다이로大老[22] 이이 나오스케井伊直弼의 요청으로 요코하마에 진출했다. 앞서 언급했듯이 당시 요코하마는 조그마한 어촌에 불과했기 때문에 개항과 더불어 새로운 시가지로 조성되면서 건설현장은 그야말로 눈코 뜰 새가 없었다. 시미즈야도 다이로 이이의 주선에 따라 분투하고 있었다.

그런 1859년(안세이 6년)의 어느 날 이른 아침 초대 기스케는 지연된 공사를 만회하기 위해 에도를 떠났는데, 요코하마로 가는 도중 가마 속에서 갑작스런 죽음을 맞이한다. 그리하여 새로운 시대의 사업은 2대 기스케(이하 기스케)의 손에 전면적으로 위임되었다.

주변에서 자금을 모으다

한편 에도에 시장 개설을 앞둔 상황에서 영국 공사 해리 파크스Sir Harry Smith Parkes가 외국인을 위한 호텔 신축을 막부에 요청했다. 당초는 막부가 시장을 개설할 때까지 적당한 가옥(예를 들면 다이묘의 저택)을 접수한

21) 집안이나 공로에 의해 특히 평민으로서 이름이 허용되고, 칼을 차는 것.

22) 에도 막부에서 쇼군을 보좌하는 최상위의 직명, 막부 정치 전반을 통괄하는 직으로 로주(老中)들 중에서 비상시에 한명이 선정된다.

다음 이를 외국인용 호텔로 만들어 경영을 외국인에게 맡긴다는 계획이 서 있었다. 그러나 파크스 공사는 갑자기 방침을 바꾸어 호텔을 신축해 줄 것을 막부에 요청했다.

그렇지만 막부로서는 막상 호텔 건설의 진언을 받고도 본 적도 없는 생소한 건물 설계를 누구에게 의뢰할 것인지 도무지 짐작조차 할 수 없었을 것이다. 파크스는 그런 사정을 알아채고 R. P. 브리젠스Richard P. Bridgens라는 건축가를 추천해 주었다.

브리젠스는 쓰키지 호텔관 건설이 결정되기 3년 전인 1864년(겐지元治 원년)이나 그 이듬해에 일본에 온 것으로 추정된다. 그의 처형이 미국의 반 발겐버그 공사公使의 부인이었는데 그들을 따라 일본에 온 듯 하다. 새로운 시가지 건설이 시작되는 곳인 만큼 공사 정도의 배경이라면 기대볼 만한 데가 있을 것이라고 생각했을 것이다. 재빠르게 그는 영국 공사관 설계를 맡았고 그의 실력을 본 파크스 공사가 호텔 건설에 브리젠스를 추천한 것이다.

그런데 장인을 잃은 기스케는 그 후 요코하마를 중심으로 일을 했다. 요코하마에서 새로 건설되는 공사에 참여하다 보면 서양식 건축 기술을 배울 수 있을 것이라 생각했기 때문이다. 기스케는 다가올 시대는 서양 건축에 대한 지식과 기술이 없으면 안 된다는 것을 알고 있었다. 때마침 호텔 건설 계획을 알고서 호텔을 비롯한 쓰키지 거류지의 제반 시설 건설 공사의 수주를 막부에 요청했다. 그리고 기스케는 자기들이 건설 자금을 내는 대신 공사가 완공되면 호텔 소유와 경영권을 갖고 싶다는 뜻을 내비쳤다. 그의 머릿속에는 오늘날로 치면 건설 도중에 주주를 모으려는 계획이 있었던 것이다. 기스케는 기골이 장대하고 인내심이 강하며 매우 호탕한 성격이었다고 전해지는데, 메이지 시대가 밝기도 전에 그는 이렇듯 대담한 계획을 세웠다.

그러한 전대미문의 계획을 접하고 그를 야마시山師라고 부르는 사람도 있었다. 야마시란 투기적인 모험에 도전하는 사람을 가리키기도 하지만 사기꾼과 같은 의미로도 쓰이는 말이다. 어찌됐든 견실한 성품을 지닌 사람에게 쓰는 말은 아니다. 실제로 기스케를 야마시라 부르면서 출자를 한 사람의 글이 남아 있다. 이토 가즈타카伊藤一隆라는 사람의 부친이 바로 그 주인공으로, 이토는 아버지가 남긴 글을 잡지 《동인同人》에 발표한 바 있다. 다음은 그 일부를 인용한 것이다.

> 시미즈는 나와 예전부터 친분이 있어 사업 착수를 할 때 나에게 면회를 요구했다. 시미즈가 말하길 이번 대사업을 실행하는 데 실은 우리에게 자본금이 없으니 동업조합원을 모집해서 가입금을 한 주당 금 백 량으로 정하고 [……] 돈을 모으는 대로 각종 대금을 지불하고 건설을 성공리에 마치려 한다. 야마시의 짓이긴 하지만 나도 그의 의뢰에 응해서 금 2백 냥을 내고 두 주 분을 가입했다.

기스케에게는 자기 자본이 거의 없었다. 그렇지만 막부에서 돈을 빌리는 한편 주변 사람들에게 출자를 요구하면서까지 호텔관 건설을 실현하려고 했다. 그 실력이 정말 대단했던 모양이다.

메이지 시대 이전에 유럽과 미국을 본 사람들

미국의 동인도 함대사령과 매슈 페리Matthew Perry 제독이 우라가浦賀에 입항하고서부터 5년 후인 1858년(안세이 5년), 일본은 미국, 영국, 프랑스, 네덜란드, 러시아와 수호통상조약을 맺고 그 보다 앞서 맺은 일•미화친

조약에 의한 시모다下田와 하코다테函館의 개항에 이어 가나가와神奈川, 니가타新潟, 효고, 나가사키의 개항과 에도와 오사카의 개방을 결정했다. 에도의 개방은 당초 1862년(분큐文久 2년) 1월에 결정되었다. 그러나 막부의 지연정책과 막부 자체의 붕괴 등이 겹치면서 결국 에도의 개방은 1868년(메이지 원년) 11월로 미루어진다(이 때 에도는 이미 도쿄로 이름이 바뀌었다).

그 개항에서 에도의 개방까지 10년 사이에 일본인은 구미 여러 나라들을 돌며 신진국의 발전된 모습을 시찰한다. 그 첫 시도가 1860년(안세이 7년이자 만엔 원년)의 견미 사절단이고, 이후 몇 차례의 외국사절단과 150명 이상의 유학생이 파견되었다.

나중에 다시 다루겠지만, 그 중에는 야마구치 센노스케山口仙之助에게 후지야 호텔 개업에 이르기까지 조언을 해준 후쿠자와 유키치福沢諭吉,[23] 로쿠메이칸鹿鳴館과 데이코쿠帝館 호텔을 탄생시킨 이노우에 가오루井上馨,[24] 교토 호텔을 탄생시킨 이토 히로부미, 오사카 지유테이自由亭 호텔을 탄생시킨 고다이 도모아쓰五代友厚, 데이코구 호텔 경영에 참가한 시부사와 에이이치渋沢栄一[25] 등이 있었다. 일본의 근대화에 커다란 공헌을 했고, 호텔 건설에 관여한 지도자들이 이 시기에 유학을 한 사실은 흥미롭다.

그들은 모두 서른도 채 되지 않은 청년들이었다. 싱싱한 감성과 호기심, 그리고 유연한 사고로 구미의 여러 도시를 목격하고, 제대로 서야

23) 후쿠자와 유키치(1835~1901), 에도 막부 말에서 메이지 시대까지 무사(규슈의 나카쓰 번: 지금의 오이타 현), 사상가, 교육자, 도쿄학사회원(현재의 일본학사원) 초대 회장. 게이오 대학 창설자로서 메이지 시대의 6대 교육가로 꼽히며 현재 일본의 화폐 1만 엔짜리 초상화의 주인공.

24) 이노우에 가오루(1836~1915), 무사(조슈번 : 지금의 야마구치 현), 정치가, 실업가.

25) 시부사와 에이이치(1840~1931), 일본 문명개화기의 실업가. 일본 자본주의의 아버지로 불린다.

할 일본의 장래의 모습을 예감했으리라. 그로 인해 한결같이 외국인과 교섭할 수 있는 공간으로서의 호텔의 중요성을 이해했던 것은 아닐까?

FRANK LESLIE'S ILLUSTRATED NEWSPAPER

사진 9 쇄국을 풀고 개국을 한 이듬해인 1860년(만엔 원년) 미일 수호통상조약 비준서를 교환하기 위해 에도막부 사절단이 미국으로 건너갔다. 그들은 호텔 라이프를 처음으로 체험한 일본인들이었다고도 할 수 있다. 도판은 워싱턴의 윌라드 호텔에서의 그들 일행의 모습을 보도한 같은 해 6월 2일자 〈*FRANK LESLIE'S ILLUSTRATED NEWSPAPER*〉. 상단은 호텔 연회장에서 총 8톤에 이르는 짐을 정리하고 있는 일행. 하단은 호텔에서의 첫 만찬 풍경을 묘사한 것.

그들 중 한 사람인 후쿠자와 유키치는《후쿠자와 유키치 자서전(福翁自伝)》(허호옮김,《후쿠자와 유키치 자서전》, 도서출판 이산, 2006 참조)에서 1862년(분큐 2년)에 체재했던 파리의 거대한 호텔 드 르부르에 대한 감상을 이렇게 서술한다.

> 손님은 천 명 이상 거뜬히 들어갈 수 있기 때문에 일본 사절단 들이 어디에 있는지 조차 모른다. 다만 료칸 속의 거미줄과 같은 복도에서 길을 잃지나 않을까 걱정이 되었다. 각 실에는 따뜻한 공기가 흐르기 때문에 스토브나 스팀도 필요 없고, 수많은 가스등이 실내 복도를 밝히고 있어 해가 지는 줄도 모른다. 식당에는 산해진미가 즐비해서 아무리 서양을 싫어하는 사람일지라도 입이 즐거운데 양이(攘夷) 따위 거들떠보기나 하겠는가?

다이세이호칸 와중에도 호텔을 건설하다

이상과 같이 일본이 구미 선진국의 문명과 문화를 깨우쳐가는 가운데 에도의 개방과 더불어 영국 공사 파크스는 막부에 호텔 신축을 요청했는데 좀 늦어지기는 했지만 개방의 기일은 점점 다가오고 있었다. 그런 상황이었던 만큼 기스케의 제안이 막부로서는 가뭄에 단비 격인 셈이었을 것이다. 입맛에 딱 들어맞는 건설업자가 제 발로 걸어와 주었기 때문이다. 아니, 꼭 그렇게 시운이 맞아떨어졌기 때문만은 아닐 것이다. 일부에서는 야마시라는 소리도 있었지만 기스케는 겨우 네 명밖에 없는 가나가와가 지정한 정식 청부인의 한 사람으로 선정될 정도로 신용과 실력을 갖춘 업자였던 것이다. 당시 요코하마에는 일확천금을 노리는 업자들이 득실거렸고 공사대금을 손에 넣으면 외국인으로부터 청부를 맡은 건물 공사를 도중에 내팽개치고 줄행랑을 치는 사건이 끊이지 않았다. 그 때문에 막부는 청부인 제도를 만들어 치안의 안정을 꾀했다. 그런 가운데서도 기스케는 단 한 명뿐인 목수이자 건설업자로서 다른 청부인보다 우위를 점할 수 있었고, 사업에 대한 긍지도 지니고 있었다.

그런데 호텔 건설지로 선정된 곳은 쓰키지 거류지의 한 구획으로, 해안과 접한 약 7000평(약 2만 3천 평방미터)의 토지였다. 그곳은 막부의 군함 조련소 터였다. 데포슈砲砲洲라 불린 지구인데, 거류지로 선정된 것은 1867년(게이오 3년) 6월이었고, 호텔 건설 공사는 그로부터 2개월 후에 시작되었다.

일본과 서양식의 절충 건축이나 변형된 서양식 건축에 밝은 하쓰다 도루初田亨의 저서 《도시의 메이지都市の明治》에는 공사의 공정을 기록한 〈호텔 수속ホテル手続〉(에도 거류지 왕복서)이 실려 있다. 이 책에 의하면 맨 처음에 "1, 미즈모리네기리水盛根切 8월 9일부터 시작, 9월 20일까지 완료"라고 적힌 것을 보면 공사가 8월 9일 착공되었음을 알 수 있다. 미즈모리란 기준이 되는 수평면을 정하는 것, 네기리는 지반을 굴삭하는 기초공사를 말하는데, 미즈모리에 대해 하쓰다는 흥미있는 일화를 소개하고 있다. 그것은 목수 동량의 이야기로 이런 내용이다.

> 미즈모리를 한 것은 서양기사(브리젠스)였는데 정말 대단한 사람이다. 밀물 시간을 기다려 완전히 바닷물이 찼을 때 물을 측량하고 미즈모리를 했다. 시미즈 건설의 사장(기스케)이 놀라 그 이야기를 한 적이 있다.

공사는 솜씨가 뛰어난 기스케가 외국인에게서 기술을 전수 받아 시작되어 순조롭게 진척이 되는 듯 싶었는데, 호텔 발주를 한 막부의 정세는 급진전하고 있었다. 15대 장군 요시노부는 호텔 건설이 시작되고 나서 두 달 후인 10월 14일에 정권 반환의 뜻을 조정에 표했다. 그리고 그 다음날 조정이 이를 받아들였다. 이른바 다이세호칸大政奉還[26]이다.

사진 10. 쓰키지 호텔관의 니시키에(錦絵)[27]. 작자는 3대 히로시게. 건물의 외관이 강조된 구도로 그렸다.

막부는 스스로 무너졌으나 다행히 호텔 건설은 신정부가 관할하게 되어 공사는 속행되었다. 아직은 외세를 배척하려는 존왕양이尊王洋夷 운동[28]이 수습되지 않았던 때라 경비병을 증원하여 공사를 이어갔다. 이 때 기스케의 불안감은 이루 말할 수가 없었지만 이미 진행된 계획을 멈출 수는 없었다. 어쩌면 자신의 정열을 이 새로운 호텔에 모조리 쏟아 부으리라 작심을 하고 일에 뛰어들었는지도 모른다. 실제 설계는 브리젠스가 했다고 하는데 완성된 호텔에서는 기스케의 솜씨가 짙게 묻어났다. "브리젠스가 호텔 디자인에 관여했다고는 거의 생각하기 힘들다"고 전문가가 지적할 정도다(일본과학사학회편, 《일본과학기술사체계日本科學技術史體系 제17권》). 정확하게 말하면 브리젠스는 토목기사에 가까운 존재였던 게 아닌가 하는 생각이 든다.

호텔은 에도가 도쿄로 이름이 바뀐 다음 달인 1868년(게이오 4년) 8월에 완공되었다. 그 다음 달에는 게이오에서 메이지로 연호가 바뀌는데, 그야말로 격동의 시대 한 가운데에서 일본인의 손에 의한 최초의 호텔, 쓰키지 호텔관이 첫울음을 터트린 것이다.

유럽과 미국의 최상급 호텔에 필적하다

호텔 안이 텅 비어 있어 가와지는 아직 본 적이 없지만 왠지 서양의 사원과 같은 느낌이 들었다. 그런 인상을 더욱더 굳혀준 것은 호텔 중앙부에

---

26) 에도 시대 말기인 1867년 11월 9일, 에도 막부 제15대 쇼군 도쿠가와 요시노부(德川慶喜)가 다이세이(大政, 통치권)를 조정(천황)에게 되돌려준 정치적 사건.
27) 1765년 스즈키 하루노부 일파에 의해 창시된 화려하고 여러 색으로 물들인 우키요에 판화. 이후 우키요에 판화의 대표적인 명칭이 됨.
28) 천황의 권위를 절대화와 개국 반대를 주장했던 막부 말기의 정치운동 중 하나.

있는 커다란 홀이었다. 그 한 가운데 뻥 뚫린 대천정까지 1미터 이상이나 되는 거대한 나무기둥이 서 있고, 기둥 주위에 계단이 설치되어 있다. 꼭대기로 올라가는 나선형 계단이다.

이것은 쓰키지 호텔관을 무대로 한 야마다 후타로山田風太郎의 미스터리 단편소설《괴담 쓰키지 호텔관怪談築地ホテル館》의 한 구절이다. 야마다 후타로는 탄정대彈正臺[29]의 순찰인 가와지 다카요시 일행을 주인공으로 삼고 메이지 시대를 배경으로 한 소설을 썼는데 역시 쓰키지 호텔관을 빠뜨리지 않고 소설의 무대로 이용했다.

이야기는 이어서 등장인물이 나선형 계단을 올라가 풍경을 바라보는 장면이 묘사되어 있다. 이 소설에 나타난 당시의 풍경을 둘러보자.

이 옥탑의 사방은 어느 쪽이나 종모양의 둥그런 유리창이 있다. 동판을 덧붙인 지붕 위에 서 있는 풍향계 기둥에서 사방의 처마 끝으로 쇠사슬을 이어 거기에 일본의 옛 양식인 오중탑처럼 풍경(종 모양의 방울)을 달아 놓았다.
그 창으로 넓게 펼쳐진 하구와 그곳을 들락거리고 있는 배들이 보인다. 대부분은 나룻배지만 네다섯 척의 외륜선이며 범선 등의 서양 배도 보인다. 그 맞은편은 쓰쿠다지마(佃島)와 드넓은 바다였다.
[……] 이렇게 높은 곳에서 도쿄를 한꺼번에 바라본 적은 없다. 수로로 둘러싸인 거류지도 마치 손바닥 안에 놓인 듯이 내려다 볼 수가 있다. 도쿄로 이름이 바뀌었어도 역시 에도 시절의 시가지와 별반 차이가 없는데 그 중에서도 이 거류지만은 마치 먹으로 찍어 놓은 동판화 같다.

29) 관리들의 부정을 조사해서 처벌하는 관청.

이른바 구경하는 자리(전망대)의 역할을 하고 있던 옥탑까지의 높이는 약 18미터나 되었다. 서민들로서는 이렇게 높은 곳에서 내려다보는 시가지 풍경은 처음이었을 것이다. 쓰키지 호텔관 옥탑에 오르는 것은 지금의 우리들이 초고층 빌딩의 꼭대기에 오르는 것과 같은 것이었는지도 모른다.

이 전망대를 비롯하여 해삼벽의 독특한 외관에 일본식 건축의 세부적인 장식을 한 화양和洋(일본과 서양식) 절충형의 쓰키지 호텔관은 일약 도쿄의 신명소가 되었다. 커다란 새가 날개를 펼치고 있는 듯한 당당한 건물에 수많은 화가들이 매료되어 그 모습을 앞 다투어 화폭에 담았고 그 수가 백 종류를 넘었다고 한다.

그리고 쓰키지 호텔관은 호텔에 익숙한 외국인에게도 강한 인상을 남겼다. 영국인 사뮤엘 모스맨은《뉴저팬》에서 이렇게 묘사했다.

> 구미의 최상급 호텔에 필적할만 하며 정원의 아름다운 모습도 칭찬하고 싶다. 유럽에서라면 300명을 수용할 수 있는 규모지만 일본식의 여유 있는 방의 배치 때문에 100명을 수용하는 데 그친다. 식당 외에 당구장과 접객실이 있고 넓은 복도와 베란다를 갖고 있다. 식사는 매우 훌륭하며 숙박료를 포함해서 3불…….

외관의 특징을 이룬 해삼벽과 옥탑

런던 출신의 외교관이자 영국 공사관 통역으로 일본에 왔다가 훗날 일본학자로 활약한 어네스트 사토Sir Ernest Mason Satow도 저서《한 외교관이 본 메이지 유신一外交官の見た明治維新》에서 쓰키지 호텔관을 "그림처럼 아름다운 2층짜리 건물"이라고 표현했는데, 구체적으로 어떤 호텔이었을까?

다음에서 그 자세한 부분을 살펴보자.

쓰키지 호텔관 연구에 대한 최초의 본격적인 논문이 발표된 것은 다이쇼 시대 전반이었다. 발표자는 앞서 나가사키야에 대한 서술 부분에서도 인용했던 공학박사 오쿠마 요시쿠니로 연구에 대한 성과를 수차례에 걸쳐 《건축잡지》에 게재했다.

먼저 "부지는 거류지 남단, 동북쪽 및 서북쪽은 도로를 따라 경계를 이루고 서남쪽은 시오토메카와汐留川에 인접하면서 동남해와 마주하고 있다"고 설명한다. 오늘날로 치자면 중앙도매시장에 인접한 쓰키지 6초메의 한 구역이다. 아주 재미있는 것은 내부에 대한 기술이다. 니시키에錦絵에 써놓은 설명이나 당시 견학자들의 이야기를 종합해서 이렇게 서술하였다.

> 내부는 주로 백색 옻칠이 들어간 도료를 썼고 실내에는 군데군데 종이를 바른 부분도 있으며, 곳곳에 벽난로를 설치해 그 앞쪽 장식은 검은 옻칠을 한 마키에(蒔絵)[30]로 꾸며놓았다. 창에는 간단한 휘장을 둘러 놓았고 목재는 대부분 페인트칠을 한 것 같다.

이로 보아 화양 절충의 형태를 취했던 것 같다. 옥탑의 조성이든 내부 장식이든 목수로서의 뛰어난 솜씨를 지니고 있으면서 진취적인 정신이 넘치는 시미즈 기스케다운 양식인 것 같다. 쓰키지 호텔관의 외관 특징을 이루는 요소의 하나인 해삼벽에 대한 언급은 없는데, 이 부분은 오늘날의 연구자가 왜 해삼벽을 채용했는지에 대한 이유를 밝히고 있다.

---

30) 옻을 칠한 뒤에 금은 가루나 색 가루를 뿌려 그릇의 겉면을 장식하는 일본의 대표적인 옻 공예.

후지모리 데루노부藤森照信는 《일본의 근대 건축日本の近代建築》에서 다음과 같이 서술한다.

> 해삼벽이라는 것은 에도 시대에 전국적으로 확산된 미장 기술로, 목조의 벽 표면에 평평한 기와를 붙이고 이음매에는 옻칠을 한 것인데, [……] 브리젠스가 이것에 주목한 것은 아마 목골석조의 대용으로 생각했던 것 같다. [……] 요코하마의 거류지를 전소시킨 돼지막 화재 사건 후 영국 임시 공사관의 대규모 공사를 수주한 브리젠스는 작업량이 엄청난 목골석조 대신 해삼벽을 이용함으로써 불에 강한 목조의 서양관을 만들어냈다.

브리젠스는 쓰키지 호텔관 공사에 착수하기 2년 전에 영국 임시 공사관을 설계했는데 이때 이미 해삼벽을 채용했다. 일본의 전통 건축 수법을 외국인이 사용한 점이 흥미를 끈다.

기스케의 어설픈 호텔 경영

쓰키지 호텔관은 1층짜리 건물에 26실, 본관 1층에 37실, 2층에 39실, 계 102실의 객실을 갖추었다. 그리고 변소와 욕실은 곳곳에 집중적으로 배치하고 침실에는 난로를 설치했으며, 바다 쪽과 마주한 방에는 베란다가 붙어 있었다.

이러한 모습은 〈스토브 마련된 방에 술 마시러 가는 걸음〉(하루노야스미레春酒家菫 작)이라는 교카狂歌[31]의 제목이 되기도 했다.

기스케는 호텔 일에 꽤나 자신이 있었던지 고향의 친척에게 구경을 오라는 편지를 보내기로 했다. 또 앞에 서술한 어네스트 사토는 이 호

31) 사회 풍자나 냉소, 골계 등을 내용으로 한 5.7.5.7.7조로 구성된 단가의 패러디 형식.

텔에서 주문한 요리로 시로카네白金의 히고肥後번 번주의 저택에서 회식을 즐겼다. 오늘날로 치자면 호텔에서 출장 서비스를 한 셈이다.

그 후 이 호텔이 요코하마까지의 합승마차역 역할을 한 점도 흥미롭다. 이 사실에 대해서는 시노하라 히로시篠原宏가 《긴자 문화 연구銀座文化硏究》에 논문을 실었다. 논문에 의하면 여러 회사의 업자가 쓰키지 호텔관을 기점으로 하여 도쿄와 요코하마 사이에 합승마차를 운행했다고 한다. 또 호텔 앞의 광대한 정원은 교역시장의 화물 발착소이기도 했던 모양이다. 즉 교통과 물류의 거점이기도 했던 것이다.

이렇듯 다방면에서 여러 가지로 주목을 끈 호텔이었지만 영업면에서는 성공적이지 못한 것 같다. 기스케가 건축 솜씨에서는 진취적인 정신을 발휘했지만, 실제 호텔을 경영하는 것은 상상했던 것보다 훨씬 더 어려웠던 모양이다. 앞에 나온 《도시의 메이지》에는 당시의 영자신문 〈*THE FAR EAST*〉의 기사가 인용되어 있다.

> 일본인 경영자가 외국인 지배인(지배인은 모든 면에서 유능하고 일도 잘 한다)에 대해서 간섭을 하면 그들은 사업에 성공할 수 없다.

기스케와 지배인의 관계가 원만하지 못했던 모양이다.

영업 부진의 이유는 한 가지가 더 있었다. 쓰키지 거류지가 요코하마처럼 번영하지 않았던 것이다. 외국인들을 상정하고 건설하여, 이름도 교토의 시마바라島原유곽과 연관된 신시마바라新島原로 했는데 이것도 완전히 예상을 빗나간 꼴이 되었을 뿐만 아니라 신정부의 품위를 떨어뜨려 겨우 2년 만에 폐쇄되었다.

불행하게도 커다란 항구를 가지지 못했다는 이유 등으로 화려한 발전을 이루지 못한 쓰키지 거류지에 들어선 쓰키지 호텔관은 1870년(메이지 3년) 8월 일시적으로 폐업한다. 그런데 경영자가 바뀌어서도 상황이 호전되지 않자 다시 기스케가 맡게 되지만 역시 타개책을 찾지 못하다가 최종적으로는 해군에 팔렸다. 그리고 나서 한 달 후 신바시와 요코하마 사이에 철도건설 공사가 진행되어 반 년 후에 개통을 맞이하게 되었을 즈음에 이른바 긴자 대화재가 발생했고, 그 불이 번지면서 쓰키지 호텔관은 잿더미로 변했다. 1872년(메이지 5년) 2월 26일의 일이다. 그날 와다쿠라몬和田倉門(현재 고쿄의 동쪽 편, 팔레스 호텔 근처) 가까이에 있는 구 아이즈會津 저택에서 발생한 불은 순식간에 주변으로 번져 목조 건물들을 집어삼켰고 멀리 떨어진 쓰키지까지 불길이 번졌다. 그리고 쓰키지 호텔 또한 불꽃 속에서 흔적도 없이 스러져 갔다.

거듭되는 불운을 겪다가 탄생 후 4년도 채 되지 않은 명 건축물은 이 세상에서 자취를 감췄다. 수많은 니시키에의 소재가 되었던 새로운 시대의 상징은 호텔로서의 역할을 충분히 수행하지 못하고 비극적인 결말로 무대를 내려온 것이다.

건설 공사가 시작된 후부터 긴자 대화재까지 5년이 채 안 되는 기간 동안에 보신戊辰전쟁[32]이 시작되었다. 에도가 도쿄로, 원호가 게이오에서 메이지로 바뀌는 등 일본 전체가 크게 요동치던 시기와 겹친다. 쓰키지 호텔관이 소실된 1872년(메이지 5년)에는 특히 주목할 만한 사건들이 줄을 이었다. 신바시와 요코하마 사이의 철도가 개통되고 태양력 도

32) 1868년~1869년은 왕정복고로 성립한 메이지 신정부가 에도 막부 세력을 일소한 일본의 내전. 1868년의 간지가 보신(戊辰)이었기 때문에 붙은 이름. 이 전쟁 결과 메이지 정부는 사쓰마번(薩摩藩) • 조슈번(長州藩) 출신자가 주체가 되었고, 이런 광풍의 시대 속에서 일본은 근대적인 중앙집권국가의 길을 걷게 되었다.

입이 결정되었다(이듬해부터 실시). 요코하마에는 최초로 가스등이 점화되었고 식산흥업의 상징이라고도 할 수 있는 군마현群馬県의 도미오카 제사공장이 조업을 개시했다. 메이지 천황이 직접 고기를 먹음으로써 그때까지 금지해왔던 육식 금지 조치가 해금되었고 정부는 서양 요리의 보급을 꾀했다. 국립은행 조례도 제정되고(명칭은 국립이지만 실제로는 사립은행에 관한 조례다), 처음으로 전국 호적조사가 실시된 것도 이 해다(총인구는 3312만 명이었다). 이렇듯 일본의 근대화에 필요한 중요한 과제들이 진행되던 시기에 일어난 대화재였다.

또 쓰키지 호텔관을 잿더미로 만들어버린 대화재를 계기로 일본은 도시계획이라는 사고방식을 배웠다. 정부는 건축가 토머스 월터스Thomas James Walters에게 긴자의 재건(화재 이전의 긴자에는 소규모의 상점이나 장인들의 집이 많았고 그럴듯한 건물들은 별로 없었다)을 전면적으로 의뢰했다. 그는 철도 개통으로 도쿄의 현관이 된 신바시에서 교바시 사이에 전봇대를 세워 꾸미고 보도를 설치했다. 그리고 보도에 가로수를 심고 가스등을 설치했으며, 바닥에 블록을 깔아 산뜻한 길거리로 탈바꿈하게 했다. 그러한 모습은 구미의 도시 풍경과 흡사했는데 이는 메이지 정부가 외국의 여러 나라들과 일본의 서민들에게 위엄을 드러내기 위해 의도한 정책 중 하나였다.

모든 분야에서 근대화가 진행되던 메이지 초기, 쓰키지 호텔관은 그러한 시대의 상징적인 존재였다. 호텔이 불타버렸다는 소식을 접했을 때 기스케는 일본 근대의 서막을 장식한 또 하나의 건물이자 바로 일본 최초의 근대적 은행인 제일국립은행(건물의 이름은 미쓰이 구미三井組 하우스) 건설에 여념이 없었을 것이다. 일본인으로서 맨 처음으로 호텔 건설에 착수해 경영에까지 관여했던 기스케의 감회는 어떠했을까?

이와쿠라 도모미의 지원을 받은 세이요켄

쓰키지 호텔관이 불에 탔을 때 실은 또 다른 한 개의 시설이 피해를 입었다. 나중에 쓰키지 세이요켄 호텔로 발전한 레스토랑 세이요켄精養軒이다.

세이요켄의 창업자 기타무라 시게타카北村重威는 교토 붓코지仏光寺에서 경비를 맡던 시게사토의 아들로 태어나 아버지 밑에서 같은 일을 하고 있었다. 그러다가 40대 후반이 되어 고쇼御所[33]의 경비직 청원을 계기로 다섯 살 정도의 연하이자 고위직 관료 출신인 정치가 이와쿠라 도모미岩倉具視를 알현하게 되었고, 기타무라는 이와쿠라를 수행하게 되었다. 1868년(게이오 4년)의 일이다.

사진 11 잡지 《건축화보(建築画報)》1911년(메이지 44년) 8월호에 실린 신축 쓰키지 세이요켄 호텔. 건설 중에 이 호텔을 무대로 모리 오가이(森鷗外)[34]가 단편소설 〈공사중(普請中)〉을 집필했다.

---

33) 교토에 있는 천황의 주거지.

34) 모리 오가이(1862~1922), 소설가, 평론가, 번역가, 의학자, 군의, 관료. 제2차 세계대전 이후 나쓰메 소세키와 나란히 문호의 반열에 올랐다. 시마네현 출신. 도쿄 제국대학 의학부 졸업. 대표작으로 《기러기(雁)》, 《무희(舞姫)》, 《아베 일족(阿部一族)》 등이 있다.

그 후 이와쿠라는 1871년(메이지 4년)에 전권대사로서 사절단을 조직하는데 기타무라는 나이가 많다는 이유로 사절단에 들어가지 못했다. 이 때 그의 나이는 51세였다. 사절단 일행이 20대에서 30대가 중심이었던 터라 어쩔 수 없는 일이었는지도 모른다. 이와쿠라는 기타무라를 교토 지사로 임명하려 했지만 기타무라 스스로가 사퇴를 했고 그 대신 장래성이 있는 서양 요리를 해보고 싶다고 말했다. 이와쿠라는 "그것도 재미있겠군" 하면서 관심을 보였고, 기타무라를 도와주었다. 그렇게 해서 마바사키몬馬場先門 앞에 막 개업을 하려던 참에 대화재를 당했다.

보통의 사업가라면 쉽게 재기할 수 없었겠지만, 뒷 배경이 막강했던 기타무라는 화재에 굴하지 않고 고비키초木挽町(현재의 히가시긴자東銀座 근처)에서 임시 영업을 시작한다. 대화재로부터 3개월이 지난 뒤의 일이다. 그 후 기타무라는 우네메가하라采女が原에 있던 해군용지 일부(예전의 긴자 도큐 호텔 소재지)를 불하받아, 그 자리에 본격적인 레스토랑을 건설 1873년(메이지 6년)에 개업을 했다.

이와쿠라는 기타무라의 레스토랑을 열고 싶다는 뜻을 듣고 , 서구화 정책의 일환으로서 세이요켄을 활용하려고 했는지는 확실하게 알 수 없지만, 세이요켄은 새정부의 고관들이 서양식 매너를 습득하는 데 한 몫을 담당하게 된다.

모리 아리노리의 서양식 결혼 피로연

이케다 분치안池田文痴菴의 《일본양과자사日本洋菓子史》에, 우네메가하라采女が原에서의 개업 직후 모습이 다음과 같이 묘사되어 있다.

주문은 관공서뿐이었고 민간 수요는 거의 없어서 전혀 손님이 없는 날도 드물지 않았다. 물론 수지가 맞는 일은 아니었으나 기타무라는 옛날의 무사 기질로 '이것도 다 나라를 위한 일이야' 라며 기세를 꺾지 않았다.

그래도 계속해서 장사를 이어가는 사이에 점차 사업이 번성하게 되었던 것 같다. 1876년(메이지 9년) 9월 24일자 〈요미우리신문〉에 이런 기사가 있다.

쓰키지 세이요켄에서는 그저께 종업원들을 모두 모아놓고 주인이 일동에게 말하기를 '작년에는 생각보다 장사가 잘 되어 이익금을 골고루 나누겠다. 아울러 더욱더 열심히 노력해서 서양 호텔처럼 되었으면 한다' 고 말했다.

이 기사처럼 호텔 영업은 1876년에 정식으로 허가를 받은 것 같은데, 실제로는 그보다 수년 전부터 외국인이 머물렀다고 한다. 앞의 이케다의 기술에 의하면 우네메가하라에서 영업을 다시 시작하기 전 해, 러시아의 귀족이 일본에 왔는데 수행원들이 머물 장소가 없었다. 그래서 "외무성으로부터 기타무라에게 조회가 왔고 세이요켄 가게의 일부를 개조해서 호텔식으로 만들라는 엄명이 있었다" 고 한다. 원래 세이요켄은 새 정부의 원조와 그 고관들이 이용할 것을 상정해서 탄생되었다. 그랬던 만큼 새 정부의 주문을 받아들이지 않을 수 없었을 것이고, 그런 요청에 적극적으로 대응했던 것이 아닐까?

또 그런 경위에서 탄생되었기 때문에 다른 곳에서는 볼 수 없는 광경도 있었다. 〈요미우리신문〉은 1875년(메이지 8년) 2월 6일자 1면에서 세이요켄에서 거행된 모리 아리노리森有礼(훗날 문부대신이 되었는데 서구화주의자西欧化主義者로 지목되어 임기 중에 암살된 것으로도 유명하다)의 서양식 결혼식을 보도했다.

> 오쓰네 군이 왼손에 꽃을 들고 오른손으로 아리노리 군과 팔짱을 끼고 나란히 서자, 모여 있던 사람들이 그 앞으로 가서 악수와 함께 인사를 하면서 축하의 말을 건넸다. 축하 인사가 모두 끝나자 식당에서 서양 요리로 차려진 향응이 있었다. 참으로 희한한 결혼식이었는데, 문 앞에는 마차 인력거가 구름처럼 모여 있었다.

이것은 이른 시기에 거행된 서양식 피로연에 대한 기록의 하나로 생각된다. 이렇게 해서 쓰키지 세이요켄 호텔은 점차 서양 문화의 발신 기지가 된다. 그리고 모리 아리노리의 결혼 피로연이 거행된 이듬해 1876년(메이지 9년)에는 우에노에 지점을 개업했다. 지점 또한 이와쿠라 도모미를 비롯한 정부의 관리들의 명령에 의한 것이었다. 나아가 1890년(메이지 23년)에 우에노 공원에서 국내 권업박람회가 열렸을 때는 임시로 숙박시설을 설치했다. 그 이후로 우에노 세이요켄은 오늘날까지도 영업을 계속하고 있다.

고다이 도모아쓰가 오사카 최초 호텔을 발주하다

오사카는 1876년(게이오 3년)에 개방을 했다. 지금의 니시구, 아지가와安治川와 기즈가와木津川가 교차하는 가와구치를 거류지로 정했다. 그리고 이듬해에는 서른여섯 구획으로 나눈 토지를 경매에 붙여 외국인들의 주거와 활동 거점을 제공한다. 그때 쓰키지 거류지에 쓰키지 호텔관이 건설되었듯이 오사카의 가와구치 거류지에도 외국인을 위한 숙소 즉, 호텔 건설이 계획되었다. 당시 외국 관권판사官權判事와 오사카부 권판사를 겸하고 있던 고다이 도모아쓰五代友厚는 지인인 구사노 조키치草野丈吉를 불러 이렇게 말했다.

> 이봐, 조키치. 이번 거류지에 외국인들이 머물 수 있는 외국인 숙박시설을 짓게 되었네. 그래서 말인데 자네가 그걸 좀 맡아주겠나?

구사노는 외국인을 위한 숙박시설이라는 말을 듣고 어떻게 생각했을까? 그는 그때까지 나가사키시에서 칠팔년 정도 서양 요리점을 경영하고 있었다. 그런 만큼 서양 문화에 대한 저항감이 전혀 없었다. 젊었을 때는 네덜란드인 가정에 들어가 살면서 잡일을 맡아서 한 경험도 있었다. 어쩌면 조키치는 두 가지를 대답함으로써 숙박시설 운영 제의를 받아들였는지도 모른다.

고다이는 사쓰마번의 사무라이였는데 번의 명령으로 유학생을 이끌고 유럽에 갔다가 귀국한 뒤에는 사쓰마번의 공업과 무역 진흥에 공헌했다. 그리고 오사카가 개방되자 활동의 장을 오사카로 옮겨 탁월한 능력을 발휘하는 관료가 된다. 훗날 로쿠메이칸이며 데이코쿠 호텔 창설을 추진한 이노우에 가오루 같은 사람들과 같은 반열에 선 혁신파의 우두머리격이었다. 또 관직을 물러난 후에는 실업계에 들어가 오사카 상법회의소 초대 회장이 되는 등 오사카 경제의 발전에도 크게 공헌한 인물이다.

그러한 실력자인 고다이의 요청을 받은 조키치는 메이지 시대에 막 들어선 1868년(메이지 원년) 9월에 사장司長(지금의 총지배인)에 임명

된다. 동쪽(도쿄)에서는 쓰키지 호텔관이 개업한 직후의 일이다. 그리고 구사노는 외무국에서 9500냥을 빌려 1869년(메이지 2년) 1월에 지유테이 自由亭 호텔을 개업했다(당시에는 기존의 일본 가옥을 개조했을 것으로 추측된다).

그렇게 해서 지유테이 호텔이 완성이 되었는데, 안타깝게도 호텔에 대한 상세한 기록이 남아있지 않다. 지금 그나마 가장 상세하다고 생각되는 것은 구사노의 손녀 사위 호시오카 시게카즈星丘重一가 엮은 조키치의 전기 《새벽 노을빛曉霞生彩》을 참고로 한 홋타 아키오堀田曉生의 논문 〈사진이 말하는 지유테이 호텔과 오사카 호텔写真が語る自由亭ホテルと大阪ホテル〉이나 〈지유테이 호텔의 창업自由亭ホテルの創業〉으로, 이러한 글을 읽다보면 쓰키지 호텔관을 건설한 시미즈 기스케 못지않게 구사노의 진취적인 기질 또한 사람들을 흠뻑 반하게 했을 것이란 점을 충분히 느낄 수 있게 한다. 일본 호텔사의 여명기를 이야기하는 데 없어서는 안 될 인물이라고 할 수 있을 것이다.

나가사키 최초의 서양식 레스토랑에서 솜씨를 발휘하다

구사노는 전쟁 전에 발행된 헤이본샤平凡社의 《일본 인명 대사전日本人名大事典》에도 이름이 올라 있지만 일반적으로 더 잘 알려진 것은 나가사키의 글래버원에 전시된 레스토랑 지유테이의 자료를 통해서다. 그는 앞에서도 언급했듯이 열여덟 살 무렵부터 당시 쇄국정책으로 인해 일본의 유일한 무역항인이었던 나가사키의 데지마出島에 살던 네덜란드인 가정에 들어가 사환으로 근무했다. 1859년(안세이 5년)에는 네덜란드 총영사 드 윗트에게 고용되어 1863년(분큐 3년)까지 일했다. 그때 조키치는 서양 요리를 어깨너머로 배움으로써 훗날의 기초를 쌓았다. 또 네델란드 군함에 승선하여 요코하마, 하코다테를 항해하는 선내에서 견습 요리사로 일했다는 이야기도 전해진다.

아무튼 드 윗트가 모국으로 돌아가자 구사노는 스스로 독립하여 세탁소를 시작한다. 그런데 그의 요리 솜씨의 소문을 들었는지 사쓰마에서 나가사키에 와있던 고다이 도모아쓰가 구사노에게 요리를 부탁하게 된다. 그리고 고다이의 권유로 구사노는 이라바야시와카미야伊良林若宮이나리稲荷신사 밑에 있는 생가에서, 나가사키에서는 최초라고 알려진 서양 요리점 료린테이良林亭를 1863년(분큐 3년)부터 시작한다.

6첩짜리 한 칸이라는 조그마한 공간에서 그는 혼자 요리와 잡일을 도맡아 했는데 장사가 아주 잘 되어 이듬해에는 약 백 평방미터 규모의 점포를 신축하고 가게 이름도 지유테이自遊亭로 바꾼다. 그 후 1865년(게이오 원년)에 가게에 들른 사노 쓰네타미佐野常民의 의견에 따라 지유테이自由亭로 다시 상호를 바꾼다. 한가지 덧붙이면 사노는 훗날 일본 적십자사를 창립한 인물이다.

지유테이는 당시로서는 보기 드문 서양 요리점이어서인지 요인들이 많이 이용했는데 그 가운데는 당연 요리점 경영을 권했던 고다이와 도사번 출신의 정치가인 고토 쇼지로後藤象二郎도 섞여 있었다. 그리고 고다이와 고토가 오사카부의 요직에 앉으면서 때 구사노에게 호텔 경영에 대한 이야기를 하게 된 것이다.

이렇게 해서 구사노의 손에 의해 창설된 지유테이 호텔은 앞서 언급한 대로 안타깝게도 자세한 사정은 분명치 않지만, 영업은 도쿄의 쓰키지 호텔과는 달리 순조로웠던 것 같다. 예를 들면 1877년(메이지 10년) 교토·오사카·고베 간의 철도 개업식에 참석한 메이지 천황의 점심을 지유테이 호텔이 조리하게 되는 영광을 안게 된다. 앞의《인명 대사전》에 의하면 구사노는 메이지 천황을 곁에서 모셨다고 한다. 또 같은 해, 나중에 언급하게 될 교토의 야사카八坂신사 앞에 지점을 냈고, 1881년(메이지 14년)에는 오사카 나카노시마에도 지점을 냈다.

나아가 구사노는 나카노시마의 지유테이의 인접지에 있던 가이세키会席[35] 요리점인 세이카루清華樓며, 온천장 등을 구입해 놓고 장래를 대비했다. 그러나 그는 꿈을 실현해 가던 도중에 안타깝게 세상을 뜬다. 1886년(메이지 19년) 4월 13일자 〈조야신문朝野新聞〉은 구사노의 죽음을 이렇게 전했다.

> 나카노시마 공원터의 지유테이 주인 구사노 조키치는 어제 오전 사십오 세를 일기로 세상을 떴다. 구 세이카루 터를 매입해 한창 2층으로 개조 중(원가 8000엔, 개조비는 3000엔이라고 한다)인데 가게가 성공하는 것을 보지 못하고 병사했다니 이보다 더 안타까운 일이 또 있겠는가…….

당시는 지금처럼 평균 수명이 길지 않았다고는 하지만 사십오 세로 병사한 것은 참으로 안타까운 일이 아닐 수 없다. 사업이 순조롭게 진행되고 있었던 만큼 그 안타까운 마음도 예사롭지가 않았을 터이다.

그의 뜻을 이어 장녀인 구사노 니시키草野錦는 공사를 속행했고 센신칸洗心舘(센신테이洗心亭란 설도 있다)으로 완성시켰다.

---

35) 일본의 정식요리.

2장

정치 주도로 탄생한 영빈관 호텔

1. 외무경 이노우에 가오루의 도전

신정부 최초의 영빈관 호텔

JR신바시역에서 500미터 정도의 거리에 있는 하마리큐온시浜離宮恩賜 공원. 인적이 드문 널따란 정원 안에 서 있으면 자동차의 소음도 잘 들리지 않아 마치 도회 속의 별천지라는 느낌이 드는데 지금으로부터 약 130년 전만 하더라도 이곳은 정부의 빈객을 맞이하는 중심지였다. 개국 후 최초의 영빈관이 자리하고 있었기 때문이다.

쓰키지강을 건너 정원 정문을 들어서면 곧바로 '300년 된 소나무'가 방문객을 맞이한다. 그리고 그 앞을 지나면 표식이 나타나는데 바로 거기가 영빈관 터다. 하마리큐는 원래 도쿠가와 쇼군가의 매 사냥터였는데 6대 장군 이에요시徳川家宣가 이곳을 하마고텐浜御殿라고 부르기 시작했고 11대 쇼군 이에나리徳川家齊 시기(1787~1837년)에 거의 현재의 모습에 가까운 정원이 완성되었다.

그런데 어떤 연유로 영빈관이 이 자리에 서게 되었을까?

메이지 신정부는 1869년(메이지 2년) 4월 10일에 빅토리아 여왕의 둘째 왕자 에딘버러공 알프레드가 세계 일주를 하는 길에 천황을 방문하고 싶다는 전갈을 받았다. 왕자가 7월 25일 도쿄에 도착할 예정이라는 것이다. 신정부는 일 년 전부터 빈객 방문에 대한 접수를 받았기 때문에 접대 준비는 진행이 되고 있었지만 왕자에게 제공할 숙소가 해결되지 않아 시간이 흐를수록 곤란해졌다. 생각하다 못한 끝에 신정부는 하마고텐의 이시무로石室로 불리던 막부의 해군 훈련병 주둔소를 영빈관 겸 숙소로 쓰기로 했다. 접대를 위한 목적으로 설계한 건물은 아니었지만 일부를 고쳐서라도 어떻게든 시기에 맞추려고 한 것이다.

건물의 구조는 오노키 시게카쓰小野木重勝의 《메이지 서양식 궁정 건축明治洋風宮廷建築》에 소개되어 있다. 이 책의 설명에 의하면 중앙부에 정면 현관을 내고 좌우 양 날개가 앞쪽으로 솟아나오게 한 ㄷ자형 건물이었다. 객실은 동쪽 편에 12실, 서쪽 편에 11실이 마련되었는데 주요 객실은 동쪽 4실과 서쪽 3실이었을 것으로 추측된다. 내부는 복도와 실내 모두 융단을 깔았고 주요 객실에는 난로를 설치해 서양식 스타일로 꾸몄다. 겉모양은 당시 석실이라고 불렸듯이 외벽을 돌로 치장했다. 지붕은 기와를 깔고 중앙부 현관에는 가라하후唐破風[36] 형태에 양 날개는 이리모야入母屋[37]로 되어있었다. 그리고 양 날개 건물의 정면에는 고하이向拜라 불리는 쟁깃술疵을 달아 놓았다. 벽체 구조는 돌로 만들었고 내부는 서양식, 가구며 기물들은 홍콩에서 주문해서 썼다. 그러나 외관은 일본식和風으로 꾸며 화양 절충의 형태를 취했다. 게다가 지붕에는 군데군데 난로 굴뚝이 솟아있어서 어딘가 좀 특이한 모습의 건물이었다.

그런데 건물 자체는 1869년(메이지 2년) 5월 준공. 먼 곳에서 현인을 부른다는 의미의 한자어를 사용해서 엔료칸遠遼館이라는 명칭으로 결정된 것은 영국의 왕자가 오기 16일 전인 7월 9일이었다. 그 영국 왕자의 통역관으로 엔료칸에 약 1개월간 체재한 앨저넌 미트포드Algernon B. Mitford는 《영국 외교관이 본 막부 말의 유신英国外交官の見た幕末維新》에서 이렇게 감상을 술회한다.

> 접대를 하는 일본 측에서 전하를 그들의 훌륭한 건물에 머물도록 배려하지 못한 것은 정말 안타까운 일이다. 그들은 전하를 위해 유럽식 건물을

36) 하후(破風)는 일본 건축에서 지붕의 꼭지점 부분에 붙어있는 합장형의 장식판 양식, 가라하후는 꼭지점 부분에서 처마에 이르는 부분을 둥그렇게 깎아 놓은 것.
37) 지붕의 형태로 상부는 두 방향으로 경사진 모양을 이루다가 하부에서는 지붕이 네 방향으로 퍼진 것. 한국의 팔작지붕과 유사한 지붕 형태.

준비하는 데만 여념이 없었던 나머지, 푸른 색 셔터 문을 달아놓아 심히 부조화를 이룬 데다가 볼품도 없고 지금 당장이라도 쓰러질 것 같은 목조건물을 서둘러 지었다.

그러나 볼품이 없는 외관은 내부 장식으로 충분히 상쇄되었다. 벽에는 다채로운 색에 금이 섞여 있었는데 만약 서투른 사람의 솜씨였다면 그야말로 꼴불견이 되었을 것이다.

서양요리가 정식 요리로

아무튼 신정부로서 첫 국빈인 영국의 왕자를 맞이할 태세는 갖추어진 셈이었다. 8월 12일자 〈메이지신문〉은 이렇게 보도한다.

> 영국 왕자 7월 25일 도쿄 엔료칸에 도착. 왕자와 함께 온 사관은 12명이다. [……] 28일 점심 때 영국 왕자가 천황을 알현하러 고쿄에 갔다. [……] 향응은 일본요리가 나왔는데, 온갖 요리로 대접을 했다.

이 기사에서 흥미를 끄는 것은 영국 왕자에게 일본 요리로 접대를 했다는 점이다. 신정부가 외국의 빈객을 일본 요리로 접대한 것은 공식적인 기록으로는 이것이 처음이자 마지막이었다고 한다. 그 이후 외국 사절들의 방문이 줄을 이었는데 궁성에서 천황을 알현한 후에, 엔료칸에서는 천황의 이름으로 베푸는 서양 요리가 제공되었다. 그리고 1876년(메이지 6년) 9월 8일에는 처음으로 천황이 호스트가 되어 이태리 황제 임마뉴엘 2세의 사위인 젠 공을 위해 서양 요리로 접대를 한 오찬회가 열렸다.

이날을 경계로 외국의 빈객에 대한 접대는 서양 요리(프랑스 요리)

로 서구의 예법에 따라 거행되었다. 그런데 천황과 황후는 세 번째의 빈객으로 일본을 방문한 젠 공과의 오찬이 있기 전에 서양식 식사 예법에 대한 연습을 했을 정도로 서구 예법에 익숙하지 않았다. 그러면 왜 국빈을 접대하는 데 일본 요리가 아닌 서양 요리를 채택했을까? 그것은 당시 일본이 놓인 입장과 깊은 관련이 있었던 것 같다.

쇄국정책을 펴온 도쿠가와 정권기의 일본은 구미열강과 조약을 체결하고 개국을 했다. 그렇지만 그 조약의 내용은 예를 들면 외국인의 범죄를 일본인이 재판할 수 없는 치외법권이며, 수출입에 대한 관세를 일본이 결정할 수 없는 관세 자주권의 결여 등과 같은 커다란 문제점을 안고 있었다. 당시 세계는 서양 문명을 보유하고 있는 나라만이 문명국으로 간주되었고 근대 국제법상의 주체는 문명국에 있었다. 일본은 '반半주권국' 즉, 반 미개국 취급을 받았기 때문에 문명국을 따르지 않을 수 없었다. 그래서 불평등 조약을 감수해야 했는데 신정부는 어떻게 해서든 그것을 개정하고 싶어 했다.

그래서 자국의 발언력을 강화하기 위해서는 일본을 구석구석까지 서구화해 갈 필요가 있었다 — 당시의 위정자가 이런 생각을 했다고 해도 이상할 것이 없다. 아편 전쟁으로 영국의 의도에 완전히 말려들어버린 청나라의 전철을 밟지 않기 위해, 열강과의 교제에 대해서 세심한 주의를 기울인 결과 중의 하나가 서양 요리였던 것이다.

일본인과 외국인 의식의 커다란 차이

당시 일본 지배계급의 정신 풍토를 살피는 데 주목할 만한 글이 있다. 천황이 처음으로 서양 요리로 오찬회의 호스트가 되고 나서 3년이 지난

1876년(메이지 9년), 도쿄 의학교(현 도쿄대학 의학부)의 내과의학 정교수로서 독일에서 온 의학박사 에르빈 폰 베르츠Erwin von Balz가 쓴 글이다.

현대의 일본인은 자기 자신의 과거에 대해서는 아무것도 알고 싶어 하지 않습니다. 아니 오히려 교양이 있는 사람들은 그것을 부끄럽게 여기기조차 합니다. '아니 그러니까 온통 야만 투성이었어요(말 그대로!)' 라고 나에게 당당히 말하는가 하면 또 어떤 사람들은 [……] '우리에게는 역사 따윈 없어요. 우리 역사는 이제부터 시작됩니다' 라고 단언합니다

[……] 어떤 나라 사람들이 자신들의 고유의 문화를 그렇듯 가벼이 여기면 오히려 다른 나라 사람들 사이에서 신망을 얻을 수 없습니다. 이런 신일본의 국민들은 자기의 고유문화가 지닌 합리적인 요소보다도, 아무리 불합리하더라도 새로운 제도를 칭찬하는 쪽이 훨씬 더 큰 관심거리입니다.

이것은 《베르츠 일기》(토크 베르츠 편)의 한 부분인데 베르츠는 이 글을 일본에 온 지 3주가 채 되지 않은 시기에 썼다. 베르츠는 일찌감치 일본인과 외국인 사이에 존재하는 의식의 격차를 간파해 낸 것이다. 베르츠는 28년 후 천황과 황후의 신년 하례식에 참석했을 때, 과거를 회상하며 이와 비슷한 말을 한다.

복장에 대해서도 또한 서양에 심취한 것에 대해 나는 온갖 말을 다 동원해서 몇 차례나 반대했지만 소용이 없었다. 이토 공(이토 히로부미를 말함)이 궁중에서 양식 복장을 채용하겠다는 뜻을 밝혔을 때도 보류해 줄 것을 간곡히 부탁했다.

그 때 이토는 "일본 여자들이 전통 복장을 하고 나타나면 '사람취급'

도 안 해주고 마치 장난감이나 인형처럼 여긴다"고 대답했다고 한다. 베르츠는 거기에서 그치지 않고 "서양 여러 나라들과 대등하고자 한다면 외면적 형식이 아니라 내면적인 자격을 갖추어 그 목적을 달성해야 하며, 특히 그 외면적 형식이 결점인 경우에는 더더욱 그렇다"고 지적했다.

일본이 걷고 있던 길을 걱정한 이는 베르츠만이 아니었다. 1873년(메이지 6년) 메이지 정부의 초청을 받아 일본에 와서 형법(구 형법) 등을 기초한 프랑스 법률학자 구스타브 브와소나드Gustave Boissonade도 서양 문명에 맹목적으로 기울어 가던 정부의 상층부에 대해 혐오감을 느꼈다고 한다.

한편, 예를 들면 1878년(메이지 11년)에 가나자와의 사족들에게 암살당한 근대화의 대공헌자로 내무경을 거쳐 정권을 쥔 오쿠보 도시미치大久保利通가 제로에서 출발한다는 인식을 지니고 있었다는 것, 메이지 원년부터 10년간은 창업의 시대, 건설의 시대라고 발언했던 것을 생각해보면 정부에는 과거의 문화나 문명은 안중에도 없었다고 해도 될 것이다. 그러니까 앞에서 미트포드가 썼듯이 외국 귀빈의 숙소에 대해서도 자신들의 건물은 사용할 생각조차 하지 못하고, 일본식 건물에 서양식으로 무리하게 배치한 것은 당시 지배계급으로서는 당연한 행동이었다.

이것은 일본식과 서양식을 절충한 셈인데 결과적으로는 같은 형태가 될지 모르겠지만, 앞에서 언급한 시미즈 기스케의 쓰키지 호텔관과는 방향성이 정반대였다. 쓰키지 호텔관에는 서양식 시설에 어떻게든 일본풍의 정취와 일본 문화를 스미게 하려는 적극적인 자세가 있었으나 엔료칸은 그와는 반대였고 게다가 시간에 쫓기는 처지였다. 그래서 완성도가 떨어진 것을 알 수 있는데, 1879년(메이지 12년)의 율리시스 그랜트Ulysses S. Grant 전 미국 대통령이 방문하게 되었을 때, 훗날 로쿠메이칸鹿鳴館을 관리한 조사이어 콘더Josiah Conder에게 실내 장식의 대대적인 보수작업을 의뢰했다.

그러나 결국 엔료칸으로는 역부족이었는지 본격적인 영빈관 호텔의 필요성이 제기되기 시작한다. 바로 로쿠메이칸의 건설이다. 당시 모든 관청의 대부분이 바닥난 예산을 짜내서라도 건설비를 마련하여 나라의 위신을 세울 수 있는 호화찬란한 서양식 건물을 지으려고 했다.

1881년(메이지 14년) 하와이 황제 카라카우어가 엔료칸에 머문 뒤 83년(메이지 16년) 4월 13일자 〈도쿄 일일 신문〉은 건설 중인 외무성 부속 외빈 접대소(로쿠메이칸)가 낙성된 후에는 엔료칸에 대한 관리가 여태까지의 외무성에서 궁내성宮內省으로 이관될 것임을 보도하였다. 실제 엔료칸은 같은 해 로쿠메이칸 완성 후에 궁내성으로 이관되었는데 노후화를 이유로 끝내는 해체되었다. 데이코쿠 호텔이 개업하던 90년(메이지 23년)의 일이다.

불평등조약 개정을 위해

> 초대에 응하여 참석한 조야(朝野) 내외의 신사 숙녀 약 1300명, 무용수, 악사, 뜰 앞의 불꽃놀이 등 관 안팎으로 북적이지 않는 곳이 없다. [……] 실로 근래 보기 드문 잔치다.

이것은 1883년(메이지 16년) 10월 28일에 개관식을 거행한 로쿠메이칸의 모습을 보도한 〈지지신보時事新報〉 기사의 일부다. 그날 히비야日比谷 연병장에는 주야 모두해서 130개의 불꽃을 쏘아올렸고 관내는 늦은

밤까지 고성이 넘쳤다고 한다.

실로 외국의 귀빈을 맞이하는 데 어울리는 로쿠메이칸의 화려한 출발이었으나, 그 광채는 점차 퇴색되어간다. 미시마 유키오三島由紀夫[38]의 희곡《로쿠메이칸鹿鳴館》속에 이런 구절이 있다.

> 지금 로쿠메이칸에 초대받은 외국인들 중에서 정부가 기대하는 것처럼 누가 문명개화한 일본을 다시 보고 존경한다고 생각합니까? 그들은 모두 웃고 있어요. 비웃고 있는 겁니다.

영빈관 호텔이라고도 할 수 있는 로쿠메이칸은 메이지 정부가 서구화 정책을 추진하는 가운데 첫울음을 터뜨렸다. 당시 중심인물이었던 외무경 이노우에 가오루井上馨는 앞에서도 언급한 바 있듯이, 무도회가 불평등 조약 개정을 위한 교섭에 도움이 될 것으로 굳게 믿고 로쿠메이칸을 건설한 것이었다. 그러나 겉만 그럴듯하게 꾸민 경박한 외교로는 정부 지도부의 다른 모습들을 보여줄 수 없을 뿐더러 국민의 지지를 받을 수도 없다. 단명으로 끝난 로쿠메이칸 시대가 그것을 말해준다.

극히 짧은 기간이나마 시대의 총아로서 각광을 받았던 로쿠메이칸은 어찌되었든 영빈관 호텔이자 역사 속에서 특이한 위치를 차지한 호텔이다. 로쿠메이칸을 빼놓고서 일본의 호텔사를 이야기할 수는 없다.

38) 미시마 유키오(1925~1970), 소설가, 극작가, 방패회(楯の会) 회장. 도쿄 출생 가쿠슈인 초·중·고등과를 거쳐 도쿄 제국대학 법학부 졸업. 1970년 11월 25일 도쿄의 자위대 본부 옥상에서 자위대의 구데타를 종용하다가 뜻을 이루지 못하자 할복자살했다. 대표작으로《가면의 고백(仮面の告白)》,《긴카쿠지(金閣寺)》,《풍요의 바다(豊饒の海)》등이 있다.

이노우에 외무경이 로쿠메이칸 건설 계획을 수립하기 시작한 것은 1880년(메이지 13년) 11월 15일이라고 한다. 하타케야마 겐지畠山けんじ의 《로쿠메이칸을 만든 남자鹿鳴館を創った男》에 의하면 그 경위는 이렇다.

> 이노우에는 이날 엔료칸 [……] 등을 매각해서 가스미가세키에 외무경 관사와 클럽을 신축하고 싶다고 다조(太政)대신 산조 사네토미(三条實美)에게 의향을 밝혔다. 여기서 말하는 클럽이란 엔료칸을 이용할 정도로 신분이 높지 않은 외국인의 숙박과 접대를 위한 시설이라는 의미다.
> 그런 의향에 대해서 다이조칸은 [……] 클럽 같은 것이 아니라 본격적인 외국인 접대소를 건설하도록 이노우에게 명령했다.

이렇게 해서 새로운 영빈관 호텔 계획이 시작된 것이다. 호텔 용지로는 도쿄시 고지초구麴町區 야마시타초에 소재한 구 사쓰마번의 장속류를 넣어두던 창고 터로 정해졌다. 지금의 데이코쿠 호텔 남쪽 부근에 있는 장소다. 당초 예산은 10만 엔이었는데 최종적으로는 18만 엔으로 부풀어 올랐다. 설계는 엔료칸 내부 장식의 수선을 담당한 바 있는 콘더가 맡았다.

영국 출신인 콘더는 영국 건축가 협회의 설계분야의 신인들을 위한 손상을 수상한 뒤 일본 정부와 계약을 맺고 1877년(메이지 10년)에 일본에 온 인물이다. 신분은 공부工部대학교 조가造家학과(지금의 도쿄대학 공학부) 교사 겸 공부성工部省 영선부營繕部 고문이었다. 정부는 스물다섯 살의 젊은 건축가에게 일본 건축의 장래를 맡긴 것이다. 콘더 또한 일본 취향에 빠져있던 은사 윌리엄 버젠스의 영향을 받아 저 멀리 떨어진 동양의 섬나라에 자신의 장래를 걸었다. 그렇게 해서 꾸준히 일을 해나가는데…….

로쿠메이칸은 실패작이었다

콘더는 일본에 와서 우에노 박물관 등의 설계를 맡은 뒤 로쿠메이칸鹿鳴館 건설에 착수한다. 구 사쓰마번 저택의 거대한 구로몬黑門(전쟁 전에는 국보였다)을 통과하면 곧바로 연못이 있는 앞뜰이 있고 그 연못 맞은편에 벽돌식 건물을 배치한다는 구성이다. 건물 자체는 다음의 신문기사 표현을 빌리면 이렇다.

> 이 건물은 [……] 서양풍의 시바코요칸(芝紅葉舘) 겸 호텔이라고나 할까. 정면의 위층에 무도장이 있고 그 좌우에 객실이 있다. 아래층 동쪽 편에 식당이 있고 서쪽 편 끝에 당구장이 있다. [……] 객실 수는 모두 해서 40여 개인데 실내 장식은 더없이 아름답고, 얼마나 신경을 썼는지 흠잡을 데가 없다.

이렇듯 화려하게 단장된 모습을 칭찬하고 있다(아울러 시바코요칸이란 1881년(메이지 14년), 도쿄 시바공원에 개업한 일본식 연회용 고급 요정을 말한다). 그런데 로쿠메이칸의 설계에 대해서는 우여곡절이 있었던 것 같다. 곤도 도미에近藤富枝의 《로쿠메이칸 귀부인고鹿鳴館貴婦人考》에는 맨 처음 완성된 설계도를 보고 이노우에 외무경이 이렇게 실망하는 장면이 있다.

> 콘더는 잘못 생각하고 있어. 우리는 일본이 서구와 마찬가지로 문명개화국이라는 것을 외국의 요인들에게 알리기 위해 연회에 초대하는 것인데, 이 설계도로 보면 가벼운 집회소에 지나지 않아. 좀 더 국가의 위풍을 지붕이나 창 모양으로 보여주어야 하는데 …….

콘더의 입장에서 보면 일본은 동양의 한 나라이므로 동양적인 성격을 갖게 하려 했을 것이다. 우에노 박물관을 비롯한 몇몇 건축에서도 일본과 서구의 중간 지점이라 할 수 있는 인도, 이슬람 양식을 부분적으로 채용하기도 했다. 일본이라는 국가에 대해 경의를 표하고 일본 독자의 건축 본래 모습을 고려한 결과였다.

한편 이노우에는 자신의 눈으로 실제의 유럽 건축을 둘러보았다. 아마 예를 들어 샤를르 가르니에Charles Garnier가 설계한 파리 오페라 극장과 같은 당당한 건물을 예상했을 것이라 상상하는 일은 어렵지 않다. 원래 관청이나 영빈관, 그랜드 호텔이나 은행 그리고 교회와 같은 국가나 도시의 상징이 되는 건물은 권위나 위엄을 드러내는 성격을 갖고 있는 법이다. 그런 의미에서 이노우에의 바람은 당연한 것이라고 해야 할 것이다.

그래서 콘더는 수정안을 작성한다. 처마 위에 빗살 모양의 페디먼트(그리스 식 장식용 판)와 2단으로 된 경사면의 맨서드 지붕을 설치하여 작은 궁전과 같은 형태로 마무리했다. 또 막부 말부터 일본인에게도 익숙해진 베란다를 설치했다. 베란다 난간의 철제 구조물은 사라센 문양으로 장식하고 군데군데 절충형 양식을 도입했다. 그 나름대로 생각했던 것을 표현하고 싶었던 모양이다. 그러나 결국 콘더에게 로쿠메이칸은 실패작이 되었던 것 같다. 곤도 도미에는 앞에 언급한 저서에서 이렇게 서술하고 있다.

> 그가 자신의 생애에서 로쿠메이칸 설계에 대해 글이나 다른 수단을 통해 아무런 이야기도 남기지 않은 것은 그 자신으로서도 탐탁지 않은 건물이었다는 증거가 아닐까 하는 생각이 든다.

앞서 나온 《로쿠메이칸을 만든 남자》도 어정쩡한 절충 양식을 비판하는 전문가의 논평을 소개하면서 로쿠메이칸이 건축으로서는 높은 평가를 받지 못했음을 밝히고 있다. 그리고 다음과 같이 결론 짓는다.

> 로쿠메이칸은 실패였다. [……] 조사이어는 그것을 모를 리 없을 것이다. [……] 로쿠메이칸이 지금의 영빈관과 같은 건물이었다면 조약 개정 교섭의 행방이 달라졌을지도 모른다는 것을 누가 부정할 수 있겠는가?

젊은 콘더를 초빙한 것, 예산이 한정되어 있었다는 것 등을 생각하면 그것이 당시의 일본의 실력이자 한계였다. 그 실력과 한계가 영빈관을 건설하는 표현력에 반영된 것이다.

이노우에 외무경의 사임

로쿠메이칸은 건축물로서는 비판을 받았지만, 짧은 기간이라고는 하더라도 영빈관 호텔로서의 제 역할은 했다고 해도 될 것이다. 외국인 거류지 비교연구 그룹이 정리한 〈로쿠메이칸은 어떻게 활용되었나〉라는 글에서 숙박자들의 명단을 밝혀 놓았다. 이 그룹은 《메이지 천황기明治天皇紀》를 조사하여 맨 처음 로쿠메이칸에 머문 것으로 생각되는 외국 귀빈은 이탈리아 왕실의 친족인 루이 나폴레옹으로 시기는 1886년(메이지 19년)이었다는 사실을 확인했다. 로쿠메이칸 완성 후 2년 반이나 지나고 나서야 처음으로 빈객을 맞이하게 된 셈인데 실제로는 로쿠메이칸이 개관한 후에도 엔료칸이 영빈관으로 이용되고 있었기 때문에 귀빈이 이용하는 데 시간이 걸렸던 것 같다.

또 헤르만 엔데Hermann Gustav Louis Ende와 빌헬름 뵈크만Wilhelm Bockmann과 같은 명실공히 실력이 뛰어난 독일인 건축가가 머문 것도 잘 알려져 있다. 그들은 이노우에 외무경이 추진한 서구화 정책의 종합적인 마무리라고도 할 수 있는 대규모의 관청 집중 계획을 실현하기 위해 메이지 정부의 부름을 받았는데, 엔데는 1886년(메이지 19년)에, 뵈크만은 그 이듬해에 일본에 왔다. 결론만 말하자면 정치 상황이 허용되지 않은 탓에 그들의 작품은 대심원(훗날의 최고재판소)과 사법성(현존하는 법무성의 붉은 벽돌 건물)으로 끝나버렸다. 그러나 데이코쿠 호텔에 대한 최초의 계획이 그들의 부하 설계자에 의해 고안되었고 실제 설계자인 와타나베 마모루渡辺譲가 독일의 그들 사무소에서 지도를 받는 등 일본 건축계에 유형무형의 영향을 끼쳤다.

로쿠메이칸은 화족 회관으로 사용된 1890년(메이지 23년)까지 약 4년간 호텔로서 역할을 맡았는데 무도회장으로서 활약한 것이 더 유명할 것이다. 이노우에 외무경은 무도회가 조약 개정을 교섭하는 데 도움이 될 것이라 생각했을 정도였으므로 그 속사정에 대해 언급해 둘 필요가 있을 것 같다. 당시 댄스를 할 줄 아는 일본인은 손으로 꼽을 정도였다. 그 때문에 연습회가 열리게 되었다. 교사는 훗날 일본 수의학 발전에 헌신한 독일인 요하네스 얀슨이었다. 제1회 연습회는 로쿠메이칸이 완성된 이듬해인 84년(메이지 17년) 10월 27일, 정부고관의 부인과 딸들 약 70명이 모여서 매주 월요일에 서툰 스텝을 밟았다.

이에 대한 여론의 반응과 성과는 어떠했을까? 〈조야朝野신문〉은 제1회 연습회가 있고 나서 3일 후에 통렬한 비판을 가한다.

도저히 한심스런 작태를 [……] 이게 외설이 아니고 무엇이란 말인가? 이런 짓만큼은 법을 만들어서라도 금해야 한다. 그야말로 눈꼴사나운 춤놀이다.

당시의 서민의 눈으로 보면 남녀가 껴안고 춤을 추는 모습은 대단히 눈꼴사나운 행동이었을 것이다. 이러한 구미문화의 상징인 댄스를 비판하는 정신 풍토는 다이쇼 시대에 이르러서도 뿌리 깊게 남아 데이코쿠 호텔 무도장 난입사건 등이 일어나기도 했다.

그렇지만 당시의 지배계급은 그런 풍토에는 아랑곳하지 않고 매우 진지한 태도를 취했다. 이노우에 외무경은 가끔 로쿠메이칸에서 무도회를 개최하고 구미열강의 외교관들을 초대해서 그들의 의식을 바꾸려고 노력했다. 그 효과가 신통치 않다 싶으면 조약 개정을 위한 여러 가지 양보안을 제출했다. 그 와중에 이노우에 외무경은 치명적인 실수를 한다. 치외법권에 대해 일본 법정에서 외국인 재판관의 채용을 인정함으로써 해결을 꾀하려 한 것이다. 내각과 국민은 이런 매국적인 해결법에 불만과 분노를 터뜨렸다. 그리고 이노우에 외무경의 그때까지의 정책을 꾸짖으며 1887년(메이지 20년) 9월에 사임을 요구했다.

이노우에의 사임에 따라 당연히 그가 만든 로쿠메이칸의 존재 가치도 급속하게 엷어져 갔다. 세상 사람들이 말하는 로쿠메이칸 시대는 순식간에 종언을 고했고 그 건물은 화족 회관으로 이름을 바꾸어 제2의 인생길을 걷는다. 그리고 이노우에가 외무경 시절에 품고 있었던 또 하나의 영빈관 호텔 계획이 로쿠메이칸의 인접지에서 진행된다. 데이코쿠 호텔의 건설이 그것이다.

베르츠가 평가한 이노우에 가오루

외무경 이노우에 가오루는 로쿠메이칸이 완성되고 난 3년 수개월 후에는 또 하나의 본격적인 영빈관 호텔의 필요성을 느끼고 구체적인 행동으로 옮긴다. 로쿠메이칸에서는 저녁 만찬이나 자선 바자회가 자주 열렸고 주방장 후지타 겐기치藤田源吉를 중심으로 요리사들이 솜씨를 한껏 발휘했다. 또 이노우에의 발안으로 로쿠메이칸의 한쪽 편에 영어로만 이야기를 하게 되어 있는 도쿄 클럽이라는 회원제 클럽을 만들어 놓고 그곳에서도 외국인과의 교류를 꾀했다. 다만 숙박을 위해 제공되는 객실은 6실 정도 밖에 되지 않았기 때문에 영빈관 호텔로서는 역부족이라 생각했을지도 모른다.

이노우에 가오루는 일본을 표면적인 서구화 정책으로 치닫게 함으로써 경박한 로쿠메이칸 문화를 창출한 장본인이라 비판을 받기는 하지만 외국인 대우법을 확립하고 유럽풍의 생활양식의 도입에 힘쓴 것은 정당하게 평가받아야 할 것이다. 일본 근대 의학의 아버지고 불리며 온천 의학을 추진 장려한 것으로 유명한 에르빈 폰 베르츠 박사는 앞에 나온 《베르츠 일기》에서 일본의 상층부에 대한 비판적인 서술을 했는데 이노우에에 대해서는 이렇게 평하고 있다.

> 이노우에 경은 재능이 뛰어나고 교양이 있으며 새로운 일본에 필요한 인재의 한 사람이다. 경은 다른 대부분의 일본인에 비해 융통성이 뛰어나 외교관으로서 그야말로 적임자이다. [……] 경은 생기가 넘치고 이지적인 인상을 풍기는 작달막한 체구를 한 인물로 유럽 문화나 생활양식에 완전히 동화된 일본인이다.

그런 이노우에는 존왕양이 운동의 중심적 역할을 했던 조슈長州번의 사무라이 집안에서 태어난 까닭에 젊은 시절에는 그 운동에 뛰어들어 시나가와 고돈야마御殿山의 영국 공사관 방화 사건에 가담하기도 했다. 그의 사상이 180도 바뀐 것은 해군 연구를 위해 1863년(분큐 3년)에 이토 도시스케伊藤俊輔(훗날의 히로부미) 등과 영국에 건너가 영국의 시가지를 보고 나서부터라고 한다. 벽돌식의 고층 건물이 늘어선 발전된 도시의 모습을 보고 일본도 개국을 해야 한다고 생각을 바꾼 것이다. 이윽고 이노우에는 중앙 정계에 진출 대장 대보大藏大輔[39] 등을 거쳐 1879년(메이지 12년)에 외무경이 된다. 그리고 불평등 조약 개정 교섭에 임하게 되면서 서구화 정책 추진을 위해 로쿠메이칸을 건설한 것은 앞에 서술한 대로다.

그런데 로쿠메이칸이 완성된 1883년(메이지 16년) 당시 외국인에게 제공된 호텔은 도쿄에는 소규모의 쓰키지 세이요켄 호텔이나 도쿄 호텔 정도밖에 없었기 때문에 이노우에 외무경은 대규모 호텔의 필요성을 통감했다. 그의 그러한 요망도 있었던 것이었을까? 관청 집중계획 설계를 위해 일본에 와서 로쿠메이칸에 머물고 있던 엔데와 뵈크만의 계획에는 로쿠메이칸에 인접한 호텔 건립도 포함되어 있었다. 그리고 그 호텔의 설계는 독일인 건축가 팀인 하인리히 멘츠 일행이 담당했다.

석조 건물을 본뜬 공법

한편 이노우에는 재계의 유력 인사에게 부탁하여 호텔 경영회사를 1887년(메이지 20년)에 설립하게 했다. 그것이 유한책임 데이코쿠 호텔회사

---

39) 메이지 초기의 관직. 대장성의 대신(장관) 바로 아래 직책.

(당초는 유한책임 도쿄 호텔회사)다.

건축 공사도 같은 해에 착공되었다. 그 공사는 이듬해 일시 중단되는 사태를 맞는다. 1888년(메이지 21년) 9월 8일자 〈조야신문〉은 이렇게 보도한다.

> 지금까지 쓴 비용은 지반 공사에 2만 엔 이상, 건축공사 장비 3,600엔, 잡비 6만 엔 이상이 들어 이번 공사를 중지하게 되었다. [……] 그러나 이 분야의 물정을 아는 사람이라면 10만 엔 가까이 되는 금액을 허비할 리가 없을 터인데, 분명 이번 공사 중지도 잇속을 챙기려는 게 아닌가 하는 소문도 있다.

엔데와 뵈크만의 관청 집중 계획은 이노우에가 외무경과 임시 건축국 총재직을 사임함으로써 대폭으로 변경 축소되었고, 동시에 지반을 충분히 검토하지 않은 데서 비롯된 그들의 신용도도 실추되어 호텔도 설계자가 바뀌게 되었다. 그리하여 발탁된 이가 와타나베 마모루다.

도쿄의 하타모도旗本 집안에서 태어난 그는 공부대학교 조가학과에 입학, 조사이어 콘더에게 수학하고 1880년(메이지 13년)에 제 2기생으로 졸업한다. 그 후 부친이 근무하고 있던 공부성에 들어갔다가 유학 명령을 받고 독일로 건너간다. 그때가 1886년(메이지 19년)이었는데, 그 때 연수를 받은 곳이 도쿄 관청 집중 계획에 관여하고 있던 엔데와 뵈크만의 건축사무소였다. 그로부터 2년간 독일 양식의 건축을 공부하고 귀국하여 해군성 공사감독으로 콘더를 보좌한다. 그러던 차에 데이코쿠 호텔 건설에 대한 이야기가 날아든 것이다.

와타나베는 지반이 약한 것에 유의하면서 설계를 했다. 4층이던 것

사진 12 예전에 다이묘 저택이 늘어서 있던 우치야마(內山)의 중심지에 60실의 규모로 건설된 초대 데이코쿠 호텔.

을 3층으로 수정을 하고 골격은 벽돌과 목재를 혼합했으며, 외부는 석조 건물의 본을 따 돌 색과 비슷한 옻칠을 했다. 중후한 분위기를 풍기면서도 중량은 가볍게 하는 방법을 택한 것이다.

외관 디자인은 독일풍의 네오 르네상스 양식을 도입했지만 내부는 일부 일본풍으로 장식을 했다. 외국인의 취향을 배려한 결과다.

1890년(메이지 23년) 11월 완공한 명 건축 데이코쿠 호텔은 다음과 같은 시설을 갖추고 있었다. 객실 60개(그 중 10개는 응접실이 있음, 지금의 스위트 룸), 조식실, 임시 회의실, 무도장, 신문 열람실, 담화실, 연주회장, 흡연실, 당구장 등이다. 그밖에 부속 건물에는 마굿간과 사원 주택 등도 구비되어 있었다.

재계의 거인들이 경영에 참가하다

개업 당시 데이코쿠 호텔에 출자한 주요 주주들의 면모는 구라노가미内藏頭[40] 스기마고 시치로杉孫七郎 55주(궁내성 출자분)를 필두로 시부사와 에이이치 25주, 이와자키 야노스케岩崎弥之助 20주, 오쿠라 기하치로大倉喜八郎弥15주, 야스다 젠지로安田善次郎 10주, 마스다 고益田孝 10주, 아사노 소이치로空野憶一郎 5주 등 재벌 창시자들이 줄을 이었다. 또 개업시의 경영진은 이사장이 시부사와 에이이치, 이사에 오쿠라 기하치로, 전임이사에 요코야마 마고이치로錸山孫一郎. 이들이 핵심 세 중역을 맡았다. 궁내성이 첫 번째 주주였다는 것이 의외인데 이누마루 데쓰조犬丸徹三《호텔과 함께 70년ホテルと共に七十年》에 그 경위가 묘사되어 있다.

> 출자액 등에 대해서는 한 때 상당히 난항을 겪은 적도 있었던 것 같다. 이 점에 대해서는 훗날 아사노 총재가 어떤 자리에서 다음과 같은 회고담을 흘린 적이 있다.
>
> 외무성에서 수도에 호텔 하나 없다는 것은 나라망신이라며 도쿄의 부호 열 네다섯 명을 불러 호텔 창립에 대한 상담을 했다. [……] 한 사람당 1만 엔이 채 안되었고 결국 궁내성이 5만 엔을 출자, 겨우 마무리가 됨으로써 일이 성사되었다.

즉 이노우에는 호텔 건설에 대한 자신의 구상을 간절한 바람을 갖고 오랜 시간에 걸쳐 설명했던 것 같은데 "재계에서 돈을 모으지 못하면 내가 윗 분(궁내청)에게서라도 받아내겠다"고 했을 정도로 예사롭지 않은 자신의 결의를 표명했다고 한다.

결과적으로는 재계를 움직여 호텔을 건설한 것처럼 보이지만, 실

---

40) 대장성 내에서 황실의 재산을 관리하는 구라료(內广療)의 최고 지위.

사진 13 1917년(다이쇼 6년)에 창설되어 사설 미술관의 기원이 된 오쿠라 슈코간(大倉集古槳). 오쿠라 재벌의 창시자로, 시부사와 에이이치에 이어 1908년(메이지 42년) 데이코쿠 호텔 회장으로 취임한 오쿠라 기하치로가 수집한 미술품을 전시했다. 현재는 호텔 오쿠라 입구 앞쪽에 자리하고 있다.

은 나름대로 고충이 있었던 셈이다. 그러면 쟁쟁한 실력자 중에서, 구체적으로는 누가 데이코쿠 호텔의 경영을 이끌었을까?

이누마루는 앞의 저서에서 데이코쿠 호텔의 대공로자로서 시부사와 에이이치와 오쿠라 기하치로, 그리고 아사노 소이치로의 이름을 들고 '세 큰 별에 대한 추억' 이라는 제목을 붙여 페이지를 할애하고 있다. 그 중에서도 데이코쿠 호텔이 격식을 갖추게 한 것은 시부사와였다.

1840년(덴보 11년) 무사시 지방 지세지마武蔵酚血洗島(지금의 사이타마현 후카야시埼玉洴深谷市)의 호농 집안에서 태어난 시부사와는 막부 말기 쇼군 도쿠가와 요시노부顳川慶喜의 동생 아키타케昭武를 따라 유럽에 가서 일본인으로서는 아주 이른 시기에 약 2년간의 유럽 생활을 경험한다. 그 때의 견문이 그를 위대한 경제인으로 이끌었다. 귀국 후 시부사와는 새로운 지식을 인정받아 이노우에 가오루 등의 권유로 69년(메이지 2년) 대

사진 14 2대째 데이코쿠 호텔(통칭 라이트 관). 개업피로연이 열린 당일 간토(關東) 대지진이 일어났지만 거의 피해를 입지 않아 더욱 유명해졌다.

장성에 입성, 상사인 이노우에와 새 정부의 사업에 관여하게 되면서 그와 흉금을 터놓고 지내는 사이가 된다.

그 후에 시부사와는 데이코쿠 호텔 외의 수많은 기업의 창업에 힘을 쏟는데 특히 일본 최초 은행인 다이이치 국립은행의 창설(1873년 메이지 6년)은 그의 진면목을 보여주는 것이었다. 그 시부사와에 대해 이누마루는 이런 추억담을 들려준다. 당시 이미 지배인의 지위에 올라있던 이누마루가 자신의 저작을 시부사와에게 증정했더니 시부사와는 호텔로 와서 감사의 뜻을 표하고 이렇게 말했다고 한다.

> 이노우에 가오루 어른께서는 조약 개정을 성사시키기 위해 먼저 구미 여러 나라 사람들과 일본인의 대등한 교제를 주장했더니, 거꾸로 외국인들이 대등한 교제를 하려면 먼저 생활양식을 동일하게 하는 것이 첫째 조건이 아니겠는가 하는 반문을 받았다고 한다. [……]
>
> 이노우에 외상은 정확한 지적이라고 하면서 일본에 완전한 서양식 호텔

을 건설하여 일본인도 여러 선진국민과 똑같은 생활양식을 지닐 수 있다는 것을 보여주어야 한다는 결론에 이르게 되었는데 이를 반드시 민간의 힘으로 실현하도록 우리들을 종용했다. [……] 이런 취지 아래 개업을 했기 때문에 데이코쿠 호텔은 민간에 의한 경영이라고는 하지만 반은 국가사업의 성격을 갖고 있다. 이와 같은 시설의 지배인으로서 그러한 사실을 잊지 말고 앞으로 한층 분발하라는 것이었다.

시부사와의 이 말을 듣고 이누마루는 단순한 영리를 위한 기업으로서가 아니라 경영상으로 공익 우선의 입장을 굳게 지킬 뜻을 새삼스럽게 다짐했다고 한다. '일본 근대 자본주의의 아버지' 라고 불리듯이 과연 시부사와다운 고매한 경영사상을 피력한 것이다. 아울러 개업 후 데이코

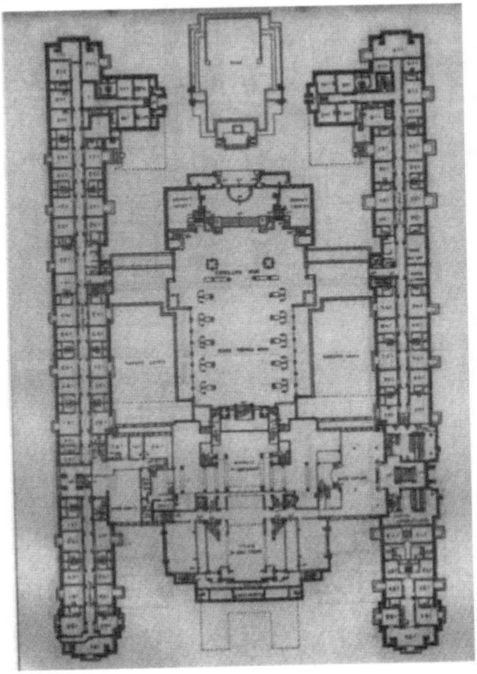

사진 15 투숙객 용으로 만든 '호텔 안내'에 실린 데이코쿠 호텔 라이트관의 평면도. 아이치현의 메이지무라(明治村)에 중앙 현관 부분을 복원해 놓았다.

쿠 호텔은 귀족원의 임시 회의장으로 쓰이거나 매년 천장절天長節에 저녁 만찬이 열리기도 했는데, 빈객이나 요인들이 자주 머물지는 않은 탓에 잠시 동안 영업부진으로 애를 태웠다고 한다.

2. 삿포로에 잠든 일본에서 가장 오래된 호텔 건물

국가 지정 중요문화재

삿포로의 번화가 스스키노의 남쪽에 위치한 나카시마 공원의 녹음 속에 군청색의 선명한 자태를 뽐내기라도 하듯이 서있는 서양식 건물이 있다. 국가 지정 중요문화재 호헤이칸이다. 이 건물은 현재는 예식장 등으로 쓰이는데 내부를 구경할 수 있도록 정비되어 있다. 설명서에 의하면 군청색, 즉 울트라 마린 블루는 예전에는 보석으로 귀한 대접을 받던 라피스라줄리lapis lazuli(유리瑠璃)에서 추출해 낸 고귀한 색이었다고 한다. 그런 고귀한 색을 온 몸에 두른 호헤이칸은 1880년(메이지 13년) 11월 완공 당시 메이지 천황이 묵을 곳, 즉 영빈관 호텔 역할을 했다. 바꾸어 말하면 현존하는 호텔 건물로서는 일본에서 가장 오래된 건축인 것이다.

에도시대 말기 홋카이도는 에조치蝦夷地라고 불렸는데, 막부는 마쓰마에번松前藩 외에 동북지방의 여섯 개 번으로 분할해서 경호를 맡겼다. 그러한 상황 속에서 하코다테의 개항과 더불어 에조치에 대한 조사와 개척이 진행된다. 그리고 유신에 의해 탄생한 메이지 정부는 에조치를 홋카이도로 이름을 바꾸고 1869년(메이지 2년) 삿포로에 개척사開拓使를 두었다.

도시 기능에 대한 여러 조건을 고려했을 때 홋카이도 개척의 거점은 이미 어느 정도 발전을 이룬 하코다테에 두는 쪽이 편리할 것 같았지만 하코다테는 홋카이도 전체를 관할하기에는 너무 남단에 치우쳐 있던 까닭에 입지적 조건이 적합하지 않았다. 그래서 가라후토樺太[41] 개발도 시야에 넣고 이시가리石狩 평야에 새로운 대도시를 건설하는 것이 상책이라 판단하여 현재 삿포로가 홋카이도 개척의 중심지로서 자리잡게 된 것이다. 중심지가 결정되자 개척사는 미국 개척을 모델로 삼고, 나중에 다시 언급하겠지만 홋카이도 개척을 위해 미국인 겔론 일행을 비롯한 총 76명(86명이라는 설도 있음)의 많은 외국인을 불러들였다. 당시 정부가 홋카이도 개척에 얼마나 힘을 쏟았는지 엿볼 수 있는 숫자다.

옛 기록에 의하면 개척사가 설치된 1869년(메이지 2년) 당시만 하더라도 삿포로에는 거의 사람이 살지 않았는데 그 이후 급속하게 발전해 간다. 이어서 바둑판과 같은 시가지의 기초가 형성되고 각지에서 이주해 온 사람들이 줄을 이었다. 이른바 황량하던 들판에 들어선 전혀 새로운 도시, 그것이 바로 삿포로였다.

그리고 그 개발 초기에 지도적인 입장에 있었던 인물은 개척사 차관인 구로다 기요타카饋田両隆(후에 장관이 됨)의 요청에 응해 약 50명의 고문단을 거느리고 1871년(메이지 4년) 일본에 온 미국 농무부 장관 호레이스 캐프런Horace Capron이다. 캐프런과 그 일행은 73년(메이지 6년) 지붕 위에 돔 형식의 탑을 올린 미국식 건물을 지어 개척사 청사로 사용했다. 3층밖에 안 되는데도 높이가 25미터나 되는 이 건물은 메이지 정부의 북방 진출을 상징하는 것이었다. 이 건물보다 2년 전에 세운 단층짜리 임시 청사는 일본식 건물로, 당시의 사진을 보면 일본도를 옆구리에 찬 하오리[42] 차림의 사무라이들이 드나들고 있음을 알 수 있다. 그러던 것이 겨우 2년 사이에 눈이 휘둥그레질 정도의 새로운 건물로 탄생했다. 마침내 개척을

41) 사할린의 일본 지명.

위한 엔진이 가동되기 시작한 것이다.

1875년(메이지 8년)에 삿포로 근교인 고토니琴似에 최초의 농사와 군사업무를 겸한 둔전병 965명이 주둔하면서 개척 사업에 착수했고 이듬해 1876년(메이지 9년)에는 미국인 윌리엄 클라크William Smith Clark가 초대 교감을 역임한 삿포로 농학교(지금의 홋카이도 대학)가 개교했다. 또 미국인 토머스 앤티셀Thomas Anticel이 야생 호프를 발견함으로서 촉발되었던 개척사 맥주양조장(훗날의 삿포로 맥주)도 개설되었다. 1878년(메이지 11년)에 삿포로 농학교 연무장演武場(지금의 시계탑)이 준공, 1880년(메이지 13년)에는 전국에서 열세 번째의 철도인 호로나이幌尉 철도가 삿포로와 데미야(오타루小樽) 간에 개통이 되었는데, 이 철도는 미국제 기관차인 요시쓰네호와 벤케이호가 주행하게 되었다. 수도 도쿄가 옛날의 껍질을 깨뜨리려고 몸부림치고 있을 때, 북방의 새로운 중심 도시 삿포로에서는 미국식 개척을 위한 망치소리가 울려 퍼졌다.

호화스런 건축 호헤이칸

그런데 삿포로 개발 초기의 숙박시설은 관청에서 지은 혼진本陣[43]과 부속 건물인 와키혼진脇本陣, 본청 분국 등이 주된 것들이었다. 엔도 아키히사遠藤明久의 〈호텔 건축 호헤이칸ホテル建築・豊平館〉에 의하면 1871년(메이지 4년)에 아직은 캐프런 일행이 도착하기 전인 탓인지 일본식 건물인 혼진, 이듬해에는 와키혼진을 세웠고(명칭을 보더라도 옛날 식이다), 다시 그 이듬해에는 오야토이お雇い 외국인[44]용의 2층 서양식 건물인 본청 분국이 완공되었다. 그런데 본청 분국의 입지 조건이 좋지 않아 회피하

42) 일본 전통 복장의 하나로 옷 위에 걸쳐 입는 짧은 겉옷.
43) 숙박시설의 중심 건물.

는 경향이 있었다. 또 와키진이 여학교 교사로 전용되는 등 진정한 의미에서의 숙박시설은 부족한 편이었다. 그로인해 호텔 설립 계획이 대두된 것이다.

여기에서 엔도는 "호헤이칸은 메이지 천황의 행차 시에 머물 장소로 건설되었다"는 통설에 대해 쐐기를 박는다. 다시 말해 호헤이칸이 계획된 것은 1878년(메이지 11년) 전반으로, 착공은 이듬해 봄이라는 것이다. 한편 남아있는 사료로 보아 메이지 천황의 순행이 현실적으로 검토되기 시작한 것은 81년(메이지 14년) 봄 경으로 추측된다. 영선과營繕課의 보고서에는 "삿포로의 숙박시설 대부분이 왜소해서 많은 숙박객을 수용하기 어렵기 때문에"라고 기록된 점으로 미루어 볼 때, 이 때 "처음으로 호텔설립 계획을" 했을 것으로 추정된다. 호헤이칸이 천황의 숙소로 결정된 것은 공사가 마무리된 이후거나 완성되기 직전이었다는 뜻이다.

그러면 왜 호헤이칸이 호화스런 건축으로 되었을까? 이점에 대해 엔도는 당시 개척장관 구로다 기요타카가 건설 사업에 예사롭지 않은 집념을 불태웠고 호헤이칸을 개척사업의 한 성과로 과시하려는 목적이 있었던 것이 아닌가 하는 견해를 피력한다.

그러나 비교적 새로운 논문에서는 당시의 경위를 다음과 같이 다르게 보는 시각도 있다. 고시노 다케시越野武는 〈홋카이도에서의 초기 양식 건축 연구北海道における初期洋風建築の研究〉에서 이렇게 서술한다.

44) 메이지유신 뒤 정부가 선진국의 학문이나 기술, 제도를 배우기 위해 관청과 학교에 초빙한 구미인.

메이지 14년 행차와 호헤이칸을 숙소로 사용하려던 예정이 언제 결정되었는지 확실하지는 않지만, 메이지 11년 호텔 설계를 개시할 무렵에는 어느 정도 숙소로 사용하려고 계획하지 않았을까 하는 생각이 든다. [……] 메이지 11년 10월의 《양식 료칸 계획洋造旅館仕様》은 이듬해 봄 착공되기까지 정정이 이루어져 《호헤이칸 신축계획서豊平館新築仕様書》로 표제가 바뀐다. 이렇듯 이 사이에 '호헤이칸'으로 명명이 되었는데 이것은 천황의 숙소로 상정한 것과 관련된 것으로 생각된다.

그리하여 호화스런 건축이 되었다는 것이다.

최첨단의 건축공법

호헤이칸 건설지는 동서를 관통하는 번화가인 시리베시도오리後志通り의 동쪽 끝 편으로 선정되었다. 지금의 시민회관이 있는 주오쿠 기타이치조니시잇초메中央区北一条西一丁目이다. 설계는 저 유명한 시계탑(삿포로 농학교 연무장) 시설 설계를 담당한 개척사 공업국 영선과 관청업무계(수석 건축가)의 아다치 요시유키安達善幸와 그 부하들이고 청부인은 오오카 스케에몬大岡助右衛門이다

앞의 엔도 논문에 의하면 아다치는 1827년(분세이文政 10년)에 에도 시바에 있는 도편수의 집에서 태어났다. 가업을 이으면서 서양식 건축 기술을 요코하마 거류지에서 배웠던 모양이다. 능력을 인정받은 그는 1871년(메이지 4년)에 개척사 관청업무를 담당하라는 명령을 받고 삿포로에 부임한다. 그리고 개척사의 모든 건축 공사에 종사한다. "발군의 역량을 지닌 사람이었던지 그를 접한 개척사의 오야토이 외국인들은 무슨 일이든 그에게 전폭적으로 신뢰를 했고 경의를 표했다"고 한다. 단 그가

뛰어난 건축가임에는 틀림없었으나 호텔에 대한 지식은 빈곤했다. 그래서 아다치는 개척사의 물산 판매장을 설계한 조사이어 콘더로부터 건축 구조상의 조언을 들었다.

그런데 필자는 이전 뜻밖의 장소에서 호헤이칸의 이름을 들은 적이 있다. 1994년(헤이세이 6년) 10월 24일자 〈요미우리신문〉에 게재된 '투바이포(2×4) 주택의 날' 이라는 광고에서였다. 투바이포 공법이란 구조용 제재의 크기 약 2인치×약 4인치에서 유래한 것인데, 원래는 건조나 고온다습, 적설 등 모든 기상조건이 혼재하는 북미 대륙에서 개척민이 고안해 낸 합리적인 건축 공법을 말한다. 오늘날의 북미 목조 건축의 9할이 이 공법으로 만들어졌다고 한다. 단적으로 말하면 기둥을 사용하지 않고 틀재와 판재로 복도나 벽을 구성해서 집을 짓는 방법인데 그 공법을 이용해서 호헤이칸을 지었다는 것이다.

또 1983년(쇼와 58년)에서 1886년(쇼와 61년)에 걸쳐서 이루어진 반 해체 복원 공사 때 호헤이칸 건축기법을 조사한 기무라 쓰토무木村勉는 《근대 건축 해체 신서近代建築解體新書》에서 "개척사가 근대적 개척을 지향해서 미국에서 배운, 다른 어떤 지방과도 비교할 수 없는 기술이 여기에서 발휘되었다고 생각된다"고 서술하고 있다. 예를 들면 트러스(골조의 한 형식)에 대해 "적은 구조 재료에 의해 단순 구성된 모습을 보면 구조상으로 상당히 많은 연구를 한 것으로 보이" 며, 볼트 등 금속류의 사용법에 대해서도 "지금까지의 전통 건축방식에는 없던 발상이 양식 건축 도입 초기 단계에서부터 채택되었다" 고 평가하고 있다.

사진 16 지금의 오토리(大通り) 공원인 시리베시토리(後志通り)에 인접한 곳에 건설된 호헤이칸.

엔도도 앞의 논문에서 "호헤이칸 건축 의의의 첫 번째는 개척사 건축의 대표적인 세 작품(나머지 두 곳은 삿포로 본청사와 콘더가 설계한 도쿄 물산판매소) 중에서 유일하게 현존하는 것으로, 개척사 건축이 절정을 이루던 기술 수준과 수법이 어떤 것인지 우리에게 구체적으로 이야기 해주는 점에 있다"고 언급한다.

앞에서 언급했듯이 당시 삿포로에는 미국에서 많은 오야토이외국인들이 들어와 있었다. 때문에 그들의 공법을 배워서 그대로 적용했다 하더라도 전혀 이상할 것이 없으나 수도 도쿄가 아닌 변경 삿포로에서 이런 건축이 실현된 것은 아이러니가 아닐 수 없다. 도쿄에서는 정부 상부층과 외국인 지식계급 사이에 커다란 인식의 차가 있었다는 점은 이미 언급한 대로인데 삿포로에서는 개척사와 외국인의 생각이 절묘하게 합치하고 있었다. 그것이 홋카이도 개척시대의 상징적 존재인 호헤이칸의 골격을 고도의 기술로 짜맞출 수 있게 한 것은 아닐까?

사치스런 샹들리에의 중심 장식

호헤이칸의 건축적 의의의 두 번째로, 양식 건축의 제1급 작품이라는 점을 들 수 있다. 쓰키지 호텔관에서 설명했듯이 메이지 초기의 일본인 건축가가 지은 서양식 건축은 완전한 서양식이 아니라 의사 서양식으로 불리는 일본과 서양의 양식을 절충한 건물이 주류였다. 그 중에서 아다치 요시유키安達喜行 일행은 본격적인 서양식 건축, 엄밀하게 말하면 미국식 건축을 완성시킨 것이다. 세부적으로는 정면 상부에 일본식 장식인 게교懸魚[45]와 그리고 정면 기둥 상부에 그리스 건축인 코린트 양식을 본뜬 화엽조각花葉彫刻으로 꾸몄지만 전체적으로는 당당한 미국식 건축으로 되어 있다.

그러면 내부 구조와 양식은 어떻게 되어있을까?

창건 당시 내부 장식으로 주목을 끌만한 점 한 가지는 샹들리에의 상부에 있는 천청의 중심 장식이다. 양관에는 이 중심 장식이 필수적이지만, 완성 시에 16개이던 샹들리에 상부에는 '파도와 물때새' 나 '봉황' 등 모두 다른 회반죽 부조에 의한 일본풍 장식으로 꾸몄다.

대단히 사치스런 이 중심 장식의 작자는 정확하게 판명되지는 않았지만 앞에 나온 《근대 건축 해체 신서》는 이즈伊豆의 조하치長八 계통에 따른 것이 아닌가 하고 추측하고 있다. 이즈의 조하치란 이즈에서 태어난 천재 미장이인 이리에 조하치入江長八를 가리킨다. 그는 벽면에 인두로 회반죽을 발라 부조 형태로 그려내는 인두화의 창시자다. 그의 창안에 따라 가옥의 벽면을 장식해서 보기만 해도 즐겁다는 인두화가 전국적으로 확산되었는데, 개척사가 세운 도쿄 물산 판매장 공사에 조하치가 관여한 것으로 보아 호헤이칸의 중심 장식도 조하치 본인이거나 그 제자의

45) 일본 전통 건축 양식의 하나로 양 지붕판이 만나는 중앙의 'ㅅ' 자 부분 아래를 꾸민 것.

솜씨일지도 모른다는 것이다. 아무튼 낭만을 느끼게 하는 추측이다.

그 중심 장식 아래 걸린 샹들리에가 수입품이냐 국산품이냐 하는 문제로 한 때 의견이 분분했는데 지금은 공부국 아카바赤羽 공작 분국의 제품이라는 것이 정설로 되어 있다. 국산품으로 추정한 것은 앞에 나온 엔도 아키히사다. 그 논거로 호헤이칸과 같은 시기에 개척사가 건설한 물산 판매소에서 전구류를 같은 분국에서 발주했다는 것, 샹들리에의 모양에 국화나 벚꽃 등의 일본적인 문양이 사용되었다는 점 등이다.

수복 전까지 사용된 것은 네 개에 지나지 않지만 그렇듯 다행스럽게 남아 있었던 것은 "각지의 건물에 예전의 조명기구가 거의 남지 않았는데, 그것은 제2차 세계대전 중에 대부분 공출을 당했기 때문이며 호헤이칸은 '메이지 천황의 숙박장소라는 이유로 성스러운 유적聖蹟으로 지정되어 있어 공출을 면할 수가 있었다" 고 《근대 건축 해체 신서》는 밝히고 있다.

그렇다. 호헤이칸은 천황의 숙박장소가 되었기 때문에 일반적인 호텔과는 다른 길을 걷게 된 것이다.

필요성을 의심하는 신문기사

1880년(메이지 13년) 11월에 준공한 호헤이칸은 이듬해 8월 30일부터 4일간 메이지 천황의 홋카이도 순행의 숙박처로 이용된 것을 계기로 정식으로 그 문을 열었다. 그 때 1층은 황족과 고관들의 대기실, 2층은 옥좌玉座와 침실, 시종장의 대기실과 알현소 등으로 사용했다. 호헤이칸과 그 주변 일대는 9월 2일 메이지 천황이 삿포로를 떠날 때까지 성대한 볼거리를 제공했다고 한다.

그러고 나서 2개월 후 개척사는 막중한 소임을 무사히 마친 호헤이칸을 민간에게 무상으로 빌려주었다. 빌린 사람은 하라다 덴야原田伝弥다. 아이치현愛知県 출신인 하라다는 오야토이인 삿포로 농학교 교사 데이비드 팬핼로의 요리사로 1879년(메이지 12년) 도쿄에서 따라온 인물인데, 2년 후 삿포로 최초의 본격 서양 요리점 가이요켄魁養軒을 개업했다. 그러한 실적을 인정받아 호헤이칸을 맡게 되었을 것이다.

호헤이칸은 그 후 소관이 여러 차례 바뀌지만 초대 하라다에서부터 위탁경영이 계속된다. 그리고 위탁경영 시 "본관은 신사의 숙박 및 공중의 집회와 연회를 준비할 목적으로 사용할 것"과 "건물 내의 사용 구역은 1층 전부로 한다. 단, 2층은 필요에 따라 특별히 사용할 수 있다" 등의 내규를 엄수할 의무가 부과되었다.

그런데 하라다는 삿포로에서 당구장까지 갖춘 최초의 호텔 경영자가 되었지만, 경영을 맡은 지 얼마 되지 않아 〈하코다테신문函館新聞〉에 이런 기사를 싣는다.

> 삿포로를 여행하고 하코다테로 돌아온 사람들의 이야기로는 하코다테와는 달리 이렇게 훌륭한 료칸을 지어도 손님이 있을 리가 없고, 특히 일반실을 1박에 2엔 50전을 지불할 사람은 1년에 손으로 꼽을 정도지 않을까? 도대체 무슨 공익을 위해 이렇게 좋은 특별 숙박시설을 만들었을까? 하고 삿포로 시민들이 의심을 품고 있다.
> 실제로 개업 후의 상황은 손님도 없고, 그저 매일 어떤 양반네들인지는 모르겠지만 당구치는 소리가 어렴풋이 들리는 것 말고는 서양 요리를 즐기려는 손님이 약간 있을 뿐이다.

앞서 언급했듯이 초기의 데이코쿠 호텔에서도 너무나 한적해 꾀꼬리 울음소리를 들을 정도였다. 그리고 호헤이칸도 마찬가지로 신문기사화 되면서 서민들도 그 사실을 알게 되었다. 좀 더 자세하게 말하면 데이코쿠 호텔의 경우는 다음과 같았다.

> 개업 후 6개월 간 숙박 객은 537명이었다. 잘라 말해서 숙박 객이 너무 적다. [……] 내국인 손님을 기대하기는 어렵고 의지할 데라고는 외국인 밖에 없는데 현실적으로 빈객이나 요인의 투숙이 그렇게 빈번한 일도 아니어서 60개의 객실이 차기는커녕 뀌꼬리가 우는 날이 적지 않았다.(《데이코쿠 호텔 100년의 발자취(帝国ホテル百年の歩み)》)

1894년(메이지 27년) 2월 7일자 〈지지신보時事新報〉에서는 계절 때문이라고는 하지만 "데이코쿠 호텔과 같은 60여개의 객실을 갖춘 호텔조차 고작 여섯 그룹의 손님뿐, 아주 적막하더라" 라고 보도하고 있다.

시대가 흘러 지치부노미야秩父宮[46]의 제언에 의해 계획이 마련되어 호헤이칸에서 창립총회가 열린 삿포로 그랜드 호텔도 1934년(쇼와 9년) 개업 후 2년간은 영업부진으로 골머리를 앓았다.

> 당시 일반 시민에게 호텔이라는 시설은 아직은 문지방이 높은 낯선 존재였을 것이다. 개업시의 인기가 일단락되고 난 후는 숙박 부문 이외의 영업은 꽤나 어려웠던 모양이다. '이제부터는 그랜드 호텔이 아니라 가란도 호텔'[47]이라는 자조적인 목소리조차 종업원들 사이에서 나올 정도였다.(《삿포로 그랜드 호텔 50년》)

쇼와 시대에 들어서서도 상황이 이러했을 진데 여명기의 호헤이칸

---

46) 지치부노미야 야스히토(1902~1953), 다이쇼 천황의 차남.
47) 일본어 グランド(그랜드)와 がらんと(텅 비고 넓음)의 발음이 유사한 것을 이용하여 텅빈 그랜드 호텔을 익살맞게 표현한 것.

이나 데이코쿠 호텔은 오죽했겠는가. 당시 일본의 고급 호텔은 그저 야유나 비판의 대상이었다고 해도 과언은 아니었다.

3대 천황의 숙소가 되다

그건 그렇다 치고 숙박객이 부족한 상태가 한동안 계속된 가운데 호헤이칸의 소관은 삿포로현 궁내성 관할 니카푸고료목장新冠御料牧場,[48] 고료쿄쿠御料局[49] 삿포로지청으로 바뀐다. 그 사이 시찰이나 정치 활동 등으로 방문하는 중앙 정부의 고관과 명사들은 반드시 호헤이칸에서 묵었다. 1909년(메이지 42년)에는 한국 황태자 전하가 이토 히로부미를 데리고 놀러왔다가 호헤이칸에 머물렀다.

또 1911년(메이지 44년)의 황태자(다이쇼 천황), 22년(다이쇼 11년)의 섭정관(쇼와천황)의 홋카이도 방문 시 숙박장소가 되기도 했다. 즉 그렇게 해서 호헤이칸은 3대 천황의 숙박장소가 되었는데 현재 2층의 3대 천황이 머물렀던 매실梅ノ間이 복원작업에 의해 고심 끝에 옛 모습을 되찾았다. 메이지 초기 호텔의 객실이 어떠했는지를 볼 수 있도록 한 것이다. 가구 복원을 담당한 생활사 연구가 고이즈미 가즈코小泉和子는 1990년(헤이세이 2년) 4월 4일자 〈니혼게이자이 신문日本経済〉의 '고가구로 본 문명 개화' 라는 제목의 기사에서 이렇게 언급하고 있다.

> 가구 그 자체는 물론 당시의 사진조차 남아있는 게 없었는데 다행스럽게 도립도서관에 가구 비품 리스트가 있다는 것을 알았다. [……] 침실에는

48) 홋카이도 개척사 장관 구로타 기요타카(黒田清隆)가 홋카이도산 말을 개량할 목적으로 설치한 기관으로 훗날 궁내성 관할로 되었다.

49) 고료(御料)는 천황이나 귀인을 일컫는 말인데, 고료쿄쿠(御料局)는 황실의 재산을 관리하는 관청.

> 침대는 물론 모기장, 세숫대야, 이쑤시개 통, 수건걸이 등 객실에는 소파, 팔걸이의자, 둥근 탁자, 꽃병 등이 있는데 특별한 것 말고는 모두 홋카이도에서 제작된 것 같다.

다만 그 형태에 대해서는 알 수가 없다. 더 자세해 조사해보니 개척사 공업국이 1877년(메이지 10년) 내국 권업박람회에 출품하여 수상한 목제가구 도면이 발견되었다.

> 오늘날의 눈으로 보면 모두 그 모양들이 그야말로 기기묘묘하지만, 너무나 개화기다운 화양 절충적인 형태가 재미있다. 건물 그 자체도 공업국 설계였기 때문에 서로가 잘 어울린다. [……] 아마 디자인도 그런 분위기에 가까웠을 것이다.

복원은 그렇게 해서 이루어졌다.

아인슈타인 박사 감동하다

위탁 경영자는 1대째인 하라다 덴야에서 이시카키가石垣家, 가나자와가金沢家로 바뀌었고 1919년(다이쇼 8년)에는 스기야마가杉山家로 이관되었다. 삿포로의 얼굴격인 호헤이칸을 맡게 된 스기야마 기쿠지로杉山菊次郎는 새삼 요리와 서비스가 중요하다고 생각하고 아들인 야스지安次를 도쿄의 쓰키지 세이요켄으로 보냈다.

보이 견습을 하던 야스지는 어느 날 열린 연회에서 요리사에게 "빨리 요리를 좀 부탁합니다"라고 말했다. 그런데 야스지가 상대를 잘못 만났다. 하필이면 그 요리사가 성질이 급해 걸핏하면 싸우려드는 세키즈카

기헤이關塚喜平였던 것이다. “뭐 이 자식아! 내가 다 알아서 낼 거야. 빨리 내놓으면 음식이 식을 거 아냐! 아무 것도 모른 놈이”라고 말하면서 야스지의 뺨을 후려갈겼다.

두 사람의 만남은 그야말로 '극적'이었다. 이렇게 만난 두 사람은 훗날 호헤이칸에서 함께 일하게 된다. 1923년(다이쇼 12년) 봄, 야스지가 수업을 마치고 삿포로로 돌아왔을 때 호헤이칸은 세키즈카와 서비스 부문의 관련자들을 세이요켄 호텔로부터 데려온 것이다. 스기야마 기쿠지로는 본격적인 프랑스 요리를 표방하면서 신생 호헤이칸의 진용을 갖추었다. 그렇지만 기쿠지로의 아들이자 야스지로의 형인 쇼지로正次郎는 “말처럼 쉽지가 않았다”고 회상한다.

세키즈카는 약 2년간 호헤이칸의 주방장을 맡았다. 그의 뛰어난 솜씨를 인정하여 홋카이도 도청에서 1년간 요리강습회를 열게 함으로써 호헤이칸의 명성을 높여주었다. 그런데 특히 잊을 수 없는 체험은 알버트 아인슈타인Albert Einstein 박사의 요리를 담당한 일일 것이다.

나카무라 유다카中村雄昂의 《서양요리사 이야기西洋料理人物語》에 의하면 박사는 노벨 물리학상을 수상한 이듬해인 1922년(다이쇼 11년)에 호헤이칸에 머물렀는데, 그는 저녁식사를 매일 비프 스테이크로 해 달라는 주문을 했다. 당시는 질이 좋은 고급 소고기를 구할 수 없는 상황이었다. 그렇지만 세계적으로 명성이 있는 박사의 주문이다 보니 요리사로서도 상황만을 탓할 수는 없는 노릇이었다. 동분서주한 세키즈카는 겨우 쓸만한 소고기를 찾아냈다.

박사가 삿포로를 떠나던 날 출발시간이 임박했는데도 박사는 요리사에게 꼭 작별인사를 하고 싶다고 했다. 세키즈카는 박사가 자신을 찾는다는 말을 듣고 허겁지겁 현관으로 뛰어나갔다. 박사는 온화한 미소를 띠며 "요리가 아주 맛있었습니다. 감사합니다. 정말 감사드립니다"라며 수차례나 감사를 표했고 손을 내밀어 악수를 청하더니 봉사료로 100엔을 쥐어주었다. 세키즈카는 감격해 하며 박사가 주는 봉사료를 받았다. "아! 요리사가 되길 정말 잘 했다" 고 하면서 한없이 감격의 눈물을 흘렸다고 한다.

시내에서 가장 많이 열리는 결혼식 피로연 장소가 되다

호헤이칸은 그 후 1928년(쇼와 3년)에 다카마쓰노미야高松宮[50]를 영접했는데 황족의 숙박은 이것이 마지막이 된다. 그 앞 해 호헤이칸 뒤쪽에 새 공회당이 완성되면서 그 시설과 함께 점차 집회장이나 음악회장 등의 역할을 맡게 된 것이다.

이윽고 전쟁 기운이 짙어지면서 시민들의 사기를 고취하려는 집회가 많아졌다. 그리고 1943년(쇼와 18년)에 제200부대(비행 제 1사단) 사령부로서 징용되었고 패전 후에는 연합군에 접수되어 장교와 헌병의 숙소로 이용되었다. 또 접수가 해제된 뒤에는 미쓰코시 백화점의 매장이 되기도 했다. 56년(쇼와 31년)에는 새로운 시민회관의 건설과 함께 나카지마 공원으로의 이전이 결정되었다. 이렇듯 어지러운 변신을 거듭해 온 호헤이칸은 64년(쇼와 39년) 건축적 가치를 인정받아 중요문화재로 지정되었다.

그러나 중요문화재가 된 호헤이칸은 이제 쉴 여유가 없어져 버렸다. 나카지마 공원으로 이전이 끝난 1958년(쇼와 33년)부터는 시영 결혼식장으로서 영업이 시작되었고, 중요문화재가 된 후에도 영업은 계속되었다.

---

50) 다카마쓰노미야 노부히토(1905~1987), 다이쇼 천황의 삼남.

민영압박을 피하기 위해 휴관일까지 지정해 놓았지만, 유서 깊은 건물이라는 이유로 시민들의 사랑을 받아 절정기인 1967년(쇼와 42년)에는 연간 천 쌍 이상의 예식이 거행되었다. 호텔들이 숲을 이루기 전 호헤이칸은 시내에서 가장 많이 이용되는 예식장으로 자리잡았던 것이다.

식당부의 위탁 경영자는 이전과 변함없이 스기야마가였지만, 위탁 경영자인 스기야마 쇼지杉山正次에게 필자는 이야기를 듣고 잡지에 기사를 쓴 적이 있다. 지금으로부터 15년 전 일인데 스기야마는 당시 88세였다. 그 기사를 일부 인용하겠다.

> 지금도 결혼식 피로연이 있을 때는 출석자의 이름표를 직접 붓으로 쓰고, 입구에 서서 하객에게 인사를 한다. '글쎄요, 이것도 건강을 위해서지요. 아무 일도 하지 않으면 노망기가 들어버리지 않겠소?'
> 호헤이칸에 들어가기 전 해 스기야마는 도쿄 고등사범학교(현 히토쓰바시 대학)의 입학시험을 치르기 위해 상경한다. 이 때 친구에게 이끌려 오페라를 감상한 것을 계기로 음악에 빠지게 된다. 그리고 장래, 삿포로에서 일류 합창단 등의 연주회 개최를 위해 온 힘을 쏟아야겠다고 다짐한다.
> 호텔일을 시작했을 때 종업원을 그를 포함해서 9명. 양식 하나만 하더라도 도대체 알 수 없는 말 뿐이었다. [……] 그러나 일을 익히기 시작하자 식사에 자신의 취미이던 음악을 조합하는 일도 시도했다. 오도불에는 조용한 곡조, 마지막 디저트에는 듣기 편한 왈츠를 준비했다.

스기야마는 밤 중에 정해진 시간이 되면 매일 관내를 둘러보았다. 중요문화재를 담당하고 있다는 책임감이 그를 그렇게 만들었을 것이다.

호헤이칸은 '축복받은 건축' 이라고들 한다. 호텔로 탄생해서 그 본래의 기능은 오랫동안 유지할 수는 없었지만 천황의 숙소로 뽑혔다는 점과 패전 후 연합군의 접수 해제 직후 건물의 안부를 확인하기 위해 많은 시민들이 찾아주어 지역주민들의 사랑을 듬뿍 받은 점, 그리고 스기야마를 비롯해 각 방면 관계자들의 노력에 의해서 창업 당시의 모습을 유지할 수 있었던 점 때문에 그렇게 불린 것이다.

3. 외국인을 후대한 옛 도시의 호텔

오쓰 사건으로 유명해진 호텔

1891년(메이지 24년) 5월 11일 일본을 뒤흔든 사건이 일어났다. 앞에 언급한 러시아 황태자 암살미수 사건 이른바 오쓰 사건이다. 나중에 러시아 마지막 황제가 된 니콜라이 2세는 그 앞 해부터 동방 여행길에 나섰는데 이듬해인 1891년 나가사키를 거쳐 교토에까지 발길을 옮겼다. 체재할 곳은 도키와常磐 호텔이었다. 황태자는 당시의 모습을 선명하게 일기로 남겼다. 야스다 고이치保田孝一의 《마지막 러시아 황제 니콜라이 2세의 일기》에는 다음과 같이 서술되어 있다.

> 5월 9일 토요일 오후 1시 고베 항에 상륙. [……] 일본의 모스크바(교토)에서 성대한 환영을 받았다. 그리고 나서 대군중이 모여 있는 거리를 인력거로 통과했다. [……] 커다란 호텔로 안내해 주었지만 게오르기오스와 나는 그곳을 거절하고, 멋들어진 일본 가옥에 투숙했고 만족스러웠다.

황태자는 사촌인 그리스 황태자와 도키와 호텔의 양식 객실을 둘러보고 인접한 일본관의 화실이 마음에 들어 그곳을 지정한 것이다. 그

방은 17첩의 응접실과 20첩의 침실로 되어있고 벽에 학과 공작 등을 그린 화실이었다.

그런데 교토에 도착하던 날 황태자는 다실에서 기생들과 유쾌한 시간을 보내고 다음 날 교토 구경을 한 다음 11일에는 비와코琵琶湖 관광을 위해 오쓰로 향한다.

오전 8시 반에 인력거로 교토를 출발 1시간 15분 후에 오쓰에 도착했다. 피로를 모르는 인력거꾼의 인내에 감동했다.

그리고 운명의 순간이 다가온다.

인력거로 갔던 길로 돌아오는데, 양 쪽에 군중들이 늘어선 좁은 도로에서 왼쪽으로 돌았다. 그 때 나는 오른 쪽 관자놀이에 강한 충격을 받았다. 뒤돌아보니 꺼림직한 얼굴을 한 순사가 양손에 칼을 들고 다시 달려들었다.

하수인인 쓰다 산조는 곧바로 게오르기오스와 차부에게 붙잡혔다. 황태자는 출혈이 있긴 했지만 비교적 가벼운 상처만 입었고, 사건은 배후관계가 없는 쓰다의 개인적인 망상으로 판명되어 더 이상 큰 사건으로 확대되지는 않았다. 그렇지만 일본과 러시아에 던진 파문은 작지 않았다. 사건 이틀 뒤 메이지 천황도 문안을 위해 도키와 호텔로 달려왔다.

오전 11시에 천황폐하를 뵈었다. 천황은 매우 흥분해 있었고 장교복을 입고 있었는데 너무 걱정을 한 나머지 얼굴이 추해보일 정도 피로한 기색이 역력했다.

사진 17 도키와 호텔에서 이름을 바꾼 교토 호텔. 오른쪽 건물이 러시아 황태자가 묵은 일본관.

결국 황태자는 임시로 문안을 위한 접수처까지 만들어 놓은 도키와 호텔에서 나흘을 머물렀다. 한편, 이 사건으로 도키와 호텔의 이름이 순식간에 확산되었다. 그리고 그것을 질투한 료칸업자까지 나타났다. 1891년(메이지 24년) 5월 14일자 〈히노데신문日出新聞〉(지금의 교토신문)은 이렇게 보도했다.

> 교토의 도키와 호텔은 개업 하자마자 로국(露國) 황태자의 숙소가 되었고, 이번 소동으로 폐하가 머물기도 해서, [……] 일본뿐만 아니라 전 세계에 도키와 호텔의 이름이 알려졌는데, 시중의 다른 업자들의 부러움을 사고 있다고 한다.

당시 도키와 호텔은 시중에서는 고급 호텔이라는 평판이 정착되긴 했지만 뜻하지 않은 데서 원한을 산 셈이 되었다. 그렇게 해서 지명도가 오르기는 했어도 방문하는 외국인의 수는 그다지 많지가 않아 점차 경영난에 허덕이게 된다. 마침내는 야아미弥阿彌 호텔의 경영자인 이노우에 만기치井上万吉의 동생 기타로喜太郎에게 팔려 이름도 교토 호텔로 바뀌게 된다.

호평을 받은 야아미 호텔

교토에 외국인용의 숙박시설이 탄생한 것은 메이지 초년 무렵이라고 한다. 앞에 나온《일본 호텔 약사》에 다음과 같은 글이 있다.

> 교토의 요정 나카무라루(中村樓)는 메이지 초년 무렵 2층짜리 신관을 짓고 페인트칠을 한 간단한 양실 8개를 만들어 외국인을 맞이했는데 메이지 44, 5년경까지 호텔을 겸했다.

이 나카무라루라는 것은 모모야마桃山 시대[51]에서부터 영업을 계속해온 시니세老舖[52]로 야사카 진자로 가는 길목에 있는데 나물밥이며 두부산적 등이 명물인 찻집이었다. 당시 주인은 새로운 시대가 도래할 것을 내다보고 사업을 확장했던 것 같다.

그 다음으로 호텔업에 착수한 것은 지유테이의 구사노 조키치다. 구사노에 대해서는 이미 1장에서 언급했듯이 1869년(메이지 2년)에 오사카에서 지유테이 호텔을 개업한 인물이다. 그는 77년(메이지 10년)에 대담하게도 나카무라루 맞은 편에 지유테이 간판을 내걸었다.

51) 일본 역사의 시대 구분의 하나. 16세기 후반 도요토미 히데요시가 정권을 쥔 약 20년간의 시기.

52) 시니세란 조상 대대로 전통적인 사업을 해 온 가게나 회사, 혹은 조직 등을 말한다. 또 넓은 의미에서 데디코쿠 데이터 뱅크의 정의에 따르면 창업 30년 이상의 사업을 계속하고 있는 기업을 가리키는데 IT 업계 등 비교적 새로운 업계에서는 5년 내지 10년도로 시니세 취급을 받기도 한다.

그 2년 뒤에는 앞에서 말한 야아미 호텔이 개업한다. 《일본 호텔 약사》는 이렇게 서술하고 있다.

> 가이드 출신 이노우에 만기치, 교토 마루야마 공원 내에 야아미 호텔을 건설하다. 곧바로 안요지(安養寺)의 세 법당(하시노료, 렌아미, 다쓰아미)을 사들여 일본식 방을 양실로 개조, 객실 수 40, 조명은 석유램프 사용, 객실에는 문이 없이 커튼으로 칸막이를 했다. 체재하는 손님이 모두 외국인이라 식사는 양식을 제공한다.

이 호텔의 모습에 대해서는 호텔에 묵은 적이 있는 외국인의 수기가 남아 있어 좀 더 자세하게 알아 볼 수가 있다. 1880년대에 여유롭게 교토를 구경한 군인 레빌리 미드포드는 《동양과 서양東洋と西洋》에서 이렇게 쓰고 있다.

> 동백이며 가지가 휘늘어진 소나무, 잉어가 헤엄을 치고 있는 작은 다리가 놓인 연못에 넋을 빼앗기면서 돌계단을 한 칸 더 오르면 바로 거기가 빈틈이 없는 관리를 하고 있는 호사스런 야아미 호텔 현관이다.
> 이 호텔은 그 후 우리가 수많은 밤을 보낸 일본의 보통 료칸에 비하면 좀처럼 보기 드문 쾌적한 시설이다. 양자를 비교한다면 마치 런던 시가지에 있는 일류 호텔과 시골의 평범한 여인숙 정도의 차이가 난다. [……] 객실의 벽이며 천정에 금색의 부채를 덧붙인 하얀 화지(和紙)로 도배되어 있다. 그리고 사치스런 침대, 의자, 테이블, 세면대 등을 갖추고 있다.

프랑스 소설가 피엘 로티Pierre Loti는 커피 맛을 칭찬한다.

> 이 호텔은 일본식이지만 서양식으로 경영하고 있다. [……] 반쯤 구운 비프스테이크, 군 감자, 그리고 커피는 정말 맛있다.

또 1880년대 후반에 오야토이로 궁중에서 근무한 오트멀 폰 몰Ottmar von Mohl도 《독일 귀족의 메이지 궁정기ドイツ貴族の明治宮廷記》 속에서 다음과 같이 언급하고 있다.

> 푸른 산맥들로 둘러싸인 분지 속에 있는 교토 전경을 바라볼 수 있는 최고의 장소에 있는 교토 야아미 호텔에 들었다. 호텔 식당에서 우리들은 영국과 미국에서 온 여러 여행객들과 함께 정식을 먹었다.

이렇듯 야아미 호텔은 나카무라루나 지유테이 보다도 외국인이 많이 묵게 되면서 번창을 했고 나중에 증축을 했다.

그렇다고는 하지만 전체적으로 보아 아직은 그렇게 많은 외국인이 방문한 것은 아니었다. 수기를 남긴 세 사람이 체재했을 무렵인 1887년(메이지 20년) 1월 7일자 〈히노데신문〉은 야아미 호텔의 앞 해의 외국인 숙박자 수가 고작 765명이었다고 보도했다. 이러한 야아미 호텔의 실태에 대해서 《교토 데이코쿠 호텔 100년 이야기京都帝国ホテル100年ものがたり》는 다음과 같이 추측한다.

> 결국은 외국인 전용 호텔은 아니었고, 서양요리의 연회도 포함해서 손님의 중심은 일본인이었다고 상상됩니다. [……] 초기 단계의 '야아미'는 사실상 화양 겸용의 요리 료칸이었다고 봅니다.

순수한 호텔 영업은 일부에 지나지 않았을 것이다. 그렇지만 외국인의 눈에는 훌륭하고 쾌적한 숙박시설로 보였던 모양이다. 그리고 야아미 호텔로 성공한 이노우에 형제는 오쓰 사건으로 일약 스타가 되어버린 도키와 호텔 매수에 착수한다.

이토 히로부미가 주선한 호텔 계획

그러면 이제 지금까지 몇 차례 이름이 등장한 도키와 호텔에 대한 이야기로 넘어가 보자. 이 호텔은 요정인 고베의 도키와카단常磐花壇의 경영자인 마에다 마타키치前田又吉가 처음으로 가와바타川端 2조(지금의 호텔 후지타 자리)에서 창업을 했다가, 나중에 가와라마치 고이케河原町御池에 신축한 호텔이다.

마에다라는 인물은 오사카의 부유한 가정에서 자랐는데, 노름에 빠져 몸을 상하게 하여 노점상을 하다가 조그마한 요리점을 열게 되었다. 바로 이 요리점이 1868년(메이지 원년) 개업한 도키와카단으로 이어진다. 그 후 마에다는 운길이 트여 구 미타번三田藩 번주인 구키 다카요시九鬼隆義나 효고현 지사로 있던 이토 히로부미와 같은 명사들과 어울리게 된다. 그리고 점포망을 세 개, 네 개로 늘려가다가 교토에 진출한 것이 1888년(메이지 21년)의 일이다. 앞서 말한 도키와 호텔 개업이 그것이다.

한편, 그 이듬해에는 도쿄—고베 간 철도가 전면 개통해서 새로운 시대가 착실하게 진행되었고, 본격적인 호텔을 요구하는 여론이 형성된다. 철도가 개통됨에 따라 도쿄 쪽에서 오는 관광객이 늘어날 것을 기대했기 때문이다.

호텔 건설 계획이 진행됨에 따라 용지가 가와라마치 고이케의 한

쪽 편에 있는 산업용지터로 결정되었다. 그리고 호텔 경영에 대해 관심 있는 몇몇 실업가가 나타나기는 했지만 토지 불하의 비싼 금액에 겁을 먹고 모두 팔짱만 끼고 있는 상황이었다. 그 때 도키와 호텔의 마에다가 주저 없이 높은 땅값을 지불하고 새로운 호텔 경영자로서 정식으로 이름을 올렸던 것이다.

이 점에 대해서는 앞의 교토 호텔의 사사社史가 흥미로운 배경을 지적한다. 지역 사업가가 주저하고 있을 때 어떻게 마에다는 적극적으로 나서 그 계획을 자신의 것으로 만들 수 있었을까? 그것은 1885년(메이지 18년)에 일본의 초대 수상이 된 이토 히로부미가 마에다의 배후에 있었기 때문이었다고 한다. 마에다는 앞에서 언급했듯이 이토와 교류가 있었고 정계와 재계에도 알려진 존재였다. 그런 이유로 어쩌면 이토가 마에다를 불러 매각을 받도록 해주었는지도 모른다는 것이다.

> 이 호텔 건설 계획은 처음부터 채산을 무시하고 진행했기 때문입니다. [……] '(새)도키와 호텔'은 이토 히로부미의 주선으로 탄생된 것이라고 해야 할지도 모르겠습니다.

이렇게 해서 새 도키와 호텔은 건설되었고 1890년(메이지 23년)에 영업을 개시한다. 그리고 앞서 나온 니콜라이 황태자의 숙소로 사용된 것이다.

그렇지만 역시 채산을 무시한 채 건설에 착수한 것이 문제가 되었고, 건설비 초과로 인해 궁내대신에게 자금 대출을 부탁했지만 받아들여지지 않았다. 끝내는 경영부진이 표면화되어 마에다가와 채권자인 미쓰이 은행 사이에 소송 문제로까지 발전했다.

사진 18 미야코 호텔이 '다이쇼의 히로시게'로 불린 요시다 하쓰사부로에게 의뢰해서 그린 교토 시내의 조감도. 1928년(쇼와 3년) 발행.

이러한 움직임 속에서 마에다 마타키치는 세상을 떴고 최종적으로는 야아미 호텔이 마에다가의 부채를 떠안으면서 경영권을 획득한다. 야아미 호텔의 경영자 이노우에 기타로井上喜太郎는 도키와 호텔을 교토 호텔(지금의 교토 호텔 오쿠라)로 이름을 바꾸고 1895년(메이지 28년) 영업을 재개했다. 그렇지만 본관인 야아미 호텔은 1899년(메이지 32년)의 화재로, 한 동만 남기고 네 동의 건물이 모두 불타버렸다. 화재가 났을 때 호텔에는 22명의 외국인 관광객이 있었지만 다행히 사상자는 없었다고 한다.

교토 호텔과 야아미 호텔로 교토 호텔업계를 지배해 온 이노우에 형제의 천하는 채 5년도 못 되어 막을 내린 셈이다.

야아미 호텔은 재건을 꾀하면서 남은 한 동으로 근근이 영업을 계속했지만 화재는 교토의 호텔 사정을 크게 바꾸게 된다. 그 하나가 미야코 호텔의 등장이다. 야아미 호텔에서 화재가 난 이듬해 게아게蹴上에 있

던 요정 요시미즈엔吉水園이 미야코 호텔을 개업한 것이다.

청년실업가 니시무라 진베에의 분투

도키와 호텔이 가와라마치 고이케에서 개업준비를 서두르고 있던 1890년(메이지 13년) 4월, 히가시야마 36 봉우리의 하나인 가초잔華頂山을 등지고 있어 교토 시가지가 한눈에 들어오는 구릉지에 요시미즈엔이라는 유원지가 개업을 했다. 유원지라고는 하지만 어린이들의 놀이터가 아니라 소나무, 매화나무, 벚나무, 복숭아나무 등을 심어서 차를 마시는 멋드러진 정자며 대나무 평상을 설치해 놓은 어른들의 사교장이다.

이 시설을 만든 사람은 니시무라 진사쿠西村仁作라는 인물로 널따란 농지에 유채 소작을 주고 기름을 짜서 절이나 신사에 납품하는 기름 장수였다. 니시무라는 이 요시미즈엔의 경영을 아들인 니시무라 진베에西村仁

兵衛에게 맡겼다. 이 때 진베에의 나이는 겨우 22세였다. 장사에 남다른 재능이 있었던지 그 후 산책로를 정비하고 건물을 증축해서 대석업貸席業 영업에까지 손을 뻗쳤다. 대석업이란 와카和歌[53]나 하이쿠俳句[54], 노能[55]와 조루리浄瑠璃[56] 등의 고전적인 예능은 물론 예식과 같은 모임에 자리를 빌려주고 돈을 받는 영업행위로 오늘날로 치면 연회장을 대여해주는 사업을 말한다. 당연히 식사도 포함이 되었는데 처음에는 외주를 주던 것을 나중에는 직영으로 돌렸다.

그렇게 해서 사업을 확대 1899년(메이지 32년)에는 목욕탕과 응접실, 도서실, 객실 등을 갖춘 교토 호요칸保養舘을 개업한다. 그 이전 니시무라 진베에는 오토鴨東은행의 이사장 자리에 앉기도 했고 교토 상업회의소의 의원으로 뽑히기도 해서 교토를 진흥시킬 안목이 있는 청년실업가로서 얼굴이 알려지기도 했다. 당시의 에피소드 중의 하나로 니시무라에게 교토시 의회 가지와라 이사부로梶原伊三郎가 외국인 손님이 증가할 것에 대비하여, 본격적인 호텔 건설의 필요성을 귀띔해준다. 그리고 언급한 대로 한창 잘 나가던 야아미 호텔이 교토 호요칸이 개업하기 직전에 화재를 당하는 사건이 일어난다.

이러한 사건들이 중첩되면서 니시무라는 호텔 경영에 착수하기로 결의하고 교토 호요칸을 개조하여 객실 18개를 갖춘 미야코 호텔을 개업한다. 1900년(메이지 33년)의 일이다. 그리고 니시무라는 앞서가던 야아미 호텔과 교토 호텔에 대항해서 개업 2년 후에 25 객실을 갖춘 신관을 증축하고 총 객실 수를 43개로 늘린다. 이 때 세 호텔의 수용 규모는 다음과 같다.

---

53) 일본 고유 형식의 시가.
54) 일본의 5 · 7 · 5의 3구 17음으로 된 단형시.
55) 일본의 대표적인 가무극(歌舞劇).
56) (일본의 가면 음악극의 대사를 영창하는 음곡에서 발생한) 음곡에 맞추어서 낭송하는 옛 이야기.

야아미 호텔 53실 최대 125명 수용
교토 호텔 63실 최대 150명 수용
미야코 호텔 43실 최대 100명 수용

또 니시무라는 지배인으로 하마구치 모리스케浜口守助를 채용했다. 하마구치는 청년시절에 미국에 유학을 갔다가 귀국 후에는 닛코의 가나야 호텔과 주젠지코中禅寺湖 레이크 사이드 호텔에서 일한 호텔맨으로 이때 나이 34세. 그는 매일 밤 바와 담화실에서 손님들을 상대했는데 해미라는 애칭으로 손님들에게 인기가 좋았다. 그리고 1936년(쇼와 11년) 세상을 뜰 때까지 미야코 호텔의 상징적인 존재였다.

하마구치에 대해서는 이런 증언도 있다. 메이지 말기에 일본에 온 영국의 사진가 하버드 폰팅Herbert George Ponting은 《영국특파원의 메이지 기행英國特派員の明治紀行》에서 그를 최고의 지배인이라고 칭찬하고 있다.

> 조그만 친절과 배려를 일본에서 3년간 여행하는 동안 셀 수 없이 경험했던 것이 생각난다. 특히 항상 친절하고 세심한 배려를 해주었던 미야코 호텔의 하마구치 씨 덕분에 이 고도(古都)에 대한 나의 애정은 더욱 깊어졌다. 정말 즐거웠던 경험의 대부분은 하마구치 씨가 제안한 것이었고, 그의 안내로 먼 곳까지 간적도 여러 차례 있었다. [……] 하마구치 씨는 교토의 호텔 지배인 중에 최고이자 정말 예의바른 사람이다.

하마구치는 스스로 판단을 해서 식당에 젊은 여자를 배치했다. 웨이트리스를 기용한 것은 후지야 호텔을 본뜬 것인데 당시로서는 아직 드문 일이었으나, 외국인 손님은 좋아했다고 한다.

점차 관심은 높아가는데

야아미 호텔과 교토 호텔, 그리고 미야코 호텔 간의 경쟁은 세간의 주목을 끌었고 〈히노데신문〉이 1902년(메이지 25년) 10월부터 36회에 걸쳐 '외국인과 교토'라는 제목으로 호텔 업계의 겉과 속을 소개하는 기사를 연재했다. 또 〈아사히신문〉 교토판은 1909년(메이지 42년) 3월 미야코 호텔에 기자를 보내 '호텔 24시간'이라는 제목의 기사를 연재하게 했다. 그만큼 호텔에 대한 관심이 높았기 때문일 것이다.

그러나 1894년(메이지 27년)에 발행된 일본 최초의 시각표《기차 기선 여행안내汽車汽船旅行案內》를 보면 교토의 료칸 안내는 "도키와루, 나카무라루, 다와라야俵屋 등을 비롯 20여 개 있음"이라고만 기록되어 있을 뿐, 세 호텔의 이름은 보이지 않는다. 이 시기 일본인이 투숙하는 곳은 대개 료칸이었다. 그것은 제1장에서 간단히 언급했는데 철도의 발달로 역전이라는 시장이 발생했을 때, 그 역전이라는 장소를 맨 먼저 차지한 것이 료칸이었다. 예를 들면《기차 기선 여행안내》의 신바시 항을 보면 "데이코쿠 호텔, 도쿄 호텔을 비롯 유명 호텔 수백 개 있음"이라고 기록되어 있어, 신바시에는 엄청난 수의 료칸이 있었음을 알 수 있다. 보통 사람들이 호텔 쪽으로 관심을 돌리는 데는 다소 시간이 필요했다.

앞의 신문 기사가 게재되자 이번에는 잡지《풍속화보風俗画報》가 1910년(메이지 43년) 12월 발행한 450호에서 호텔을 과제로 한 센류川柳[57]를 독자들을 상대로 모집했다. 그 중에는 이런 센류가 게재되어 있다.

중국 신사는 변기 갖고 호텔로 가고
호텔 운전수는 어색한 영어를 쓴다지

---

57) 에도 시대에 유행한 17자로 된 단가. 구어체를 사용해 인정이나 풍속 등을 노래했는데 풍자와 익살, 골계가 두드러진 시 형식이다.

제 아비명의의 호텔에다 입원 수속을 하자
게 문자[58]가 호텔 처마를 기어다닌다지
맨 처음 호텔을 덮친 여기자
전등불에 비친 얼굴조차 호텔이네 신사네 떠들고
신여성은 전등불에 얼굴 붉히는데
호텔 보이는 각국의 먼지를 뒤집어 쓰고 있다지
3층에는 각국의 손님들이 머물고 있건만
호텔이 어디냐고 묻는 구미의 나그네
호텔을 나와 희롱하러 가는 밤거리
호텔에서 허둥대는, 배를 타고온 촌놈들(赤ゲット)

아울러 아카겟토赤ゲット란 시골에서 상경한 사람이라는 의미다. 이러한 센류에서 특별한 세계로서의 호텔에 대한 동경이나 이용자의 우월감, 그리고 이해의 범주를 넘어선 데서 오는 오해와 다소의 모멸감 섞인 사람들의 복잡한 심정을 읽을 수 있다. 세상 사람들도 호텔의 존재를 인식하고 점차 관심을 기울이기 시작한 증거라 할 수 있을까?

그러나 실제로 식사만이라도 이용한 것은 별개의 이야기였던 것 같다.

훗날 아사히 맥주 사장이 되었고 전후 여러 호텔의 임원을 역임한 야마모토 다메사부로山本為三郎는 젊은 시절 즉, 메이지 말기부터 오사카 최고의 호텔인 오사카 호텔을 활동의 근거지로 삼았는데 그는 특별한 존재였다고 《야마모토 다메사부로 옹전山本為三郎翁伝》은 전하고 있다.

거의 매일 얼굴을 내밀뿐 아니라, 호텔 로비에 몇 시간이고 죽치고 앉아

58) 세로쓰기의 일본어와는 달리 가로쓰기를 하는 영어를 옆으로 기어가는 게에 빗대어 익살스럽게 표현한 것.

있다가 식사도 하고 차도 마신다. 이렇게 호텔을 드나든 이유 중 하나는 야마모토 옹의 '진보성'을 드러낸 것 이라고 봐도 될 것이다. 당시로서는 (호텔은) 너무 고급스러워서 보통사람은 좀처럼 출입을 하지 못했다. 말하자면 특수 지대였던 셈이다.

많은 일본인에게 호텔은 그 후로도 얼마간은 외국인을 위한 성이었다.

호텔 체인을 결성하다

그러면 다시 교토의 호텔로 되돌아가자. 손님 층에 대해서 말하자면 교토 호텔이 가장 격식을 잘 갖추었던지 외국의 왕족들은 모두 교토 호텔에 묵었다.

그런데 미야코 호텔에 국빈을 맞이할 기회가 찾아왔다. 1906년(메이지 39년) 메이지 천황에게 가터 훈장을 수여하기 위해 일본을 방문한 영국 컨노트 공작Duke of Connaught의 숙박처로 미야코 호텔이 선정된 것이다. 그는 5일을 머물렀는데 교토가 마음에 들어 그대로 오랫동안 미야코 호텔에 머물고 싶어 했다고 한다. 분명 니시무라의 콧대도 그만큼 높아졌을 것이다.

그런데 그가 떠나고 얼마 안 있어 야아미 호텔을 다시 화마가 덮친다. 재건한 지 5년 정도밖에 안 된 신축 건물 세 동이 모두 불타버린 것이다. 창업자 만키치는 이 화재가 있기 반 년 전에 병 때문에 제일선에서 물러나 있었지만 충격이 컸던지 화재 4개월 후에 61세로 영면했다.

호텔 재건은 전관을 벽돌 건물로 짓지 않으면 용지의 차용 연장이 안 되는 곤란한 상황에 처했다. 벽돌식의 재건은 거액의 비용이 필요했던 탓에 재건에 대한 예측이 어려웠다. 그래서 한때 시영호텔론까지 나왔지만 교토시를 움직이는 데에는 이르지 못했고 끝내는 재기의 길이 막혀 야아미 호텔이라는 이름은 사라져 버렸다.

그런 와중에 니시무라는 시장의 빈틈을 노리고 발빠르게 증축 계획에 착수하여 그 해에 호텔 객실 총 수를 한꺼번에 150실로 늘렸다. 그 수는 일본 최대급이었다. 그뿐 아니라 니시무라는 동업자와 적극적으로 손을 잡고 호텔 체인 결성까지 실행에 옮긴다. 먼저 미야코 호텔은 데이코쿠 호텔, 닛코 가네야 호텔, 후지야富士屋 호텔, 그리고 오사카 호텔과 함께 5대 호텔 동맹회를 결성했다. 1902년(메이지 35년)의 일이다.

이것은 외국인 안내 가이드의 횡포에 대한 조치였다. 당시 외국인 관광객을 안내하는 가이드는 호텔에서도 일정액의 수수료를 받았는데, 무언가 그 이상의 것을 요구하는 태도여서 눈꼴이 사나울 지경이었다. 그래서 주요 호텔이 결속하여 수수료를 완전히 폐지시켜 버렸다.

나중에 이 다섯 개의 호텔은 다른 주요 호텔들과 결합하여 대일본 호텔 주식회사를 설립하려고 했으나 실현되지 못했다. 이에 니시무라는 자신의 힘으로 체인망을 결성하려고 한다. 1907년(메이지 40년) 미야코 호텔을 중심으로 효고현 아리마有馬 온천의 아리마 호텔, 우지야마다宇治山田(지금의 이세시伊勢市)의 고니카이五に会 호텔, 그리고 건설 중이던 나라 호텔을 합쳐 회사명도 예전에 계획했던 대로 대일본 호텔 주식회사를 설립한 것이다.

아리마 호텔은 당초 아리마구락부有馬倶楽部 호텔이라는 이름으로 1902년(메이지 35년)에 개업했는데 22실의 객실 외에 온천 욕장과 수영장, 당구장, 이발관, 신문 잡지실 등을 갖추고 있었다. 당시 아리마 온천은 간사이에서는 제1급의 온천지로 여름이 되면 많은 정재계 인사들이 묵으러 왔고 따라서 이 호텔은 그들의 사교장 역할을 했다고 한다.

고니카이 호텔은 원래 고니카이 회관이란 이름으로 1899년(메이지 32년)에 개관한 것으로, 직물이나 칠기, 도자기 등의 국산 공예품의 진흥과 수출 장려를 꾀하기 위한 전국적인 단체인 고니카이가 미에현三重県에서의 집회와 숙박시설로 사용하려고 지은 것이다. 노송나무를 이용해서 궁전풍의 형식을 취한 건축으로 개관한 이듬해에는 황태자와 황태자비(훗날의 다이쇼 천황, 황후)가 이세伊勢신궁에 성혼을 알리기 위해 참배하러 왔을 때 묵었고, 황족이나 정치가들이 이용하는 등 이세의 영빈관적인 존재였다. 또 1903년(메이지 36년)에는 양실도 증축, 호텔 영업까지 겸하게 되어 양실 20실, 화실 20실, 모두 40실의 규모를 갖추었다.

그밖에 새 회사를 설립한 뒤에 다이부쓰大仏 호텔이 가담한다. 이 호텔은 1924년(메이지 45년)에 히가시야마의 묘덴인妙伝院 앞에 이토 고노스케伊東幸之助가 개업한 것이다. 사찰의 대웅전에 인접해 있었던 까닭에 이런 이름이 붙었다. 객실을 30실, 거기에 200석 규모의 대식당과 술집, 당구장, 이발관 등을 갖추었다. 니시무라의 대일본 호텔은 이 호텔을 이토로부터 10년 계약으로 빌려 영업을 시작했다.

고토 신페이의 의지가 반영된 영빈관 호텔

이렇게 해서 니시무라는 지점 망을 넓혀 일본에서는 처음으로 본격적인 체인을 운영해가려고 움직이기 시작했는데, 그렇다면 과연 그러한 시도가 순조롭게 진행되었을까? 그 행방이 궁금하긴 하지만 그보다 건설 중에 체인에 가담한 중요한 호텔 중의 하나인 나라 호텔에 대해 먼저 살펴보도록 하자.

러일 전쟁이 승리로 끝난 1905년(메이지 38년) 나라시에서 호텔 건설에 대한 기운이 고조되었다. 외국인 관광객 증가가 예상되는데로 막상 그것을 받아들일 태세가 되어있지 않았기 때문이다. 그래서 나라시는 나라현 내의 사철私鉄을 일원화한 간사이 철도주식회사와 대일본 호텔의 니시무라 사이에 각서를 교환하고 호텔 건설을 서둘렀다. 그 뒤 간사이 철도가 철도원(구 국철)에 매수되는 등의 우여곡절이 있었지만 계획은 실행이 되었다.

그 물밑의 움직임에서 재미있는 일이 있었다. 간사이 철도가 대일본 호텔로부터 부지를 구입했고, 또 당초 건설비 총액이 5만 엔이던 것이 최종적으로는 35만 엔으로 엄청나게 불어나버렸다. 이점에 대해 《나라 호텔 이야기奈良ホテル物語》는 이렇게 추측하고 있다.

> 무엇 때문에 나라 호텔 부지를 간사이 철도가 갑자기 매수했는지는 분명치 않지만 당시의 철도원 총재는 그 유명한 고토 신페이였고 그때 고토가 수차례 나라를 방문한 점, (건설비가 7배로 올라) 철도원이 건설을 맡아 대폭적인 수정이 가해졌으리라는 점 등으로 미루어 보아 간사이 철도는 정부에 매수되기 직전에 고토 신페이의 지시로 나라 호텔 부지를 구입한 것으로 추측되며, 그렇게 해서 나라 호텔도 단순한 외국인 숙박시설에서 간사이의 영빈관으로 변신하게 된 것이 아닐까?

서양문명의 '모방'에서 '획득'으로

고토 신페이後藤新平는 뒤에 다시 언급하겠지만 만철 총재 시절 만주에서 호텔 건설에 힘을 쏟은 인물이다. 그 고토가 오늘의 나라 호텔의 기반을 만들었다. 바꾸어 말하면 철도회사가 나라 호텔의 기반을 만들었다고 해석해도 될 것이다.

이미 언급했듯이 철도의 신장은 역전이라는 시장을 발생시켜 수많은 역전 료칸의 탄생을 촉진시켰는데, 자본력이 있는 철도회사도 그런 분위기에 휩쓸려 호텔을 개설하게 된다. 자세한 이야기는 4장에서 다시 다루도록 하겠으나 일본 철도는 센다이 역 앞에 무쓰陸奧 호텔을 지었을 뿐 아니라 지역의 료칸 업자가 센다이 호텔을 개업할 수 있도록 토양을 마련해 주었다. 산요山陽철도는 시모노세키 역 앞에 산요 호텔을 창업했다.

무쓰 호텔의 영업 상황은 매우 어려웠다고 하는데 지방도시에 그와 같은 호텔이 탄생하는 과정은 조금 과장해서 말하면 근대 일본이 서양문명을 '모방'하던 단계에서 확고하게 '획득' 하는 단계로 전환하는 것과 궤를 같이 하고 있었다고 볼 수 있지 않을까?

이렇듯 서양 문명을 획득해가는 가운데 고토의 뜻이 담긴 나라 호텔은 영빈관 호텔로서의 면모를 지녀야 했기 때문에 설계를 일본 은행과 도쿄역 등을 담당한 메이지 시기 건축계의 왕실로 불린 다쓰노·가타오카 사무소에 발주를 했다(《건축 인물군상建築人物群像》의 설명에 의하면 "하쓰타 도루 박사는 《근대 일본식 건축近代和風建築》 속에서 신중하게 '설계는 다쓰노 긴고辰野金吾, 혹은 가와이 고조河合浩藏로 보는 설도 있지만 현재로서는 특정할 수 없다' 고 말한다. [……] 어떤 문헌에서는 쓰마키 요리나카妻木賴黃라 보기도 한다. [……] 혹은 제국 철도청의 건축기사가 설계했다고 해도 이상할 게 없다" 고 기록되어 있다). 아울러 다쓰노·가타오카 사무소는 다쓰노 긴고와 가타오카 야스시片岡安그룹이 설립한 설계회사다.

그리고 1909년(메이지 42년) 10월 건물은 사람들 앞에 이리모야의 당당한 일본식 건축의 모습을 드러냈다. 일본식 건축에 서양 문명인 호텔을 절묘하게 끌어들인 건물이 완성된 것이다. 외관에 일본 양식이 채용된 것은 이전에 건설된 제국 박물관(지금의 나라 국립박물관)의 서양식건물이 고도古都의 경관과 어울리지 않는다는 비판이 있어 현의회의 "건물을 신축할 때는 고건축과의 조화를 이루어야" 한다는 결의에 따랐기 때문이라고 한다(앞의 책《나라 호텔 이야기》 참조).

새로운 화양 절충 양식

일본에서의 서양건축 설계기술 수준이 원조 격인 구미에 근접해가는 가운데 1895년(메이지 28년)에 이색적인 건축이 등장한다. 나가노 우헤이지長野宇平治가 설계한 나라현 청사다. 앞서 밝힌 바대로 나라 공원 내의 건물은 겉모습이 고도의 경관과 조화를 이루어야 한다는 제약이 따랐다. 그래서 나가노는 근대적인 기능을 필요로 하는 현 청사를 서양식 구조에 일본식 장식으로 꾸미려는 묘안을 짜냈다.

구체적으로 말하면 나가노는 심벽틀 형식을 채용했다. 이것은 "기둥과 기둥 사이에 벽을 만드는 구조"로 무리가 가지 않은 화양 절충 양식을 취하기 위해 일본과 유럽의 목조 건물의 공통점을 따온 것이라고 한다. 또 일본식의 지붕을 이을 때도 처마 부분을 엷게 해서 시각적으로는 중심을 벽면으로 옮겨, 신사나 사찰에서 볼 수 있는 커다란 지붕을 배치한 순수한 일본 건축과는 분명한 차이를 두었다.

나라현 청사보다 14년 늦게 준공한 나라 호텔은 나가노의 건축과 닮은꼴을 보였고 새로운 흐름을 형성하는 건물로 탄생했다. 전문가 입장에서 보자면 나라 호텔은 "일본 건축으로서의 세부적인 세련도에서는 (나라현 청사 보다) 훨씬 뒤떨어진 것"으로 평가받는 것 같은데 당시의 일반인이 보기에는 "한 폭의 우아한 두루마리 그림을 펼쳐 놓은 듯해서 이하여 아름다운 것은 없"(《히노데신문》)는 건축물이었다.

호텔 내부의 특색은 프런트 앞쪽에 도리이鳥居[59]를 덧붙인 맨틀피스(벽난로의 장식)에 상징적으로 드러나 있었다. 내부에서도 화양절충양식이 채용된 것이다. 그리고 창건 당시 객실 수는 52실이었는데 영빈관으로서, 한 숙박객이 네다섯 개의 방을 한꺼번에 사용할 것이라 상정한 까닭에 욕실도 네다섯 개의 방에 하나밖에 설치하지 않았다. 따라서 욕실이 없는 방에 묵은 숙박객은 별도의 공동욕실을 사용했다. 또 객실 내에도 난로를 설치하여 독일 양식의 맨틀피스로 꾸며놓았다. 객실 담당은 이 난로 관리에 여념이 없었는데, 불때문에 방화에 신경을 썼던 모양으로 벽 속에 석탄재를 채워 넣어 방화와 방음 대책을 세웠다고 한다.

사진 19 황무지 앞에 건설된 나라 호텔. 90년 이상 흐른 지금도 기품있는 모습으로 고도 나라의 풍경을 장식하고 있다.

---

59) 신사 입구에 세워놓은 기둥문.

나라 호텔은 1909년(메이지 42년) 10월 17일에 개업했다. 이 날은 호텔의 개업을 축하하는 의미로 증기 기관차가 기적을 울려, 그 소리가 고도에 메아리쳤다. 이로써 니시무라 니헤이에이의 대일본 호텔은 2대 관광지인 교토와 나라에서 호텔을 경영하겠다는 꿈을 실현한 것이다.

그렇지만 전체적으로 순조롭던 미야코 호텔에 비해 나라 호텔의 경영은 어려웠던 모양이다. 영빈관 방식으로 운영하고 있던 탓에 하루에 네다섯 명 밖에 숙박객이 들지 않은데도 종업원은 50명에서 60명이나 되다보니 손님 한 사람을 열 명이 시중을 드는 꼴이었다. 게다가 자매 호텔인 고니카이 호텔과 아리마 호텔도 대일본 호텔 체인의 주축을 흔들어 댔다. 양쪽 다 적자 운영으로 미야코 호텔의 이익금을 다른 호텔들이 잠식하고 있었다.

예를 들면 1912년(메이지 45년~다이쇼 원년)의 결산에서는 수입 약 25만 엔에 대해서 지출이 약 29만 엔으로 4만 엔 정도의 손실이 났다.

사진 20 나라 호텔 로비. 오른쪽 편에 도리이를 벽난로 앞면 장식으로 배치한 것이 보인다.

결론부터 말하자면 창업자 니시무라는 쓸쓸한 은퇴의 길을 택할 수밖에 없었다. 요시미즈엔의 창업으로부터 25년, 호텔 체인망을 구축하긴 했지만 큰 꿈을 이루지 못하고 호텔업계에서 발을 떼게 된 것이다. 안타까운 마음이야 이루 말할 수 없었겠지만 사업에 대한 욕심은 식을 줄 몰랐다. 《미야코 호텔 100년사都ホテル100史》에는 그 후 니시무라의 동향이 다음과 같이 기록되어 있다.

> 은퇴 후 니시무라 진베에는 다이쇼 12년(1932년)부터 청량음료 '피스시럽'을 제조하기 시작, 긴키, 도카이의 국철 주요 역의 매점이나 가판대 등에서 판매해 성공을 거둔 뒤 쇼와 6년(1931년) 5월 63세로 생을 마감했다.

그는 자식 복이 많았는지 슬하에 7남 1녀를 두었고, 쇼와 30년대에 도쿄 시라카네의 미야코 호텔 도쿄의 용지를 긴테쓰에 알선한 사람이 바로 니시무라의 아들인 니시무라 한지로西村伴次郎인데, 당시 그는 스미토모 신탁은행 사장이었다. 한지로는 알선이 성사되었을 때 동생인 게이지로敬次郎에게 "미야코 호텔이 도쿄에 진출하는 게 아버지의 꿈이었다. 이제 나도 효도를 한 셈이다"라고 했다 한다.

그런데 새로운 주식회사 미야코 호텔은 본점을 교토 미야코 호텔로 하고 우지 야마다의 고니카이 호텔을 지점, 교토역 식당을 출장점으로 삼아 영업활동을 재개했다.

이 때 연회석상 겸용의 주 식당도 개축되어 다이쇼 천황 즉위식 직전인 1915년(다이쇼 4년) 10월에 준공했다. 이 건물은 지금의 연회장인 아오이실에 해당되는데 내부는 주름살 형태의 곡면이 천정으로 이어지는 궁중형 건축이다. 삼면 난간에는 교토 3대 마쓰리인 아오이 마쓰리

葵祭, 기온 마쓰리祇園祭り, 지다이 마쓰리時代祭 때의 각 행렬을 두루마리 풍으로 그린 스텐드 글라스를 끼워놓았다. 제작자는 당시 간사이에서 이 분야의 제 일인자인 기우치 신타로木内真太郎였다.

천황의 생활양식이 서양화되는 가운데

그런데 미야코 호텔이 집안 사정으로 시끄럽던 메이지 말기부터 다이쇼 초기에 경쟁상대인 교토 호텔의 상황은 어떠했을까?

가장 화려했던 것은 다이쇼 천황 즉위식에 참석한 특파 사절을 받아들인 일이었다. 19개국의 특파 사절 중에서 16개국 사절의 숙소로 지정되었고 나머지는 나가라쿠칸長樂館에 2개국, 교토 상공회의소에 1개국의 사절이 머물렀다. 교토 호텔의 역할을 엿볼 수 있는 숫자고 만약 이 호텔이 없었다면 즉위식 개최는 물리적으로 불가능했으리라.

그렇다면 영빈관급 호텔 건설이 아직은 불충분 했던 시절, 천황이 순행 중 체재했던 시설은 어떤 곳이었을까?

메이지 시대가 되면서 정치체제에 커다란 변화의 바람이 불어 닥쳤고 정부는 천황의 존재를 시민에게 알리기 위해 여러 차례에 걸쳐 순행의 기회를 마련했다. 그리고 메이지 전반기 여섯 차례에 걸쳐 거의 전국을 일주하는 순행을 실시했다. 1881년(메이지 14년)의 홋카이도를 순행할 때는 이미 언급했듯이 호헤이칸이 숙소로 선정되었는데, 다른 곳에서는 학교나 사원 또는 전통 가옥을 숙소로 사용했다. 그 중에서도 전통가옥은 거액의 비용을 들여 개축이나 신축을 했기 때문에 거기에 따른 부담이 클 수밖에 없었다. 정부는 신축까지 할 필요까지는 없다는 지시를 한 모양이나, 국민의 입장에서 보면 살고 있던 집을 그대로 내보일 수는 없었다.

앞서 밝힌 바와 같이 1872년(메이지 14년)에는 천황이 손수 육식을 해금하고 서양의 식생활을 장려하는 한편, 이듬해에는 양복차림에 맞도록 단발을 하게 하여 차림새에서도 서양식을 촉진했다. 그렇지만 호텔 건설은 기술이 필요한데다 적지 않은 비용도 들었기 때문에 근대적인 시설의 천황의 숙소를 짓는 것은 하루아침에 이루어 질 수 없는 일이었다.

그런 의미에서도 대도시에서의 영빈관급 호텔의 필요성이 점차 고조된 이유를 알 수 있을 것이다. 실제 순행 때뿐만 아니라, 메이지 천황의 생일을 축하하는 천장절天長節 저녁 만찬을 1891년(메이지 24년)부터 데이코쿠 호텔에서 개최하는 등 황족들의 행사에서도 호텔의 역할은 갈수록 증대되었다.

앞의 교토 호텔과 관련해서 보면 오쓰 사건이 일어난 도키와 호텔 시대인 1891년(메이니 24년)에 황태후를 비롯한 황족의 만찬회장으로 사용된 것을 시작으로 황족들이 틈틈이 방문을 했고, 1897년(메이지 30년) 요시히사 친왕能久親王[60] 장례식 때에도 각국의 조문객들의 숙소로 이용되는 등 교토 고쇼를 포함하여 교토에서는 없어서는 안 될 호텔로 변모해 간다. 그리고 그 전형이 다이쇼 천황 즉위식 광경이었다.

이 행사에는 19개국에서 참석한 특파 사절 중에서 교토 호텔이 거의 전부라 할 수 있는 16개국의 손님을 맞아들였다. 교토 호텔에서는 그에 대한 서비스 태세를 갖추기 위해 고베에서 경험이 풍부한 사람을 불러오고 호텔시설을 개수하는 등 만전을 기했다고 한다.

그러나 미야코 호텔은 앞을 통과하는 산조거리의 폭이 6미터밖에 되지 않아, 문 앞에 많은 의장마차를 세워두는 것이나 출입이 번거로웠

60) 기타시라카와노미야 요시히사 친왕(1847~1895년), 막부 말기부터 메이지 시대의 황족, 육군 군인.

던 까닭에 국내의 고관들 숙소로 사용하는 수밖에 없었다. 그래도 국내외 취재진이나 일반 외국인의 이용객이 많아 만실이 되었다.

교토 호텔이 존재하지 않았다면 정부는 새로운 영빈관 호텔 건설을 서둘러야 했을 것이다.

3장

리조트 시대의 개막

1. 재류 외국인들이 찾던 피서지

커다란 족적을 남긴 가이카루

일본이 개국과 동시에 거류지를 정한 사실은 이미 살펴보았는데 당시만 하더라도 외국인은 거류지를 떠나 자유롭게 여행을 할 수가 없었다. 외교관은 직무상 허가가 되었지만 일반 외국인의 생활은 거류지 내에 한정되었다. 그러다가 그러한 상황이 일거에 바뀌는 규칙이 제정된다. 1874년(메이지 7년) 내지 여행규칙이 그것인데 그 이듬해부터 외국인 여행면허증을 취득하면 질병으로 인한 요양이나 학술조사 명목으로 일반 외국인도 내지 여행을 할 수 있게 된 것이다.

따라서 거류에서부터 시작된 호텔의 발전은 서서히 도회지에서 떨어진 풍요로운 자연을 만끽할 수 있는 곳에서도 볼 수 있게 된다. 리조트 호텔의 탄생이다.

《일본 호텔 약사》에서 맨 처음 등장하는 도시 이외의 숙박시설 이름은 나라야奈良屋 료칸이다. "유신 전부터 하코네 미야노시타箱根宮ノ下의 나라야, 나라야 호텔이라 부르는데 외국인들을 숙박시킨다"고 기록되어 있다.

나라야는 1403년(오에이 10년)에 가마쿠라 막부의 명을 받아 닛타 요시사다新田義貞의 후예인 사가미지방의 영주 닛타 요시타카新田義隆를 토벌한 안도 하야토노스케安藤隼人介를 선조로 하는 유서 깊은 가문이다. 료칸 창업은 도쿠가와 5대 쇼군 쓰나요시綱吉(재위 1680~1709년) 시대 무렵부터 이어져온 시니세다. 유신 전부터 외국인들을 받아들였다고 하는데, 처음에는 특별한 지위에 있는 외국인들을 투숙시켰을 것이다.

나라야에 이어서 등장하는 것이 1871년(메이지 4년) 비와코 호반에 문을 연 가이카루開化樓다. 이쪽은 순수하게 신규 개업한 호텔이다. 《일본 호텔 약사》에는 "오쓰 무라사키야초에서 유곽을 운영하던 자가 비와코의 호반에 가이카루를 개업했다. 목조에 페인트칠을 한 2층 건물, 펜션식 운영, 요금은 1박 3식에 1인 3엔 50전" 이라고 기록되어 있다.

상당히 비싼 요금을 받은 이 가이카루에 대해서는 〈유빈호치郵便報知신문〉의 기사나 시가현滋賀県의 건언책建言策 등의 사료가 남아있다. 구체적으로 1872년(메이지 5년) 6월에 발행한 〈유빈호치신문〉 제 1호는 시가현 지사 마쓰다 미치히사松田道久(미치유키道之를 말함)가 비와코의 관광가치를 매우 중시하여, 오쓰 개발을 꾀하는 동시에 폐업의 비운을 맞게 된 유곽업자들에 대한 배려로 가이카루의 건설과 경영에 많은 원조를 해주었다고 보도했다(그 전년도에는 유녀 해방령이 공포되었다). 한편 건언책에는 "시가현에서 이번 여름 외국인이 피서를 위해 호수 주변에 놀러 올 것에 대비한 건언 [……] 세계 최고의 절경이라 상찬하는 자도 있고 [……] 이미 [……] 호반에 서양인을 위한 시설을 꾸려놓았는데, 서양인 전문 시설에 머물면서 즐긴 사람들이 기뻐하며 떠났다" 고 적혀 있다.

현 측에서도 크게 기대를 했고 이로써 오사카나 고베의 거류지에서 살고 있는 외국인의 피서지 리조트가 조성되는가 싶었다. 그러나 앞서 보았듯이 신문에 보도된 1872년(메이지 5년) 11월에는 "주민과 시설 양쪽 다 매우 못된 행동을 하고 있다. 온갖 악폐가 여기에서 비롯되는데 부당한 숙박료를 받고, 유곽이나 다름이 없어 [……] 앞으로 숙박을 금지하고" 라는 통달이 있어 시설을 외국인에게 제공하는 것이 금지되었고 시가현은 가이카루를 현청 지정 료칸으로 삼아 버렸다(《일본 호텔 약사》에는 이 사건은 1873년(메이지 6년) 11월로 기록되어 있다).

더욱이 1875년(메이지 8년)에는 유곽제도가 부활하여 가이카루의 경영자는 원래의 본업으로 복귀해버렸다. 일본 리조트사의 여명기에 커다란 족적을 남길 뻔 했던 이 호텔은 나중에 병원으로 이용되었다고 한다.

지금도 남아있는 사무라이 하우스

가이카루 다음으로 이름이 나오는 것은 닛코 하치이시초鉢石町의 스즈키 호텔이다. 이 호텔은 영국 공사 해리 파크스가 외국인으로서는 처음으로 닛코를 방문한 이듬해, 그리고 비와코의 호반에 있던 가이카루와 같은 해인 1871년(메이지 4년)에 스즈키 기소지喜惣次가 개업했다. 호텔이란 그저 이름뿐이었고 민가를 간단히 개수한 것에 지나지 않았다.

그런데 여기서 마침내 등장하는 것이 닛코 가네야金谷 호텔의 전신인 가네야 카테지 인이다. 이 가네야 호텔 창업은 헵번식 로마자의 창시자인 헵번 박사의 조언으로 시작되었다.

헵번 박사 즉, 제임스 헵번James C. Hepburn은 1859년(안세이 6년) 일본에 왔다. 뉴욕에서 종합병원 원장도 경험한 그는 44세로 중년의 나이에 접어들었음에도 불구하고 새로운 땅에서 전도와 의료, 그리고 언어 연구 등에 뛰어들기 위해 일부러 멀리 극동으로까지 발길을 옮겼다.

그가 처음으로 닛코를 방문한 것은 1870년(메이지 3년)으로 되어 있다. 일본에 온 지 11년, 외국인을 위한 일영사전《일영어림집성和英語林集成》을 발행한 뒤 4년이 경과했을 때라 이미 일본에 대한 지식을 터득했을 시기의 여행이다. 그러나 헵번 박사는 의외로 숙소를 구하지 못해 곤경에 빠졌다. 숙소가 있긴 했지만 주인들이 외국인을 받아들이는 데 경계심을 품고 있었기 때문이다. 그 곤혹스러워 하던 박사를 시켄초四軒町에 있는 자택에 머물게 한 사람이 가네야 젠이치로金谷善一郎였다.

사진 21 닛코 가네야 호텔의 라운지. 왼쪽 기둥의 머리 부분은 동양풍의 나무 조각으로 장식했는데 안쪽 계단의 난간 손잡이에도 동양풍의 파꽃 모양 조각이 보인다.

가네야 가문은 대대로 도쿠가와 가문을 받들어 도쇼구東照宮[61]의 악사 직에 있었고 젠이치로도 쇼笙(피리의 일종) 연주를 담당하고 있었다.

젠이치로의 아들 가네야 신이치金谷真一가 《호텔과 함께 75년ホテルと共に七拾五年》의 모두에서 밝힌 대로 당시 메이지 유신으로 "모든 무사들이 그랬듯이 경제적으로 곤경에 직면" 해 있었다. 그러나 젠이치로는 돈을 바라고 헵번 박사를 머물게 한 것이 아니라 순수하게 도움을 주고 싶었기 때문이었다. 그러나 그 행위가 일시적으로 젠이치로를 위기적인 상황에 빠뜨린다. 양코배기를 집에 머물게 했다는 이유로 일터인 도쇼구로부터 파문을 당해버린 것이다. 그렇지만 "버리는 신이 있으면 거두는 신도 있는 법" 이다. 가네야 신이치는 이렇게 밝히고 있다.

새로운 세계로 나아가려고 고뇌하고 있던 아버지에게, 이때 하나의 커

61) 도치기 현 닛코에 있는 도쿠가와 이에야스의 신을 받드는 신사.

다란 시사점을 던져주었다 앞으로 외국인들이 닛코를 즐겨 찾을 것이다. 특히 날씨가 시원한 닛코에 도쿄나 요코하마에서 피서를 하러 오는 사람들이 갈수록 늘어날 것이다. 나도 내년에는 친구들을 데리고 올 테니 될 수 있는 대로 방을 많이 제공해서 가계에 보탬이 되도록 하면 어떻겠는가?

그렇게 해서 시작된 것이 가네야 호텔의 전신인 가네야 카테지 인이다.

그런데 헵번 박사가 닛코로 향한 1870년(메이지 3년)은 앞에 나온 스즈키 호텔이 개업을 1년 앞둔 해다. 만약 스즈키 호텔이 개업한 뒤에 헵번 박사가 닛코에 갔더라면 그곳에 머물렀을 것이다. 그런 의미에서 스즈키 호텔 개업의 타이밍이 가네야 가의 운명을 결정지었다고 볼 수도 있다.

일본 호텔의 역사적 유산 중에서 아주 소중한 보물이라 할 수 있는 가네야 카테지 인은 사무라이 하우스라는 이름으로 불리는데, 호텔에서 느린 걸음으로 15분 정도의 거리에 있다. 차들이 오가는 국도 120호선 연도에 있지만 그 앞에 수목이 우거져 지금도 고요히 자리를 지키고 있다.

영국 여성 여행가가 감명을 받다

개업을 한지 거의 5년이 지난 1878년(메이지 11년) 6월 가네야 카테지 인에 한 외국인 여성이 찾아왔다. 그녀의 이름은 이사벨라 버드, 영국의 여행가다. 47세의 나이에 처음으로 일본을 방문하기까지 그녀는 미국과 하와이, 오스트레일리아, 뉴질랜드 등 이미 세계 각지를 돌아다녔는데 일본에는 다음과 같은 이유로 방문을 했다.

일본에는 신기하고 항상 흥미를 느낄 수 있는 것이 특히 많고, 건강한 심신을 염원하는 고독한 여행객의 마음을 위로해주며, 몸을 치유하는데 도움을 주는 것들이 분명히 있을 것이라 생각했기 때문이다.(앞의 책《일본 오지 여행》)

그래서 그녀는 영국의 파크스 공사를 통해 사실상 무제한의 여권을 취득하여 동북지방과 홋카이도를 여행한다. 그러나 버드는 1장에서 언급했듯이 매우 열악한 일본의 숙소 사정 때문에 곤혹스러워 했다. 그러다가 머물게 된 것이 가네야 카테지 인이었다.

버드는 처음 대면한 젠이치로에 대해 "매우 쾌활하고 유쾌한 사람으로 땅에 닿도록 머리를 숙였다"고 썼다. 그리고 가네야 카테지 인의 정취에 대해서는 "정말 아름다운 일본의 정원 풍경이다. 집 안팎으로 사람의 눈을 즐겁게 해주지 않는 것이 하나도 없다"는 기록을 남겼다. 버드는 가네야 카테지 인에서 그때까지의 피로를 말끔히 씻을 수가 있었던 것이다.

시간이 지나 1887년(메이지 20년)의 일이다. 가네야 카테지 인 가까이에 객실 수 25실의 본격 호텔인 닛코 호텔이 개업한다. 또 그로부터 3년 후에는 16실의 아라이新井 호텔이 개업한다(그밖에 닛코에서는 고바야시小林 호텔, 와타나베渡辺 호텔이 영업을 개시한다). 외국에서 오는 방문객 수가 증가하면서 일본의 호텔 사정은 순식간에 활기를 띤 것이다.

설비를 갖춘 새로운 호텔이 잇달아 출현하면서 선발 주자인 가네야 카테지 인은 곤경에 처하게 되었다. 신이치는《호텔과 함께 75년》에서 당시의 상황을 이렇게 되돌아보고 있다.

아버지를 따라 그곳 (닛코 호텔) 문 앞을 지나갈 때 나의 눈에는 문 앞에 있는 램프가 휘황찬란하던 모습이 인상적이었다. [……] 아버지는 깊은 생각에 잠기셨는데 이런 말씀을 하시며 나를 격려해주셨다. '이제 이렇게 커다란 호텔이 여러 개가 이곳에 들어설 텐데, 나도 도쇼구로 돌아가서 예전처럼 신사의 업무에 전념하게 될지도 모르겠다. [……] 너는 도쿄로 나가 영어를 공부해서 이 애비를 돕거라, 그래서 침체한 가네야 가문의 사업을 다시 일으키도록 하자.'

가네야 부자는 권토중래를 다짐했다.

가디너와의 만남

당시로서는 대형 호텔이었던 닛코 호텔의 경영자는 닛코의 신사나 사찰을 보존하기 위해 결성된 호코카이保晃會의 임원이자 현의회의 의원이기도 했던 가토 쇼이치로加藤昇一郎이다. 1888년(메이지 21년) 10월 4일자 〈유빈호치신문〉은 개업식의 모습을 이렇게 보도했다.

닛코 호텔은 지난 30일 개관식을 거행했다. 당일 초청을 받아 식장에 온 사람은 가바야마(樺山) 도치기현 지사, 군장(郡長)을 비롯해 각 관리 및 도쿄 요코하마에서 온 내외의 신사 수십 명으로 [……] 근처 사오십리 안팎에서 구경하러 온 인파가 엄청나게 많아 닛코에서는 처음이라 할 정도로 대성황을 이뤘다. [……] 여흥으로는 불꽃놀이, 스모, 마술, 곡예, 손춤[62] 등을 즐기고 떡을 나누어주기도 했다.

호텔의 모습은 꽤나 장관을 이루었는데 내빈들이 하나같이 상찬을 했고, 벌써 이날부터 숙박을 신청한 외국인도 적지 않았다고 한다.

이렇게 화려하게 개업한 닛코 호텔을 보고 가네야 부자는 권토중래를 다짐했고 젠이치로는 장남 신이치를 도쿄 쓰키지의 릿쿄立教학교(지금의 릿쿄대학)로 보냈다. 1892년(메이지 25년) 9월 신이치가 14세 때의 일이다.

릿쿄 학교는 미국 성공회 주교 C. M. 윌리엄즈가 1874년(메이지 7년)에 문을 연 센트 폴즈 학교라는 영어 사숙이 기원인데, 80년(메이지 13년)에는 하버드 대학에서 건축학을 공부한 제임스. M. 가디너James Mcdonald Gardener가 교장으로 부임한다. 그리고 그 내후년에는 당시 쓰키지 거류지에서 가장 화려한 건물이었다는 교사를 짓는다. 그 가디너는 가네야 카테지 인을 자주 찾아와 젠이치로에게 이렇게 말했다.

> 앞으로 닛코를 찾는 외국인이 훨씬 더 늘어날 것입니다. 그들을 받아들일 수 있는 본격적인 호텔이 필요합니다. 그날을 대비해서라도 아드님인 신이치 군을 우리학교에 입학시켜 꼭 영어공부를 시키도록 하십시오.

그렇게 해서 신이치는 릿쿄 학교에 입학한 것이다.

극채색의 닛코 조각으로 장식하다

마침내 젠이치로는 본격적인 호텔을 갖추게 된다. 1896년(메이지 29년)에 폐업 중이던 와타나베 호텔을 매수하고 1904년(메이지 37년)에는 신관(대식당과 객실 12실)을 준공한다. 그리고 내부를 외국인이 좋아하도록 일본풍의 장식으로 꾸민다. 화려함의 극치를 이루는 도쇼구의 곁에

62) 일본 전통 악기인 샤미센에 맞추어 추는 춤.

위치한 호텔답게 극채색의 닛코식 조각 등이 외국인 나그네의 여독을 풀어주었다. 도쇼구의 '잠자는 고양이'[63]를 이미지로 한 나무 조각과 코끼리상, 그리고 도리이 형태의 거울, 파꽃 모양의 장식을 한 계단의 난간, 식당의 격자무늬 천정의 174매로 된 고마에格間絵[64] 등 화조풍월을 모티브로 한 장식이 호텔 전체를 뒤덮었다.

또한 도쇼구의 장식을 직접 다룬 화가나 조각가의 계보를 잇는 뛰어난 조형미를 곳곳에 구현한 것은 가디너의 진언에 따른 것이라 한다. 그 증거로 그가 남긴 닛코 신코真光교회의 기둥과 성서대에는 그가 즐겨 새겼던 닛코식 조각이 듬뿍 장식되어 있다고 한다.

한편 호텔 간의 경쟁이 극심해지는 가운데 닛코의 호텔들은 '가이드 재난'을 당하기 시작했다. 당시 영어를 할 줄 아는 일본인이 적었던 것은 당연한 일이었는데 그 때문에 영어를 할 줄 아는 가이드들이 자신들의 특권을 휘둘러댔다. 신이치는 앞의 저서에서 이렇게 밝히고 있다.

> 호텔 사업을 하는 사람은 (외국 관광객을 데려오는) 가이드에게 의존할 수밖에 없었다. 가이드는 독재자처럼 행동하며 호텔의 요리까지 간섭을 했다. 그리고 호텔의 경영까지도 가이드에게 장악을 당하는 형편이었다.

이렇듯 심각한 상황에 더해 젠이치로의 체력도 한계에 달했던 탓에 릿쿄 학교의 영어 전수과에서 공부하고 있던 신이치는 면학을 단념하고 닛코로 돌아온다. 18세 때의 일이다.

가네야 부자는 가이드에게 필요 이상으로 의존하려 하지 않고 서비

63) 에도 초기 건축 조각의 명인 히다리 진고로(左甚五郎)의 작품인데, 도쇼구의 대표적인 조각으로 꼽힌다. 국보로 지정되어 있음.

64) 인쇄물로 된 작은 삽화 또는 잡지의 본문과 관계가 없는 목판화나 컷.

스 향상에 전념했다. 프런트 일과 함께 포터 역할도 했고, 목욕탕 관리도 하면서 회계 일을 하는 등 풀 회전 방식으로 거의 모든 일을 다루었다.

> 영업에만 전념하려고 노력했고 결국 그렇게 경영 본래의 자세를 철저하게 밀고나간 우리가 현명했다고 지금도 생각하고 있다. 동업자들의 부침이 격심한데도 가네야 호텔이 지금의 자리에서 80년 역사를 쌓아 올린 것도 그러한 박해를 견디어 내면서 철두철미하게 영업에 전념했기 때문이라고 나는 생각한다.

정공법으로 이용객의 신뢰를 얻어낸 닛코 가네야 호텔은 닛코 최고 호텔의 지위를 쌓아올려 메이지 시대 후반에는 국빈을 맞이할 정도로 성장한다. 러일 전쟁이 끝난 후인 1906년(메이지 39년) 영국의 컨노트 공작이 메이지 천황에게 가터 훈장을 수여하기 위해 일본에 왔을 때 가네야 호텔에 숙박을 한 것이다. 그때 신이치를 비롯한 직원들은 로비를 벚꽃과 등나무로 꾸미고, 식당에는 후지산을 본뜬 분재를 만들어 놓는 등 공작을 맞을 준비를 했다. 아직 30세가 채 안 된 신이치였지만 공작을 도쇼구며 주젠지코中禅寺湖로 안내하여 호텔 주인의 역할을 훌륭하게 해냈다.

그 이듬해 요인의 체재에 대비해서 당시 도치기현에는 아직 설치되지 않은 전화를 니코의 호텔이나 료칸으로 끌어오는 데 앞장서 도치기의 전화번호 1번을 획득할 수 있었다. 또 그 이듬해에는 전액을 들여 자가용 수력발전소를 설치하는 데 성공했다.

1909년(메이지 42년)에는 메이지 천황이 통솔하는 대연습이 실시되었는데 그때 영국 국왕을 대신하여 키치너 원수가 관전, 무관들과 함께 가네야 호텔에 묵었다. 그 때 신이치는 원수의 통역으로서 항상 곁에서 있었고 아울러 메이지 천황의 측근에게도 봉사를 했다. "연습 후 곧바로 열병식이 있었는데 나는 빵모자와 양복 차림으로 메이지 천황과 키치너 원수 바로 뒤에서 수행했던 것을 기억하고 있다. 그리고 지금도 그 때의 감격을 잊을 수가 없다"고 신이치는 기록했다.

만페이 호텔의 근원은 하타고

민속학자 야나기타 구니오柳田国男의 설에 의하면 일본인들 사이에서 평탄지에서 급격한 언덕길로 들어서는 지점을 '가루이자와'라고 부르는 습관이 있었다고 한다. 말 잔등에 싣고 온 짐을 사람이 '가루우かるう'(짊어지다)라고 하는데, 그 말이 변화하여 가루이자와가 되었다고 한다. 따라서 가루이자와라는 지명은 일본 각지에서 볼 수 있다고 하는데 지금 가루이자와라 하면 피서 리조트지로 유명한 나가노현의 가루이자와초가 맨 처음 떠오를 것이다.

그 가루이자와는 예전에는 나카센도中山道[65]의 숙장촌으로 번성하던 곳이었다. 에도 시대의 어떤 시기에는 혼진 1, 와키진 4, 하타고旅籠 21이었다는 숙박시설의 숫자가 남아있다. 가가加賀[66] 백만 석 수천 명의 다이묘 행렬이 산킨코타이를 위해 가가와 에도를 오갈 때는 반드시 가루이자와에서 머물렀다고 하는데 그때의 가루이자와 숙박업소들은 기름기가 흘렀다고 한다.

---

65) 도카이도에 이은 주요가도 에도의 니혼바시에서 출발해서 구사쓰(草津)에서 도카이도와 합류, 교토 산조오바시(三条大橋)에 이르는 길. 에도에서 구사쓰까지는 1,290리며, 69개소의 숙장이 설치되었다. 현재의 도, 부, 현으로는 도쿄도, 사이타마현, 군마현, 나가노현, 기후현, 시가현, 교토부 남부를 통과했다. 中仙道로도 씀.

66) 옛 지명으로 지금의 이시카와현 남부.

그런데 그렇게 은혜를 입은 가루이자와의 숙박시설 중에는 가메야도 있었다. 가루이자와 만페이万平 호텔의 전신인 하타고다. 가루이자와가 외국인 피서 리조트지로 발전함과 동시에 이 하타고는 호텔로 변신하여 가루이자와에서 확고한 지위를 쌓는다.

가메야는 사토 만에몬佐藤万右衛門이 혼진에서 분가하여 혼진의 대각선 맞은편 장소에서 영업을 시작했다. 지금의 가루이자와 우체국이 있는 장소로, 창업은 1764년(메이와明和 원년)경으로 추정된다. 이 가메야가 창업하고 거의 1세기가 경과하자 일본은 격동의 세기를 맞이한다. 개국과 메이지 유신이다. 그와 함께 그때까지 번영을 구가하던 가루이자와 숙장宿場은 점차 쇠퇴해 간다. 거금을 뿌리던 산킨코타이는 물론이고 가루이자와 숙장의 버팀목이었던 숙역 제도도 폐지되었기 때문이다. 게다가 1884년(메이지 17년)에 우스이碓氷신도(지금의 구도로)가 개통되자 엎친 데 덮친 격이 되어버렸다. 가루이자와 숙장에 여행객들의 발길이 뚝 끊어져 버린 것이다. 미야하라 야스하루宮原安春의 《가루이자와 이야기軽井沢物語》는 가루이자와의 시니세 사진관인 쓰치야 사진관의 경영자 고바야시 유키오小林幸夫의 증언을 통해 당시의 모습을 이렇게 전한다.

> 국도가 완공되었을 때 시라키야(白木屋)와 다른 하타고는 국도 끝 쪽으로 이전을 했지. 지금의 신가루이자와지요. 그래서 막부 말기에는 백 집을 넘던 가루이자와의 숙장은 몇 집이 안 남았어. 나카센도의 대로(지금의 구 가루긴자)에는 냉이가 수북이 자랐고 아이들이 숨바꼭질놀이를 하는 곳이었다고 해.

그 때 두 명의 외국인이 가루이자와를 찾아왔다. 캐나다 출생의 선교사 알렉산더 C. 쇼와 공부대학교의 영어교사 제임스 M. 딕슨James M.

Dixon이다. 그들은 1886년(메이지 19년)에 가루이자와를 방문했는데, 그 곳의 환경에 흠뻑 반해 피서 리조트지로서의 새로운 길을 열었다.

일반적으로는 리조트로서 가루이자와의 발견자는 이 두 사람이지만 그 중에서도 특히 가루이자와에 처음으로 별장을 지은 쇼는 '가루이자와의 은인' 으로 불린다. 쇼는 1873년(메이지 6년)에 일본에 와서 후쿠자와 유키치의 집에 살면서 후쿠자와와도 친분을 맺고 있었다. 그리고 가루이자와를 환락가가 없는 새로운 리조트로 이끈 인물이다.

서양식으로 새롭게 단장한 가메야 호텔

이때 가메이 호텔은 휴업 상태로 주인인 사토 만페이는 국도(지금의 구국도) 공사의 감독을 청부받아 가메야亀屋를 떠나 있었다. 바로 그 때 1886년(메이지 19년) 4월에 가루이자와를 방문한 앞의 영어교사 딕슨이 비어 있는 상태로 있던 하타고를 보고 집을 지키는 사람에게 그해 여름 동안 가메야를 빌리고 싶다며 요청을 했다. 집을 지키고 있던 사람으로부터 그 이야기를 전해 들은 만페이는 그 서양인의 신분이 대학의 교사라고 하자, 흥미를 갖고 직접 도쿄로 올라가서 계약을 맺었다.

얼마 안 있어 딕슨은 계약대로 선교사 쇼를 동반하고 다시 가루이자와를 찾았다.

> (만페이는) 이런 절호의 기회를 놓치지 않으려고 현청 일을 그만 두고 딕슨 일행의 요리사가 되었다. 서양 요리를 몰랐던 만페이였던지라 빵과 우유 그리고 생선밖에는 제공할 수 없었지만 열심히 서비스를 하는 만페이에게 두 사람은 호감를 가졌고 만족해하며 도쿄로 돌아갔다.(《만페이 호텔 이야기》)

딕슨은 1880년(메이지 13년)에 일본에 온 고용 외국인 교사의 한 사람으로, 나쓰메 소세키夏目漱石67)를 제자로 둔 인물인데 공교롭게도 닛코에서 가네야 카테지 인을 개업하게 한 헵번 박사와 같은 역할을 가루이자와에서 한 셈이 되었다. 만페이 호텔의 3대째 사장인 사토 구니아키는 앞의 책 《가루이자와 이야기》에서 다음과 같이 말한다.

> 선교사, 교사 어느 분이나 생활습관을 가르쳐주신 선생님이셨지요. 항상 손을 꼭 잡고 가르쳐 주셨어요. 빵을 만드는 방법이며 젖소나 산양을 끌고 와서 버터와 밀크를 만드는 방법까지.

한편 만페이는 외국인을 상대로 한 료칸(호텔) 경영에 가능성이 엿보이자 이듬해인 1887년(메이지 20년)에 오야마 구니사부로小山国三郎를 외동딸인 요시의 데릴사위로 맞이했다. 초대 만페이는 소학교의 조교(학생의 신분이면서 후배들을 가르치는 사람)로 근무하고 있던 구니사부로에게 가메야의 발전을 위임한 것이다.

데릴사위가 된 구니사부로는 영어도 배울 겸 일단 도쿄로 나가 세이쿄사聖教社 신학교에 입학. 그리고 졸업 후에는 후쿠시마현이며 시즈오카현에서 포교활동을 했다. 그리고 구니사부로는 가메야에 머문 적이 있는 스승 쇼와 함께 가루이자와에서 포교활동을 시작했다. 1890년(메이지 23년)의 일이다. 그 사이에 만페이는 별장을 매매하거나 여름동안 외국인을 받아들여 영업을 하기도 했다.

그리고 마침내 호텔을 개업한다. 1894년(메이지 27년), 만페이는 52

---

67) 나쓰메 소세키(1867~1916), 소설가, 평론가, 영문학자. 본명은 긴노스케(金之助). 도쿄 출생으로 도쿄 제국대학 영문학과 졸업. 《나는 고양이로소이다(吾輩は猫である)》, 《마음(こころ)》, 《행인(行人)》 등의 작품으로 널리 알려져 있다. 모리 오가이와 함께 메이지 시대의 문호다. 일본의 지폐 1000엔 권 초상화의 주인공.

년(가에이 5년)에 지은 좁고 기다란 하타고 건물을 호텔식으로 개조하여 13실의 객실을 갖춘 가메야 호텔로 문을 연 것이다.

그러나 호텔이라는 이름을 달고 유리문을 설치한 출입구에 로비와 바는 갖추었지만 방의 칸막이는 미닫이 문이었다. 훗날 정치가인 오자키 유키오尾崎行雄와 결혼한 영국인 테오도르 히데코는 친구에게 보낸 편지에 이렇게 썼다.

> 가메야 료칸은 반은 서양식인데, 방 안에 얇은 병풍 같은 거울을 칸막이로 세워놓아 비밀스러운 이야기는 옆방의 손님이 들을까봐 도저히 할 수가 없다.(《만페이 호텔이야기》)

그녀가 이 편지를 쓴 것은 1902년(메이지 35년)의 일이다. 가메야 호텔은 개업하던 이듬해 만페이 호텔로 이름이 바뀌었는데 히데코는 옛 이름을 그대로 사용하고 있다.

또 만페이 호텔(만페이 호텔로 표기하게 된 것은 1936년(쇼와 11년)부터다)로 바뀌고 나서도 여전히 프라이버시는 보장이 되지 않았고, 현재의 사쿠라노사와로 이전하기까지도 개선되지가 않았던 모양이다.

그것은 그렇고 가메야 호텔이 개업하기 앞 해 4월에 가루이자와의 장래를 결정짓는 사건이 있었다. 난 코스였던 요코가와와 가루이자와 간의 아프트식 철도가 개통된 것이다. 증기기관차가 우스이 고개의 급경사를 헐떡거리며 올라가면 연기가 터널 내에서 역류하여 기관사나 승객들이 고통스러워 했지만 도쿄 우에노에서 가루이자와까지는 이전(요코가와와 가루이자와 구간은 마차 철도)에 비하면 두 시간이나 단축이 되어 약 여섯 시간이면 도착을 할 수 있었다.

그렇게 해서 외국인 피서객이 급증하기 시작했는데 앞의 《가루이자와 이야기》는 가루이자와가 발전한 이유를 한 가지 더 들고 있다. 1894년(메이지 27년)부터 시작된 선교사들의 국제회의인 '가루이자와 회의'다.

이 회의에 참가한 선교사들은 약 2백 명이다. 중국대륙에 파견되어 있던 선교사들도 참가했다. 그래서 "당연히 체재기간이 약 2개월 정도로 길어진다. 그 기간을 쾌적하게 지내기 위해 서양식 호텔이나 별장이 필요했다".

그 이전에도 가루이자와는 구니사부로나 쇼의 포교활동 등으로 기독교도들의 커뮤니티적인 성격이 조성되었다. 같은 피서 리조트인 닛코나 하코네와는 다른 분위기를 지니고 있었다. 그러나 이 '가루이자와 회의'가 가루이자와는 곧 청량한 리조트라는 등식의 이미지를 확실하게 심어주는 계기가 되었다. 훗날 1909년(메이지 42년) 8월 7일자 〈시나노 마이니치信濃每日新聞신문〉은 가루이자와의 특징을 이렇게 보도했다.

사진 22 난코스인 요코가와와 가루이자와 사이의 우스이 고개에 우스이 터널이 개통되고 아프트식 철도가 1893년(메이지 26년)에 완공되자 외국인 피서객이 급증했다.

사진 23 영문자로 된 간판을 곳곳에서 볼 수 있는 가루이자와. 기모노 차림의 일본인에 섞여 양장을 한 외국인들이 거리를 활보하고 있다.

> 이곳으로 피서를 오는 손님은 종교인이 많다. 외국인의 7,80%는 선교사이고 일본인도 교회와 관계가 있는 사람이 대부분인 것 같다. 그리고 이 선교사의 피서 비용은 매년 일정한 예산이 있다. [……] 이 피서객들의 지갑을 열려고 하는 것은 하나님에게도 황송한 이야기다.

예전에 숙장 촌으로서 발전했던 가루이자와에는 매춘부가 많이 있었다. 센류에서는 매춘부를 일컬어 '가루이자와'라고 할 정도였는데(시게마쓰 아쓰오重松敦雄《여행과 잠자리旅と宿》), 그 가루이자와가 금욕적인 리조트로 멋지게 변신한 것이다.

최초의 순 서양 건축 호텔

구 가루이자와의 중심지에 있었던 만페이 호텔은 1902년(메이지 35년) 현재의 사쿠라이자와로 이전하여 본격적인 호텔 영업을 개시했다. 그러나 여기에서 새로운 만페이 호텔을 이야기하기 전에 정확하게 시간의 경과를 따라 먼저 언급해야할 것이 있다. 가루이자와 호텔의 개업이다.

이 호텔은 순 서양식 건축으로서는 가루이자와에서는 최초의 건물로 1898년(메이지 32년) 여름에 영업을 개시했다. 구 혼진을 세운 사토 오리에佐藤織衛가 혼진을 헐고, 우체국장으로 있던 아들 구마로쿠熊六에게 경영을 맡겼다. 오리에의 인품에 대해서는 앞에 나온《가루이자와 이야기》를 통해 알 수 있다. 저자인 미야하라는 오리에의 자손 사토 요시히사芳寿와의 담화를 이렇게 정리하고 있다.

> 오리에는 꽤 진취적인 정신의 소유자였던 것 같습니다. [……] 구사쓰 신도를 개설하려는 계획을 세워 자신이 위원장이 되어 기부금을 모았습니다. [……] 외국인으로부터도 기부를 받았어요. 이 외국인과의 접촉이 나중에 본격적인 최초의 서양관으로서의 가루이자와 호텔 건설로 이어졌지요.

그 가루이자와 호텔은 30개의 객실을 갖추었고 시시도 마코토宍戸実의《가루이자와 별장사軽井沢別荘史》에 의하면 "건축은 외관과 내부 모두 순수한 서양식으로 로비 안쪽에 있는 식당 플로어는 나무의 무늬 결에 따라 목재를 깔고 이층 객실은 넓은 테두리를 둘렀는데 일본에서는 낯선 공법"이었다. 또 "복도를 통해 들어가는 침대방이 있고, 그 바깥쪽에 넓은 테두리가 있으며 등나무 의자가 두 개 놓여 있었는데, 그것이 서양 사람들에게 인기가 있어서 그 후에 지은 신관에도 도입하여, 호텔의 자랑거리로 삼았다. 이러한 형식의 장식은 만페이 호텔이나 미카사三笠 호텔에까지 확산되었다"고 한다. 거기에다가 구 혼진 시대의 일본 정원을 남겨놓은 것도 외국인 손님들에게는 평판이 좋았다.

그리고 도쿄의 실업가 야마모토 나오요시山本直良가 호텔 건설(미카사 호텔)을 계획하고 있다는 것을 알고, 거기에 대항하기 위해서 대식당과 18개의 객실을 증축을 꾀한다. 증축 부분이 완성되자 이전의 식당은 당구장과 '푸른 응접실' 로 불리는 방으로 바뀌었다. 이 방은 많은 문학가와 정재계 인사들에게 사랑을 받았는데 더러 하계 학교와 같은 행사(지금으로 치면 세미나와 같은 것이 될 것이다)가 열렸다고 한다.

살롱풍의 미카사 호텔

가루이자와의 역사를 말할 때 반드시라고 해도 될 정도로 등장하는 한 장의 사진이 있다. 메이지 말기에 미카사 호텔에서 열린 만찬회(아마 개업 피로연이었을 것이다)를 찍은 것이다. 참석자는 훗날 수상이 된 고노에 후미마로近衛文麿 공작과 그 부인, 오하리 도쿠가와가문의 후계자인 도쿠가와 요시시타徳川義親, 훗날 가루이자와 골프클럽의 초대회장인 도쿠가와 요시히사徳川義久의 부인, 작가 아리시마 다케오有島武郎 등이다. 아리시마는 바로 그때 메이지 시대의 진보적인 여성의 비극을 그린 장편 연재소설 《어떤 여자或る女》를 집필하기 시작했다. 그들은 무슨 이야기를 주고받았을까? 그러한 호기심을 충족시켜줄 기록은 보이지 않지만 당시의 가루이자와 상류사회의 모습을 살필 수 있는 흥미로운 사진이라 할 수 있다.

그러한 화려한 사교 살롱을 생생하게 담은 사진 속에 미카사 호텔의 경영자 야마모토 나오요시 부부의 얼굴도 보인다. 상류 계급의 재산 관리를 하는 은행인 제15국립 은행을 설립한 야마모토 나오나리山本直成

의 아들인 나오요시는 당시 아버지로부터 물려받은 땅을 낙농목장으로 쓰려고 계획하고 있었다. 닛폰유센日本郵船과 메이지제과明治製菓에서 이사로 근무하고 있던 나오요시였지만 농과대학(도쿄대학 농학부의 전신)을 다녔기 때문에 그런 생각을 했던 것 같다.

그러나 목초를 재배해 양을 기르고 젖소를 기르기에는 화산 지대이자 혹한기가 긴 가루이자와의 풍토로는 상당히 어려운 환경이었다. 나오요시는 단골이던 만페이 호텔의 사토 만페이(초대)에게서도 지혜를 빌려 호텔업을 시작하게 되었다. 따라서 공사감독은 초대 만페이가, 도편수는 만페이 호텔 건설을 청부받았던 고바야시 다이조小林大造가 담당했다. 이 일에 대해《만페이 호텔 이야기》는 이렇게 서술한다.

> (만페이는) 영업상 적이 되는 호텔 건축의 감독직을 받아들였다. 마음이 넓었거나, 데릴사위인 구니사부로가 경영하는 호텔에 자신을 갖고 있어서 그랬는지는 모르겠지만 대단한 도량이라 할 수 있을 것 같다.

미카사 호텔은 1906년(메이지 39년)에 객실 30실의 규모로 개업했다. 가루이자와의 첫 서양식 건축 호텔인 가루이자와 호텔이 영업을 개시한지 7년 뒤, 그리고 만페이 호텔이 지금의 자리인 사쿠라노사와로 이전해서 영업을 시작한지 4년 뒤의 일이다. 다만 미카사 호텔은 다른 호텔에 비하면 가루이자와 역에서 멀리 떨어져 불편한 장소에 있었다. 그래서 손님들이 역과 호텔을 오가는 데 마차를 이용했던 모양이다. 앞에 나온《가루이자와 이야기》에서 나오요시의 차남 나오미쓰와의 이야기가 실려 있다.

호텔에서 제일 멀기 때문에 마차로 역까지 마중을 갑니다. 손님이 돌아갈 때도 역시 마차로 가지요. 전체적으로 서비스며 요리는 좋았을 겁니다. 그렇지만 호텔로서는 객실 수가 너무 적었습니다. 고작 여름 두 달을 바라보는 비즈니스였기 때문에 몇 년이 지나도 흑자 경영을 하지 못했던 것 같습니다. 한랭지인 가루이자와는 특히 겨울영업이 어려웠고 만페이 호텔도 겨울철 영업을 시작한 것은 전후(戰後)부터입니다. 호텔을 접수한 연합군 측의 뜻에 따라 난방설비를 갖추었기 때문이지요.

나오미쓰의 말대로 초기에는 영업 면에서 고초를 겪었던 묘양인지 신문에 "평소에는 휭 하고 고요한 미카사 호텔"이라 보도할 정도였다.

고딕 양식 풍의 중후한 건축

예전의 미카사 호텔은 지금도 여전히 녹음에 둘러싸여 아름다운 자태를 간직하고 있다. 일본인의 손으로 지은 순 서양식 목조 호텔이란 점이 높은 평가를 받아 국가의 중요문화재로서 보호를 받고 있기 때문이다. 2장에서 다룬 일본에서 가장 오래된 호텔 건축의 산 증인인 호헤이칸이 중요문화재로 지정되어 '축복 받은 건축'이라고 불렸듯이 미카사 호텔도 현역 시대는 물론이고 여전히 '축복 받은 건축'이라고 할 수 있지 않을까?

미카사 호텔은 오카다 도키타로岡田時太郎가 설계를 맡았다. 그렇지만 앞에 나온《가루이자와 별장사》에 의하면 나오요시가 오카다에게 설계를 의뢰한 경위가 분명치 않다고 한다. 그러나 오카다의 약력과 미카사 호텔의 건축적인 특징이 기록되어 있어 간단히 정리해 보았다.

오카다는 당시 건축계의 천황이었던 다쓰노 긴고 박사와 같은 고향인 가라쓰唐津 출신이었는데, 근무하고 있던 철도국을 그만두고 어릴 적부터 친하게 지내오던 다쓰노와 함께 구미로 건너가 경험을 쌓아, 수년 후에 귀국하여 다쓰노의 밑에서 일본 은행 등의 조영造營[68]에 종사한다. 그 후 독립하여 와인관인 규큐牛久셔트를 설계했고 요코하마 그랜드 호텔 개장改裝 공사 등에도 관여하다가 미카사 호텔을 만난다. 아울러 규큐셔트란 전기 브랜(전기 브랜디의 약어로 브랜디에 벨모트나 큐렛소 등을 섞은 특제 칵테일)을 판매하는 도쿄 아사쿠사의 가미야神谷바의 창업자로 유명한 가미야 덴베에神谷伝兵衛가 시작한 와인 양조장을 말한다. 오카다는 그 양조장의 본관을 일본 성곽의 문과 비슷한 당당한 벽돌건축으로 표현했다(지금은 레스토랑으로 영업 중이다).

오카다는 호쾌한 성격으로 어느 한 곳에 머물지 못하는 버릇이 있었던 모양인데(아니면 무엇인가 다른 문제가 생겼는지도 모르지만) 미카사 호텔의 완공을 보지 못하고 건설 공사 도중에 만주로 건너가 버린다. 그리고 그 새로운 땅에서 활약한다. 참고로 오카다 도키타로의 활동과 경력은 니시자와 야스히코西沢泰彦의 《바다를 건넌 일본인 건축가海を渡った日本人建築家》에 상세하게 서술되어있다. 이 책에 의하면 오카다는 다롄大連에서 가부키 극장이며 세관청사, 가네시로金城 호텔 등을 설계했는데 설계 업무 뿐만 아니라, 이른바 종합건설로서의 조직을 확립하는 데 힘을 쏟았고 66세로 다롄에서 생을 마감했다.

그러면 미카사 호텔의 건축적인 특징은 어떠했을까? 이 호텔은 목조건축이면서 고딕 양식의 중후함을 갖추고 있는 점이 먼저 눈길을 끈다. 좌우 양쪽으로 凹자 형의 구조의 이룬 건물 배치, 가로와 세로의 선을 강조한 외벽, 커다란 창 테두리, 경사가 심한 슬레이트 지붕이 어우러져 장엄한 분위기를 자아내고 있다.

68) 신사 • 불사 • 궁전 • 가옥 등을 짓고 관리하는 것.

내부의 가구나 세간 종류로는 등나무 제품과 초기 가루이자와 식장식을 한 것들로 채웠으며, 커튼 박스에는 아리시마 다케오의 동생인 이쿠마生馬화백이 도안한 소나무와 학을 새긴 작품을 배치했다(화백은 식기의 문양도 그렸다). 노기乃木[69] 대장과 히가시 후시미노미야東伏見宮[70]가 체재한 특별실에는 영국제 비단을 깐 의자가 놓여있었다고 한다. 변기도 영국제를 사용했으며 당시로서는 아직 드물었던 수세식이 도입되었다. 앞에 나온 야마모토 나오미쓰는 《가루이자와 이야기》 속에서 이렇게 술회한다.

> 나는 당시 철부지 어린아이였는데 화장실에서 줄을 잡아당기자 물이 확 쏟아지더니 그칠 줄을 모르는 겁니다. 얼마나 놀랐는지 몰라요. 고장을 낸 줄 알고 얼굴이 새하얗게 되어 프런트로 달려갔어요. 아직은 수세식 화장실을 다른 데서는 볼 수 없는 시대였는데, 미카사는 물이 풍부했기 때문에 수세식 화장실을 놓을 수가 있었던 거지요.

엘리트 실업가 나오요시가 세운 미카사 호텔은 한마디로 말하면 지역민이 지은 만페이 호텔이나 가루이자와 호텔과는 다른 분위기를 풍겼다. 나오요시는 호텔만 세운 것이 아니라 도자기요를 만들어 교토에서 도예가를 불러 미카사 도자기를 만들게 하기도 했다. 제품 중에는 낙엽수 관목의 줄기를 이용한 세공품이 있는데 지금은 명산품으로 각광을 받고 있다.

또한 미카사 호텔은 개업 후 잠시 동안 적자 운영이 계속되면서 나

69) 노기 마레스케(1849~1912), 무사이자 메이지 시대를 대표하는 군인. 육군 대장. 제10대 학습원 원장. 메이지 천황이 죽자 부인과 함께 순사, 당시 일본 국민에게 충격을 주었다.

70) 히가시후시미노미야 친왕(1867~1922), 황족, 해군 군인.

오요시는 호텔 운영에 대한 관심이 멀어졌는데 기린맥주의 판매로 사업적인 성공을 거둔 도쿄 교바시 메이지야明治屋의 이소노 조조磯野長蔵 사장이 1925년(다이쇼 14년)에 사들인다. 앞에 나온《가루이자와 별장사》에 의하면 메이지야가 경영을 해도 이익을 낼 수 없었지만 이소노는 "이 호텔을 소유하는 것이 내 인생의 보람이나 다름없다"고 했다 한다.

호화 여객선을 타고 요리 수업을 하다

하타고 가메야에서 발전한 만페이 호텔은 가루이자와 호텔이나 미카사 호텔과 같은 경쟁 상대를 맞이하면서 구 가루이자와에서 지금의 사쿠라이자와로 이전했다. 1902년(메이지 35년)의 일이다. 건축을 담당한 것은 미카사 호텔을 청부받은 고바야시 다이조로 가루이자와 최고의 도편수로 불린 목수다. 새 만페이 호텔은 목조로 지은 초등학교 건물을 연상하게 하는데 겉모습은 소박하게 보였지만, 약간 높은 구릉으로 주변이 둘러싸여 있고 그 구릉 너머로 아사마산浅間山이 바라보이는 데다 양질의 지하수를 확보할 수 있는 좋은 환경 덕택에 외국인 피서객들이 만족스런 반응을 보였다고 한다.

도면상으로는 한 가운데에 있는 현관을 들어서면 홀이 있고 정면에 프런트와 계단, 왼쪽에 식당, 오른쪽은 베란다가 있는 응접실이 있다. 식당의 커다란 창으로 아사마산을 볼 수 있다. 응접실 안쪽에는 살롱과 객실이 네 개, 2층에는 18개의 객실이 있는데 남쪽 객실은 화양 절충식이고 창 쪽에는 넓은 테두리를 둘렀다. 또 객실에는 새 침대를 들였고 나이트 테이블 아래에는 '포'라는 휴대용 변기를 마련해 놓았다.

그렇듯 시설 내용이 대폭 개선되어 호텔이라는 명칭에 손색이 없는 모양새를 갖추게 된다. 그렇게 하는 데는 가메야 시절부터의 단골 외국인 피서객들의 조언이 큰 도움이 되었다고 한다.

또 당시 대부분 외국인들이 만페이 호텔을 이용했기 때문에 언어에 대한 약점이 있는 고객이 안심하고 묵을 수 있도록 1905년(메이지 38년)부터 순사를 상주시켰다. 호텔이 일정한 비용을 부담해서 순사를 파견하도록 하는 청원 순사제도를 이용한 것이다. 당시 마쓰리와 같은 행사가 있을 때 조슈上州(고즈케노구니上野国의 약칭으로 지금의 군마현) 방면에서 도박꾼들이 흘러들어왔기 때문에 안전을 확보하려 했던 것이다.

식사에도 각별히 힘을 쏟았다. 초대 만페이가에 데릴사위로 들어온 구니사부로(2대째 만페이)는 요리 수업을 위해 1905년(메이지 18년)에는 미국행 여객선에, 그리고 1908년(메이지 41년)에는 호주행 여객선에 조리사 신분으로 승선하여 혀의 감각을 연마했다. 당시 해외 여행의 수단은 선박이었고 거기에서 나오는 식사는 일품요리였기 때문에 그 방법을 택한 것이다.

구니사부로가 맨 처음 여객선을 탄 시기는 만페이 호텔이 아사마관(17실)을, 가루이자와 호텔이 신관(18실)을 증축한 해였다. 그 이듬해에는 미카사 호텔이 개업을 했고 또 그 이듬해에는 미카사 호텔이 일본관을 증축하는 등 세 개의 호텔이 확장 경쟁을 펼치던 때였다.

일본인에 의해 '재발견' 된 피서지

그런데 닛코든 가루이자와든 외국인에 의해 '발견' 된 피서지로서 발전을 했지만 일본인에 의해 '재발견' 되어 발전한 곳도 알아둘 필요가 있을 것 같다. 그 과정이 일본의 근대화와 밀접하게 관련이 있기 때문이다.

그 첫 번째 단계가 철도의 개통이다. 먼저 닛코의 경우를 보면, 1890년(메이지 23년)에 우쓰노미야에서 닛코까지 개통을 하면서 우에노에서 닛코까지 도중에서 갈아타지 않고 바로 갈 수 있게 되었다. 같은 해 8월 2일자 〈시모쓰케下野신문〉이 닛코철도 개통식에 참석한 내빈의 이름을 황족인 "고마쓰미야小松宮 부처, 기타시라카와미야北白川宮비를 비롯해 마쓰가타松方 대장성 장관, 이노우에 철도국장, 도치기현 외 아이치, 후쿠시마, 아키타, 돗토리 [……] 등 14부현의 지사"라고 보도했다. 피서지로서 발전하기 시작했다고는 하나 일개 지방의 철도 개통에 그렇게 많은 인물들이 얼굴을 내밀었다. 그만큼 바람이 컸던 철도였다고 할 수 있을 것이다. 그전까지 우쓰노미야에서 닛코까지 사십 수 킬로는 마차나 인력거 등을 이용했다. 그 결과 이듬해부터 닛코 정차장 앞에는 잇달아 료칸이 들어섰다.

이어서 가루이자와를 보자. 이미 언급했듯이 1893년(메이지 26년)에 요코하마-가루이자와 구간의 우스이선이 개통이 되면서, 우에노—나오에쓰 구간 전선이 개통을 했다. 그리고 그 해 해군 대령으로 근무하던 야쓰타 유지로八田裕二郎에 의해 가루이자와에서 최초의 일본인 별장이 들어섰고 이후 일본인 별장이 늘어간다. 마침내 가루이자와에 별장을 갖고 있는 것이 그 인물의 지위를 나타내는 징표가 되었다.

내가 갖고 있는 자료 중에 가루이자와 센가다키에서 500엔 서비스 별장(토지 100평, 신축 건물, 전등 수도설비 완비)을 판매할 목적으로 만든 팸플릿이 있다. 판매처는 쓰쓰미 야스지로堤康次郎가 1920년(다이쇼 9년)에 창업한 하코네 토지주식회사로 훗날 세이부 콘체른의 중심적 기업이 되는 국토계획 흥업(지금의 고쿠도)의 전신이다.

사진 24 하코네 토지주식회사가 500엔 서비스 별장을 판매하기 위해 발행한 '가루이자와 • 센가다키의 프로필' 서비스 별장이란 6첩71) • 4첩반 • 2첩 짜리 방에 부엌과 목욕탕, 테라스가 붙어 있는 것이었다.

센가다키 별장의 판매는 개발 당초에는 그다지 호조를 보이지 않았지만 피서객과 별장 수에서 일본인이 외국인을 웃도는 1928년(쇼와 3년)에 아사카노미야가朝香宮家의 별장이 건설되면서 품격이 오르고 크게 탄력이 붙기 시작했다. 앞의 팸플릿은 35년(쇼와 10년) 전후의 것으로 보이는데 "센가다키를 애호하고 휴양과 사색의 오아시스로서, 이미 별장을 마련하신 아사카노미야를 비롯, 주요한 지식인 계급 여러분들은 다음과 같습니다"라고 말문을 열고 170명에서 180면 정도의 소유자의 이름을 나열해 놓았다. 대학교수나 실업가들을 실명으로 제시하고 있다. 명사의 이름을 적시함으로써 또 다른 명사들을 불러들인다는 것이 가루이자와

71) 첩(疊)은 다다미를 세는 단위로 6첩은 다다미 여섯 장 크기의 방을 말한다.

의 특색이었다.

이렇듯 철도의 개통은 피서지의 호텔이나 료칸과 일본인 별장의 증가, 즉 일본인의 방문을 촉진했는데 일본인의 체류가 두드러지면서 도입된 것이 또 하나 있다. 호텔 전화의 부설이다. 닛코에서는 앞서 살펴본 대로 1907년(메이지 40년)에 도치기현의 첫 전화가 닛코 가네야 호텔에 설치되었다. 가루이자와에서도 피서를 위해 방문한 당시의 수상 가쓰라 다로桂太郎 일행의 요청으로 가루이자와에 전화 개설에 대한 이야기가 논의되자 만페이 호텔도 서비스의 일환으로 그 계획에 온 힘을 쏟았다. 그 결과 1910년(메이지 43년)에 미카사 호텔은 15번, 만페이 가루이자와 호텔은 20번, 만페이 호텔은 22번을 받았다.

2. 온천욕장과 해수욕장의 발전

질병 치료에서 유흥 수단으로

온천 천국으로 불리는 일본에서는 옛부터 온천이 질병 치료로 이용되어 왔는데, 장기 요양 치료를 위한 경우가 대부분이었다. 예를 들면 에도 시대 초기 하코네에서는 세 차례 순례(21일간)가 대부분으로 에도의 상인들조차 지극히 한정된 숫자만 질병치료를 위해 온천을 찾을 수 있었다.

그러나 그런 상황이 크게 바뀌게 된다. 1805년(분카文化 2년)에 하루밤 질병치료를 둘러싼 논쟁이 일어난 것이다. 하코네 유모토箱根湯本의 온천장이 일박을 하는 여행자를 많이 받는 것에 대해 오다와라小田原의 숙박업자들이 자신들의 영역을 침범했다고 반발하며 소송을 일으켰다. 이에 대해 하코네 유모토는 에도를 오가는 길에 자리를 잡고 있어 예로부터 원래 하루 이틀간 질병치료를 위해 묵은 손님이 많았다는 것, 그렇지만 하룻밤을 머무는 숙박객은 문제를 삼을 정도로 많지는 않다는 것, 오히려 감소하는 추세라 온천 장사가 잘 안 되어 문을 닫는 집도 늘어나고 있음을 주장했다.

그 결과 하코네 유모토 측의 주장이 인정을 받아 하룻밤 치료가 공인되었다(《하코네유모토・도노사와 온천의 역사와 문화箱根湯本・塔ノ沢温泉の歴史と文化》). 즉 질병치료가 아니더라도 서민들이 온천을 즐기면서 몸을 담그게 되었다는 것이다. 실제로 그후 오야마코大山講[71]나 후지코富士講 등의 여행자가 수행을 마치는 의미에서 온천을 즐기는 경향은 한층 더 확산되었다.

질병치료에서 유흥으로—온천 이용법은 이런 식으로 변질되었는데, 개국과 더불어 외국인이 일본에 오면서 그들도 행락적인 분위기로 바뀐 일본의 온천에 주목하기 시작했다. 이미 지적했듯이 극히 소수이긴 하지만 메이지 유신 전부터 외국인은 하코네의 미야노시타에서 '나라야 호텔' 이라는 간판을 내건 나라야 료칸에 묵으며 온천을 즐겼다. 처음에는 남녀 혼탕 풍경에 눈이 휘둥그레진 사람도 있었으나 시간이 흐르면서 그들도 점점 일본의 온천을 자신들의 리조트로 생각하게 되었다.

예를 들면 1884년(메이지 17년) 하코네에 시찰을 나온 가나가와 현령 오키 모리구니沖守国는 자신의 일기에서 여름 동안 하코네 온천을 찾은 외국인은 234명으로, 전체 손님의 3할을 차지하기에 이르렀다고 기록했다(《하코네 온천사箱根温泉史》).

하코네의 온천 풍경은 순식간에 변했고 그 후 외국인 리조트지로 순조롭게 발전해간다. 그 배경에는 요코하마 거류지에 모여드는 외국인이 늘어났다는 것, 또 하코네 자체가 커다란 매력이 있다는 것을 들 수 있지만, 특히 외국인이 안심하고 머물 수 있는 후지야 호텔의 존재를 무시하고서는 이야기 할 수 없을 것이다.

야마구치 구메조와 진푸루

그 호텔의 창업자인 야마구치 센노스케는 1851년(가에이嘉永 4년) 한방 의사인 오나미 쇼즈이大浪昌随의 아들로 태어났다. 출신지는 지금의 요코하마시 미나토구 오조네, 그리고 열 살 때 야마구치 구메조山口粂蔵의 양자가 되어 성이 야마구치로 바뀐다.

한편 구메조는 우쓰노미야시宇都宮市 이시바시초石橋町 출신으로 대대적인 발전을 거듭하던 요코하마로 나와 미요자키초(지금의 요코하마 스타디움 근처)의 유곽촌에서 이세루伊勢楼를 경영하고 있었다. 당시 요코하마에는 막부의 천거로 유곽이 번성했다. 원래는 개국과 더불어 유입해 들어오는 외국인을 쉽게 관리하기 위해 만들어 놓은 것이었는데 요코하마가 발전하면서 동시에 유곽도 번성한 것이었다. 그 중에서도 막부의 요청에 맨 처음 응한 시나가와숙品川宿의 기생집 주인 사토 사시치佐藤佐七가 경영하는 간키루岩亀楼는 막부에서 보낸 외국인 손님을 독점적으로 받아들이고 있었다. 그렇지만 간키루만 막부의 은혜를 통째로 입는 것에 불만을 품고 발언력을 키운 인물이 있다. 그것이 바로 이세루의 야마구치 구메조인데 결국 그의 노력 덕분에 어느 집이든 외국인 손님을 받을 수 있게 되었다.

구메조는 센노스케를 양자로 받아들일 무렵인 1860년(만엔 원년)에는 간키루가 36명의 기생을 데리고 있던 데 비해, 자신의 가게는 23명을 거느리고 있었다(가와모토 요시카즈川元祥一, 《개항 위안부와 피차별

부락開港慰安婦と被差別部落》). 그리고 64년(간지元治 원년)에는 진푸루神風樓를 개업해서 갈수록 세력을 확장, 간키루를 따돌렸다. 또 구메조는 간키루에 앞서거니 뒤서거니 하면서 자가발전 장치를 만들어 밤중에도 진푸루를 환하게 밝혔다. 그는 한때 전력회사를 만들어 마을에 전기를 공급하기도 했다.

그런데 매춘과 관련된 문제에 대해 나는(―저자) 진푸루의 경우는 당연한 것처럼 서술을 해왔는데 후지야 호텔의 동일한 과거 이야기는 금기시되어 왔다. 야마구치 유미山口由美의 《하코네 후지야 호텔 이야기箱根富士屋ホテル物語》는 "세계의 빈객들이 묵는 명문 호텔이 원래는 유곽이었다는 사실을 아예 없애버리거나 어둠 속에 묻어두고 싶다는 이유 때문이었을 것이라고 본다"고 서술하고 있다. 그러나 외국인을 상대로 장사를 한 까닭에 오히려 일개 평민에 지나지 않았던 센노스케의 눈이 밖으로 열릴 수 있었을 것이고, 거기에서 부를 축적함으로써 당시로서는 드물던 호텔 사업을 전개하려는 야망을 품을 수 있었을 것이라 덧붙이고 있다. 분명 야마구치 유미의 지적대로일 것이다.

센노스케는 번영을 구가하던 구메조의 밑에서 크게 성장을 하여 마침내는 미국으로 건너갈 것을 결의한다. 정확히 20세가 되던 1871년(메이지 4년)의 일이다.

후쿠자와 유키치와 하코네의 근대

센노스케가 미국을 향해 여행길에 나선 것은 이와쿠라 사절단이 출발한 한 달 후로 추정된다. 이전에는 구미 시찰을 위해 파견된 이와쿠라 사절단의 유학생들과 함께 찍은 사진이 있어 센노스케가 사절단과 동행한 것으로 추측되기도 했지만, 당시 모든 해외 도항자들에게 나누어 주었던 '규칙' 이 후지야 호텔에 남아있어 그 날짜로 판단해보면 1개월 늦게 출발한 것이 정확할 것으로 보인다.

그것은 그렇다 치고 센노스케는 잠시 동안 미국에 머물다가 소 일곱 마리를 끌고서 귀국한다. 목축 사업을 계획했던 모양이다. 그러나 생각처럼 순조롭게 진행되지 못했고 종우種牛를 고마바駒場 권업료(도쿄대학 농학부의 전신)에 팔아버린다. 목축의 꿈을 접은 센노스케는 1874년(메이지 7년) 계몽사상가 후쿠자와 유키치福沢諭吉가 세운 게이오 의숙에 입학한다. 그러나 후쿠자와에게 "자네 성격으로 보아 앞으로 공부를 할 게 아니라 실업계에 투신해서 일가를 이루는 게 좋겠군"(《후지야 호텔 10년사》이라는 충고를 듣고 새롭게 사업 쪽으로 진로를 바꾸었다.

그 무렵 후쿠자와는 가끔 하코네箱根에 들렀다. 《하코네 온천사》에 따르면 "메이지 초기 무렵부터 하코네 7대 온천을 방문, 도노사와塔ノ沢의 후쿠주 기헤이지福住喜平治가 운영하는 온천에 자주 묵었다". 하코네 7대 온천이란 유모토, 도노사와, 도가지마堂ヶ島, 미야노시타, 소코쿠라底倉, 아사노유芦ノ湯, 기가木賀 온천을 말한다.

후쿠자와는 발진티부스에 걸려 회복 후 휴양을 위해 아타미熱海 온천에 머문 1870년(메이지 3년), 유모토를 거쳐 도노사와에 들렀다. 그 때 하코네의 자연에 흠뻑 매료되었던 것 같다.

그러고 나서 3년 후 후쿠자와는 하코네 온천에 대해 제언 하나를 글로 남겼다. 요약하면 온천장 경영자들의 시대를 내다보지 못하는 폐쇄성을 거세게 질타하고, 유모토에서 도노사와까지 도로를 개설하면 하코네는 번성할 것이라는 내용이다. 후쿠자와가 제언한 하코네산의 도로 개설은 유모토-오다와라 간은 1880년(메이지 13년)에, 유모토-도노사와

간은 그 이듬해에 완성, 훗날 발전의 기초를 쌓았다.

또 1879년(메이지 12년)에는 하코네 센고쿠바라仙石原에 고보쿠샤耕牧舍를 개업했다. 이것은 훗날 데이코쿠 호텔 주주인 시부사와 에이이치와 마스다 다카시益田孝 등의 출자로 개설된 목장이다. 하코네를 찾은 외국인들 상대로 우유와 버터, 쇠고기를 제조 판매했다. 이 고보쿠샤의 영업은 맨 처음부터 책임자였던 스나가 덴조須永伝蔵가 세상을 뜬 이듬해인 1905년(메이지 38년)까지 계속되었다.

한편 야마구치 센노스케는 그 무렵 어떻게 하고 있었을까? 후쿠자와 유키치로부터 사업을 하라는 권유를 받은 그는 후쿠자와가 사랑하고 또 크나큰 가능성을 감추고 있던 하코네에서 일거리를 찾았다.

그런데 왜 호텔업이었을까? 그 의문을 푸는 열쇠로서 앞에 나온 《하코네 후지야 호텔 이야기》는 존 에드워드 코리어라는 인물에 주목하고 있다. 코리어는 요코하마 거류지에서 식육점을 운영하면서 진푸루의 경영자 구메조의 양녀 도메와 매우 가깝게 지내던 인물이다. 그가 있었기 때문에 센노스케는 호텔 경영에 필요한 서양의 라이프스타일에 대한 지식을 얻을 수가 있었다. 그래서 구메조에게 지원을 청하고 거기에다가 종우를 판 자금을 더해서 미야노시타의 후지야藤屋라는 료칸을 사들였다. 후지야는 미야노시타의 나라야와 마찬가지로 안도 하야토노스케의 후손인 안도 간에몬安藤勘右衛門이 경영하고 있던 시니세다.

당시의 후지야는 《후지야 호텔 80년사富士屋ホテル80年史》에 의하면 "무가 출신의 전통있는 가문이었기 때문에 그릇이나 일상용품 등은 당시로서는 상당히 호화스러운 것이었는데, 외국인을 위한 설비는 근근이 요구에 응할 정도에 지나지 않았다"고 한다. 그래서 구메조와 센노스케는 기존의 건물에 삼 층짜리 양식 건물을 더 짓고 후지야富士屋 호텔로 이

름을 바꾸어[72] 1878년(메이지 11년)에 개업했다. 그런데 7월 4일자 〈도쿄니치니치신문〉에 실린 개업 광고에는 "요코하마 다카시마초 진푸루 지점 후가쿠칸富嶽館"으로 되어있다. 진푸루의 높은 지명도를 이용한 것으로 상상되지만, 보이지 않는 구메조의 발언력도 한 몫을 했다고 할 수 있을 것이다.

그러면 진푸루의 지명도를 이용해서 개업을 한 직후의 영업 상태는 어떠했을까? 앞에 나온 《80년사》는 "이른바 풋내기인 후지야 호텔로서는 고객을 확보하기까지의 어려움이 이만저만이 아니었다. 특히 안내업자가 끼어듦으로서 상황이 한층 더 악화되었고, 창업을 하자마자 격렬한 경쟁의 소용돌이에 휘말렸다"고 서술한다. 바로 눈앞에 있는 나라야료칸은 유신 전부터 외국인을 받은 경험도 있고, 안내업자도 예전부터 알던 사이였기 때문에 후지야보다 몇 걸음 더 앞섰던 것 같다.

그래도 어렵사리 본 궤도에 올랐는지, 후지야 호텔에 머문 영국인은 30명의 외국인이 묵고 있었음을 저서에 기록해 놓았다. "아주 유치하기는 했지만 양식 설비를 갖추어 놓았다"는 것, 아직 도로 사정이 좋지 않은데 영국 빵을 들여와 식탁에 내놓는다든지 했던 것을 보면 점차 강점을 발휘해 나갔던 것 같다.

그렇지만 그러한 경영노력도 물거품이 되어버리는 날이 온다. 1883년(메이지 16년) 12월 미야노시타에서 대화재가 발생하여, 후지야 호텔이 완전히 잿더미로 변해버린 것이다.

---

72) 구메조와 센노스케가 후지야료칸을 매수하여 호텔로 이름을 바꾸는 과정에서 본래 사용된 '후지야'라는 음을 그대로 차용하여 후지야 호텔이라 한 것이다. 藤屋과 富士屋은 동음이자(同音異字)다.

일본 취향의 본관 건설

미야노시타의 대화재로 후지야 호텔은 전소해버렸다. 그런 사정은 나라야 호텔도 마찬가지였다. 그러나 양쪽 모두 의외로 빨리 재기했다.

야마구치 센노스케는 양아버지인 구메조에게 원조를 요청, 다시 출발점에 섰다. 《후지야 호텔 80년사》에는 이렇게 쓰여 있다.

> 그(센노스케)는 요코하마로 나와 양아버지의 사업(진푸루를 말함)을 도와 밤 근무를 하거나 그밖에 잡다한 일을 도맡아 하면서 인종의 나날들을 보내고 있었다. 그의 성실한 태도는 양아버지의 마음을 움직여, 이듬해인 17년(1884년) 2월 28일 양부로부터 처음으로 일금 150엔을 빌려 3월 1일부터 미야노시타에서 재기에 착수했다.

최종적으로 센노스케의 차입금은 2400엔에 달했는데, 이것으로 단층 건물(12실)을 완성하고 1884년(메이지 17년) 7월에 영업을 재개했다. 화재로부터 약 반년 후의 일이다. 그리고 이듬해에는 객실 14개와 식당 등을 갖춘 일본관, 그 이듬해에는 객실 10개의 양관, 그리고 다시 그 이듬해에는 일본관 2동에 객실 15개를 더 늘리는 식으로 매년 증축을 함으로써 규모를 확장해갔다.

한편 나라야도 일본식 건축의 본관을 세움과 동시에 당시로서는 눈이 휘둥그레질 정도의 양관 3층 건물을 당당하게 건설해서 후지야 호텔에 대항한다. 어쨌든 합계 51실이 된 후지야 호텔은 드디어 핵심적 역할을 하게 될 본관(추정 객실 수 22개) 건설에 착수해서 1891년(메이지 24년) 완성을 본다. 이 건물은 훗날 여러 차례 손질이 가해졌지만 지금도 본관의 기능을 하고 있을 뿐 아니라, 신사나 사찰 건물을 연상시키는 일

사진 25 후지야 호텔에서 이용객들의 마중과 배웅을 하기 위해 1914년(다이쇼 3년)에 후지야 자동차 주식회사를 설립하면서 리조트의 교통사정이 크게 바뀌었다. 처음에는 인력거나 체어(등나무 의자 밑에 대나무 막대기 두 개를 붙여 네 명이서 메고 다니는 신형 산악용 가마) 인부들의 방해 행위가 있었다고 한다.

본 취향이 개업 이래 후지야 호텔의 이미지로 자리 잡았다. 그런 의미에서는 후지야 호텔의 입장에서 본관 건설은 사활을 건 전략이었다고 할 수 있을 것이다.

이 본관을 비롯한 후지야 호텔의 건축적 가치를 분석한 요코하마 국립대학 공학부 조교수 요시다 쓰나이치吉田綱市의 《후지야 호텔 건축富士屋ホテル建築》에 의하면 시공은 오다와라 사카니무라小田原酒内村 출신 가와하라 헤이지로河原兵次郎가 관여했다고 한다. 헤이지로는 수많은 목수를 배출한 오다와라 지방에서 이름을 날린 도편수 고지마가小島家 출신으로 요코하마 거류지에서 건물 시공을 경험하면서 서양식 건축 기술을 익힌 인물이다.

그러나 요시다는 후지야 호텔은 "건축가가 지은 건축이라기보다는 건축을 잘 아는 시공주의 건축" 이라고 평가한다. 본관 내부의 기본 구

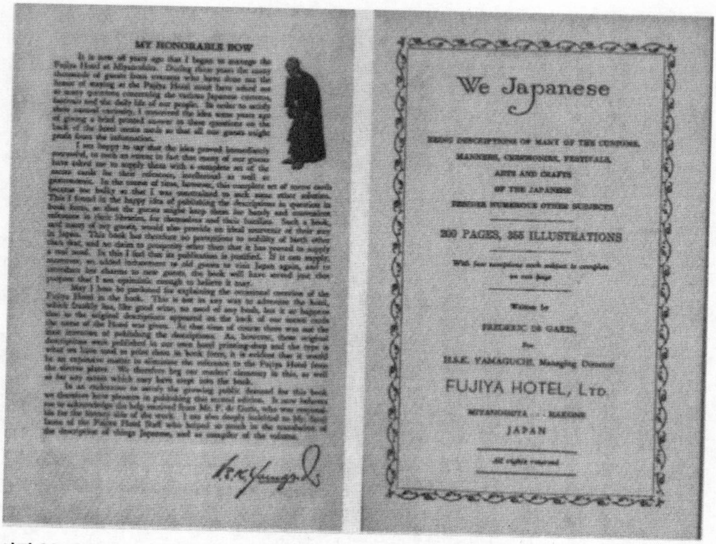
MY HONORABLE BOW

We Japanese

FUJIYA HOTEL, LTD.

JAPAN

사진 26 초판이 1934년(쇼와 9년)에 발행된 후지야 호텔의 *We Japanese*의 속표지와 야마구치 쇼조의 인사말.

조는 서양식 건축 형식을 띠고 있지만 치도리하후를 댄 이리모야 형식의 커다란 지붕이며, 공작이나 봉황의 모양을 본뜬 처마 끝의 장식 등 외관에서 세부의 장식에 이르기까지 오늘날에도 볼 수 있는 온통 일본풍의 의장으로 꾸며놓았다. 그렇듯 철저한 꾸밈새로 보아 거기에 나타난 일본 취향은 시공주의 의향에 따른 것이라는 뜻이다.

그러면 센노스케는 어째서 호텔에 일본 취향을 투입한 것일까?

그 이유로서 하세가와 다카시長谷川堯의 《일본 호텔 박물관日本ホテル博物館》은 매우 흥미로운 지적을 한다. 하세가와는 센노스케의 가슴 속에는 쓰키지 호텔관에 일본식 의장을 실현한 시미즈 기스케와 마찬가지로 '민족적 긍지' 가 있었던 게 아닌가 하고 추측한다. 기스케는 요코하마 거류지에서 서양식 건축을 공부하는 사이에 일본인으로서의 자각에 눈을

뜬 것 같은데, 센노스케도 요코하마에서 자랐고 게다가 미국에서의 생활 경험도 있었다. 그러한 배경이 작용을 해서 화양 절충의 독특한 호텔이 탄생된 것이 아닐까?

물론 '후지야마와 게이샤(후지산과 기생)'라는 외국인의 일본에 대한 이미지에 영합한 것이라 볼 수도 있다. 그저 이국 취향을 만족시켜 주려 했을 뿐이라는 견해도 있을 수 있다. 그렇지만 그것만으로는《영어 고지키英語古事記》나《일본 여행안내日本旅行案內》등을 쓴 일본 문화에 대한 위대한 연구가 바질 홀 체임벌린Basil Hall Chamberlain을 비롯한 외국의 지식인들을 고객으로 맞아들일 수는 없었을 것이다.

그들은 아마 센노스케에게서, 그리고 후지야 호텔에서 '민족적 자긍심'을 보았기 때문에 매력을 느끼고 단골 고객이 되었을 것이라 생각한다.

훗날의 이야기인데 후지야 호텔은 1934년(쇼와 9년)에 *We Japanese*라는 영문 서적을 발행했다. 두 권 합계 약 400페이지에 걸쳐 일본 문화를 상세하게 소개한 책이다. '머리말'에는 2대째 경영자인 야마구치 쇼조山口正造가 쓴 한 문장이 실려 있다. 거기에는 후지야 호텔에서는 오랫동안 외국인 고객을 맞아들이면서 일본의 관습이며 마쓰리, 일상생활에 대해 많은 질문을 받았다는 것, 그래서 식사 때마다 메뉴판 뒷면에 일본 문화를 간단히 소개한 글을 실었다는 것, 그러던 차에 점차 좀 더 자세한 정보를 알려달라는 목소리가 많아졌다는 것 등이 쓰여 있다.

그런 과정을 통해 이처럼 의미 있는 책이 발행된 것인데 출판사도 아닌 일개 호텔이 이런 책을 발행했다는 점에서 예사롭지 않은 느낌을 준다. 이것도 센노스케의 민족적 긍지의 산물이라고 한다면 지나친 판단일까?

또한 앞의 요시다의 글에 의하면 모더니즘 건축의 역사는 오랜 동안 후지야 호텔과 같은 건물을 키치라고 해서 무시해왔다고 한다. 건축계에서 무시를 당하면서도 공교롭게도 후지야 호텔은 수많은 명사들의 사랑을 받는 호텔이 되었다.

사진관을 개업한 시마 슈키치의 존재

본관이 완성된 후의 이야기를 하기 전에 잠깐 시계바늘을 후지야 호텔 개업식 무렵으로 되돌려보자. 그것은 개업 때부터 후지야 호텔의 귀중한 기록을 사진으로 남긴 시마 슈기치嶋周吉와 지금도 후지야 호텔 바로 앞 국도 1호선에 접한 장소에서 영업을 계속하고 있는 시마 사진관에 대해서 언급해 둘 필요가 있기 때문이다.

당시로서 사진은 아주 진귀한 물건이었다. 예를 들면 일본 직업사진가의 선구자라고 할 수 있는 요코하마의 시모오카 렌조下岡蓮杖나 나가사키의 우에노 히코마上野彦馬는 거의 비슷한 시기인 1862년(분큐 2년)에 사진업을 개업했는데, 그러고 나서 16년 후에 도회지가 아닌 온천 리조트에서 그것도 호텔 전속으로 사진관을 운영했다는 것은 꽤나 선진적인 시도였다고 볼 수 있을 것 같다.

그런 새로운 분야에 도전한 시마 슈키치는 어떤 인물이었을까? 현재 3대째 사진관을 경영하고 있는 슈키치의 손자 시마 아리요시嶋有義의 이야기와 그가 정리한 《시마가의 전해오는 이야기嶋家聴き伝え》를 통해 알아보자.

슈키치는 1846년(고카 3년) 하코네 도가시마 온천에서 에도야라는 숙박업소를 운영하는 요시고로吉五郎의 차남으로 태어났다. 가업은 당연히 장남인 겐키치元吉가 이어받았기 때문에 슈키치는 스스로의 진로를 모색하면서 소년기에서 청년기에 이르는 동안 번민의 나날들을 보내고 있었는데 때마침 외국인 사진가가 에도야를 찾아 왔다. 스무 살을 넘긴 슈키치는 그 외국인이 갖고 있던 사진기에 무척 흥미를 느꼈다. 그래서 슈키치는 자진해서 기자재의 운반이라든가 길안내를 맡았고, 그와 친분을 쌓으면서 사진 기술을 가르쳐 줄 것을 부탁했다. 그러나 사진가의 반응이 신통치가 않았다. "그래서 끝내 할아버지가 상당한 전수료를 지불하고 사진 촬영 기술을 배웠던 것 같습니다"라고 손자인 아리요시는 말한다.

그러면 이 외국인 사진가는 누구였을까? 아리요시는 정확하지는 않다고 하면서도 펠리스 비아토Felice Beato가 아닌가 하고 추측한다. 당시 하코네에 사진을 찍으러 온 외국인은 두 명이 있는데 훗날 슈키치가 촬영한 사진 가운데 비아토가 촬영한 것과 같은 장소, 같은 앵글의 사진이 수십 점 포함되어 있다. 더욱이 촬영을 할 때 함께 있어본 사람이 아니면 도저히 찍을 수 없는 나뭇가지의 형태나 구도를 잡는 방법까지 흡사한 작품이 있다고 한다.

비아토는 베네치아에서 태어나 훗날 영국에 귀화한 인물로 막부 말기에서 메이지 초기에 걸쳐서 일본 각지의 풍경이나 인물을 촬영한 사진가다. "60년 사진을 찍은 나의 냉정한 눈으로 보아 답은 오직 하나!"라고 아리요시는《시마가의 전해오는 이야기》에 써 놓았다.

어찌되었든 사진에서 자신의 인생에 대한 빛을 발견한 슈키치는 마침내 도가시마를 떠나 요코하마와 도쿄에서 한층 사진 기술을 익히는 데 시간을 보낸다.

호텔과 깊은 관계가 있는 사진관

슈키치가 잠시 동안 사진 수업을 마치고 에도야에 돌아오자 후지야 호텔이 개업을 한다. 그래서 기회가 왔다고 판단한 슈키치는 1878년(메이지 11년) 지금도 도쿄에서 사진 재료를 취급하고 있는 시니세 아사누마浅沼 상회에서 고무 셔터식 앤소니라는 카메라 기자재를 구입하여 사진관 개업을 서두른다.

맨 처음 가게가 있었던 장소는 지금보다 후지야 호텔과 약간 더 떨어진 곳으로 미야노시타에서 도가시마로 내려가는 입구 쪽에 자리 잡고 있었다. 그리고 외국인 여행자를 위한 선물용으로 하코네를 비롯해 닛코, 가마쿠라, 심지어는 교토나 나라까지 찾아가 그곳의 풍경을 찍어 사진에 코닥사의 수채물감으로 착색을 해서 판매했다. 또 후지야 호텔과 특별히 계약서를 주고받은 일은 없었지만 촬영 의뢰가 있으면 무슨 일이 있어도 응했다. 나중에 다른 호텔이 사진관을 설치했을 때도 "우리 사진관은 시마씨네 호텔"이라며 후지야 호텔에 따로 사진관을 만들지 않았다고 한다.

> 그러고 나서 2대째의 데릴사위인 야마구치 쇼조 씨 때의 일입니다만, 저희 쪽의 2대째인 요리요시(朝義)도 데릴사위였기 때문에 특별히 친하게 대해주셨습니다. 게다가 쇼조 씨도 사진을 좋아해서 손님에 대한 서비스의 일환으로 유니버셜 콘탁스(Universal Contax)라는 고급 카메라로 자신이 직접사진을 찍어 저희 가게에 현상을 맡기곤 했습니다.
>
> 그러면 저희 가게에서는 그날 바로 프린트를 해서 추가 인화가 필요한 것은 별도로 돈을 받겠습니다! 라고 뒷면에 도장을 찍어 갖다드렸습니다.

시마 사진관은 이리하여 후지야 호텔에 머문 내외 저명 인사들의 기록을 남기는 데 크게 공헌했다.

슈키치에게는 여섯 명의 딸이 있었는데 장녀인 데후는 앞에 나온 후지야 호텔의 단골 고객으로 일본 문화연구가인 체임벌린의 비서였던 가메이 쓰네지로亀井常次郎와 결혼했다. 체임벌린은 그에게 호의를 갖고 있던 야마구치 센노스케가 호텔 부지 안에 서고를 지어주자 그곳을 '오도王堂문고'라 이름을 붙이고 방대한 장서를 소장했는데, 서고가 완성된 시기는 1894년(메이지 27년)에서 그 이듬해까지다. 데후와 조지로의 결혼은 그 후의 일이다.

다만 안타까운 점은 조지로가 1905년(메이지 38년) 감기로 인해 급사한 사실이다. 체임벌린은 그를 자식처럼 사랑했던 것 같다. 장례식 날 호텔로 돌아온 그는 대성통곡을 하며 울음을 그치지 않았다고 한다.

외화 획득을 위해

후지야 호텔 본관이 완성 되고나서 2년 뒤인 1893년(메이지 26년) 야마구치 센노스케는 경쟁 상대이던 나라야 료칸의 주인 안도 헤이지安藤兵治와 협정서를 주고받았다. 그 내용은 후지야 호텔은 외국인 손님을, 나라야 호텔은 내국인 손님을 전문적으로 받아들임으로써 서로가 영역을 침범하지 않겠다는 것이었다. 그런데 이 전대미문의 협정이 맺어진 데는 커다란 이유가 있었다. 《후지야 호텔 80년사》는 그 배경을 이렇게 서술한다.

> 후지야 호텔 창업 이래 미야노시타의 구 나라야 료칸 사이에서 외국인 손님을 빼앗기 위해 말로는 이루 다 설명할 수 없을 만큼 고심참담한 일

> 들이 벌어졌고 [……] 이러한 경쟁은 결국 서로에게 커다란 손실만 키운 꼴이 되었다.

그래서 중개인을 넣어 요코하마의 공증인 사무소에서 공정증서를 작성, 위의 내용과 같은 협정을 맺은 것이다. 그리고 그 계약은 훗날 갱신이 되어 1912년(다이쇼 원년)까지 20년간 지속되었다.

후지야 호텔은 이 협정 체결로 외국인 손님을 독점할 수 있게 된 대신 나라야 료칸에 일정의 금액을 지불했다. 일견 후지야 호텔이 새로운 부담을 지게 되어 불리해 보이지만 그래도 센노스케로서는 나름대로 충분히 납득이 가는 협정이었을 것이다. 아울러 《후지야 호텔 80년사》는 그의 강단진 영업 방침에 대해 이렇게 서술한다.

> 후지야 호텔은 외국인의 돈을 벌어들이는 것을 목적으로 하고 있어. 일본인에게서 돈을 벌어들이는 것은 마치 자식이 부모의 돈을 받는 것과 매한가지야. 나는 순수한 외국인의 금화를 벌어들이려고 해. 그러니 일본인 손님은 오지 않아도 돼.

국가의 위신을 드러낸 데이코쿠 호텔이 탄생한지 3년 뒤에 이 협정이 맺어졌는데, 호텔 사업을 단순한 개인의 영리사업이 아니라 외화 획득의 수단으로 규정한 인물이 당시에 이미 존재한 사실은 기억해 둘 대목이다(앞서 지적한 본관을 화양 절충형으로 지은 것이 센노스케의 민족적 자긍심 때문이었을 것이라는 견해를 다시 한 번 상기했으면 한다).

그리고 그와 같은 진보적인 기질은 여러 가지 개혁적인 면에서도 간파할 수 있는데 자가발전도 그 한 예라 할 수 있다. 후지야 호텔은 본관을 건설할 때 45마력짜리 화력발전기를 사들여 하코네 지역에서는 처음으로 전등을 밝혔다. 그것은 진푸루의 자가발전을 보고 배운 것이라 한다. 다만 화력발전은 경제적이지 못했기 때문에 얼마 안 있어 수력발전으로 바꾸었다.

또 그 이전의 일인데, 인력거가 지나다닐 수 있도록 미야노시타에서 도노사와에 이르는 길을 닦아 유료 도로를 개통했다. 1887년(메이지 20년)의 일이다.

그리고 이것은 센노스케 한 사람의 발안이나 노력에 의한 것은 아니겠지만, 유명한 피서 리조트인 닛코나 가루이자와에 앞서 하코네 온천은 일찌감치 전화를 설치했다. 이것은 앞의 《하코네 온천사》에도 나온 사실인데, 1901년(메이지 30년) 미야노시타 우체국과 유모토 우체국에 전화소가 설치되었다. 그러나 하코네의 호텔, 료칸 경영자들은 그 정도로는 미흡하다고 보고, 기계설치 비용 등을 부담할 테니 호텔, 료칸에 개별적인 전화를 설치해 달라고 당국에 촉구했다. 그래서 정부는 특설전화 제도를 착안한다. 이 제도는 전화 설치나 설비의 유지비를 가입자가 부담하게 해고 나중에 보통전화로 변경할 때는 변경 전의 모든 것을 국가에 무상으로 기부한다는 내용의 정부 입맛에 맞춘 불합리한 조건이었다. 그럼에도 앞으로 전화가 필요하게 될 것이라 판단한 호텔, 료칸 경영자들은 이 제도에 가입하여 1902년(메이지 35년)에 전국에서 선구적으로 특설 전화를 설치했다. 아울러 후지야 호텔의 전화번호는 미야노시타 전화국의 2번이었다.

교통이 편리해지는 하코네

이야기를 약간 되돌려 센노스케가 미야노시타에서 도노사와까지 도로를 개설한 것에 대해 좀 더 자세하게 살펴보고자 한다.

이 도로가 개통된 1884년(메이지 20년) 이용자들에게는 또 한 가지 환영할 만한 일이 있었다. 도카이도東海道선이 고쿠부쓰国府津 역까지 연장된 것이다. 그렇게 해서 신바시-고쿠부쓰 구간이 약 세 시간으로 연결되었다. 그 전까지만 하더라도 도카이도선은 요코하마까지였다. 만약 도쿄에서 하코네 온천 중에서 가장 가까운 유모토까지 가려면 요코하마에서 승합마차를 갈아타고 하루 종일 흔들거리며 오다와라로 갔다가 다시 인력거나 가마를 이용하는 수밖에 없었다. 때문에 이용자들에게는 물론 하코네의 온천, 호텔, 료칸으로서도 도카이도선이 고쿠부쓰까지 연장된다는 소식은 커다란 낭보였다. 그리고 그 이듬해에는 고큐부쓰-유모토 사이에 마차 철도가 개통되면서 더욱 더 교통이 편리해졌다. 이 마차 철도는 두 마리의 말이 이끄는 철로 위를 달리는 마차로 상등・중등・하등으로 요금이 나뉘어 있었다.

후지야 호텔이 미야노시타의 대화재로 창업 때의 건물이 모조리 타버린 뒤 거의 해마다 증축을 했고 나라야 료칸과의 경쟁력을 키우기 위해 마침내는 본관을 짓게 되었다는 이야기는 이미 언급을 했는데, 센노스케가 하코네를 중심으로 한 교통망이 갈수록 편리해질 것이라는 것을 당연히 시야에 넣고 본관건설에 착수한 일은 틀림없는 사실같다.

그런데 후지야 호텔에 머문 여행자는 유모토에서 마차 철도를 내리면 인력거나 체어로 갈아타고 전망이 좋은 가파른 언덕길을 오르게 된다. 미야노시타까지 인력거용의 새 도로가 개통된 2년 뒤인 1889년(메이지 22년)에 후지야 호텔에 머문 메리 프레이저Mary Frazier는 인력거에서 보

았던 광경을 《영국공사 부인이 본 메이지 일본英國公使夫人の見た明治日本》에 이렇게 써 놓았다.

> 우리들 곁을 줄곧 강을 가득 채운 급물살이 굽이쳐 흐르고 있었고, 강물 위로 온통 햇살과 아지랑이가 피어오르고 있었습니다. 강변에 널려 있는 조약돌들이 물살을 일으켜 마치 꿈속에서 본 다이아몬드처럼 너울거렸습니다.

그녀의 세심한 통찰력과 우아한 필치 때문일까? 당시의 정경이 눈앞에 펼쳐지는 것 같다. 내친 김에 그녀의 시선을 통해 후지야 호텔의 온천풍경을 보도록 하자.

> 나와 N부인은 3층의 멋진 방을 몇 개 잡았습니다. 그곳에서 계곡을 내려다보면 전망이 확 트여 있었고 그리 멀지 않는 곳에 번쩍번쩍 빛이 나는 복도가 있는데 목욕탕에 갈 때는 그 위를 슬리퍼를 신고 종종걸음으로 걸어갑니다.
>
> [……] 욕실에 사용된 목재가 따스운 공기 속에서 이 지방 특유의 달콤하고 그윽한 향기를 뿜어냅니다. 벽이며 마루, 천정까지도 모두 나무이고 뜨거운 물이 넘치는 욕조조차 목재입니다. 나무들을 갈고 닦고 향료까지 넣어 만져보면 벨벳처럼 감촉이 부드럽습니다. 한 가지 문제점이 있다면 욕실 사이를 엷은 판자로 막아놓아 조그만 소리도 새어나간다는 것입니다.

잡음 때문에 약간 언짢았는지는 모르겠지만 프레이저 부인은 최고의 휴일을 보낸 것 같다.

베르츠 박사의 온천 호텔

메이지 시대 하코네 등의 온천을 사랑하고 센노스케와도 절친한 사이로 주목할 만한 외국인이 또 한 사람 있다. 제2장에서 언급했던 에르빈 폰 베르츠 박사다. 1849년(가에이 2년) 남부 독일의 시골마을 비티하임에서 태어난 베르츠는 우수한 성적으로 학업에 매진하면서 의학 쪽으로 진로를 정한다. 어느 날, 의사가 된 베르츠는 라이프치히 대학 부속병원에 진료를 받기 위해 찾아온 일본의 한 관리를 정성을 다해 치료해 주면서 자신이 일본에 흥미가 있다는 이야기를 했다. 그러자 관리는 그에게 호감을 갖게 되었고, 고국 일본의 관청에 베르츠라는 인물에 대해 보고하고 의학교 교수로 추천한다. 그렇게 해서 베르츠는 도쿄의학교(도쿄대학 의학부의 전신)의 내과의학 정교수로 초빙되어 1876년(메이지 9년) 6월에 일본 땅을 밟는다.

베르츠는 교편과 진료를 겸하면서 틈나는 대로 여행을 즐겼다. 1879년(메이지 12년) 12월 일기에는 다음과 같은 기록이 있다.

> 아타미-하코네 방면으로 먼 거리 여행. 온천장을 열 계획에 관해서 아타미를 연구.(앞의 책 《베르츠 일기》)

쿠어하우스Kurhaus[73]의 본 고장인 독일에서 태어나고 자란 베르츠답게 일찌감치 일본의 온천에 흥미를 보였다. 이듬해에는 《일본 광천론日本鑛泉論》을 쓴다. 이 책에서 베르츠는 각지의 온천을 위생적인 관점에서 개혁을 할 것과 하코네나 구사쓰, 이카호伊香保 등에는 서양 의학을 도입한 온천 치료소를 건설하면 어떻겠는가 하고 메이지 정부에 제안했다.

1882년(메이지 15년)에는 하코네 7대 온천 중의 하나인 기가온천에

73) (Kur은 보양, 치료의 뜻) 온천을 이용한 보건, 보양시설.

별장 미하라시를 지어놓고 하코네를 자주 들르게 된다. 그리고 가끔 후지야 호텔에 머물렀다. 94년(메이지 27년) 여름 일기에는 이렇게 기록되어 있다.

> 처(하나)는 어제 아이들을 데리고 이곳으로 왔다. 우리는 야마구치의 별장(후지야 호텔을 말함)으로 옮겼다. 모두 활기가 넘치고 건강하다. 우타와 도쿠는 이 미야노시타에 온 것을 무척 기뻐했다. [……] 미야노시타를 떠나는 게 아쉽다. 예전에 일본에서 이렇게 즐거운 여름을 보낸 적이 없다.

몇 년 전 베르츠가 후지야 호텔을 찾았을 때에도 그 유명한 베르츠 수水를 처방해 화제를 불러일으킨 바 있다. 그는 후지야 호텔의 여자 종업원의 손이 튼 것을 보고 안타깝게 여겨 곧바로 처방을 해주었다. 그의 처방이 대단히 효험이 뛰어나다는 소문이 퍼지면서 많은 여성들이 애호하는 약이 되었다(이 베르츠수는 현재 일본 약국에서 글리세린이란 인기 품목으로 여전히 판매되고 있다).

그런데 베르츠는 베르츠수를 처방하기 전인 1887년(메이지 20년) 궁내성에 '황국의 규범이 될 일대 온천장 설립 의견서'라는 서류를 제출했다. 그 요지는 다음과 같다.

> 완전무결한 규범적인 대온천 요양소를 설립하기 위해 오랫동안 장소를 물색해 왔는데, 어렵사리 그 장소를 발견하게 되었다. 그 유일한 장소는 하코네 산 중의 대지옥, 즉 오와쿠타니(大涌谷)의 서북쪽 끝자락으로 [……] 만약 내 계획이 실현된다면 단지 일본에만 기여를 하는 것이 아니라 중국, 인도, 미국은 물론 유럽에까지 명성을 떨치게 될 것이다.

이렇듯 베르츠는 자신만만한 태도로 의견을 개진했다. 그 일대 온천장이란 발한욕, 냉수욕 등 온도가 다른 욕조 외에 치질 치료를 위한 좌욕실까지 갖추어 놓고 호텔 시설과 함께 이용할 수 있게 한 것인데, 호텔 시설에는 체조실이며 담화실, 독서실, 바둑, 장기, 당구를 즐길 수 있는 오락실 등이 마련된 것이다. 입욕과 운동방법은 모든 정규 의학 교과를 마친 의사가 지시를 내리고, 마사지도 의학교육을 거친 담당자가 실시하는 독일식의 본격적인 쿠어하우스 호텔이다.

결론부터 말하면 이 쿠어하우스 호텔은 실현되지 못했다. 궁내성은 베르츠의 진언을 받아들여 토지를 매입했지만 용지를 빌려주지는 않았던 것이다. 베르츠는 1904년(메이지 37년) 8월 22일 일기에 이렇게 기록한다.

> 내가 진언을 해서 궁내성이 이 토지를 매입했지만 제안을 했던 도로공사와 그 밖의 개선해야 될 것들은 유감스럽게도 여전히 착수를 하지 않았다. [……] 정말 경이적인 이 용출 온천수를 버리지 말고 효율적으로 이용할 수 있게끔 일본인들이 결단을 내리도록 내가 얼마나 노력과 시간을 들였던가? 그렇지만 모두 물거품이 되었다.

지금 본고장의 시설 등을 참고 한 사단법인 일본 건강개발재단이 지도하는 쿠어하우스는 전국적으로 30개 이상이 존재한다. 이 광경을 베르츠가 본다면 무어라고 말할까? 또 만약 하코네에 쿠어하우스 호텔을 세웠다면 하코네는 어떻게 변했을까?

전지요법이 쇼난지방 개발을 촉구하다.

다니자키 준이치로谷崎潤一郎[74]의 명작 《치인의 사랑痴人の愛》이라는 소설 중에 이런 구절이 있다.

> 가마쿠라에서는 하세(長谷)의 긴파루(金波樓)라는 별로 좋지 않은 바닷가 료칸에 묵었습니다. [……] 우리는 삼바시에 머물 것인지 아니면 큰 맘 먹고 가이힝인(海浜) 호텔에 머물 것인지 하는 따위의 공상을 하고 있었는데, 막상 그 집 앞까지 가보았더니 무엇보다 엄청난 대문의 위용에 주눅이 들어 하세 거리를 두 세 차례 왔다 갔다 하다가 결국 그곳에서 이류나 삼류 쯤 되는 긴파루로 가게 되었습니다.

엄청난 대문의 가이힝인 호텔이란 정확하게 말하면 가마쿠라 가이힝인 호텔이다. 다니자키가 묘사했듯이 당당한 건축양식으로 가마쿠라에서는 한 시대를 풍미한 리조트 호텔이다. 이 가마쿠라 가이힝인 호텔은 당초에는 사나토리움(요양소)으로 건설되었지만 앞에 나온 베르츠의 간접적인 역할로 인해 새로운 생명을 얻은 시설이었다.

이미 언급했듯이 베르츠 박사는 하코네를 사랑하고 쿠어하우스 호텔 건립 계획을 세운 인물로, 의학박사로서도 크게 활약했는데 그가 일본에 온 메이지 초기 무렵의 일본에서는 결핵이 유행하기 시작했다. 베르츠의 고향인 유럽에서도 이미 결핵이 확산되어 전지요법이 시행되고 있었다. 잠시 공기가 맑은 곳으로 떠나 병을 치유하려는 것이었다. 그는 일본에도 전지요법을 보급하려고 후보지 물색을 위한 여행을 떠난다. 에노시마, 아타미, 하코네, 마나쓰루真鶴 등으로 조사를 나갔는데 그 중에서도 그의 관심을 끈 곳은 하야마葉山였다.

---

74) 다니자키 준이치로(1886~1965), 메이지 말기부터 전후에 걸쳐 활동한 소설가. 탐미주의의 작풍으로 《치인의 사랑(痴人の愛)》, 《세설(細雪)》 등 수많은 걸작을 남겼다.

베르츠는 재빨리 하야마에 별장을 지었는데, 마치 그를 따르기라도 하듯이 주일 이탈리아 공사도 하야마에 별장을 소유한다. 그리고 이러한 움직임이 사가미만相模湾 일대 별장 붐의 선구적 역할을 해서, 해안에는 결핵을 앓는 환자들의 요양소와 상류계급의 별장지가 확산되어 간다.

그리고 사가미 해안에 사나토리움이 다른 곳에 앞서 집중된 이유는 호소房總 해안 등에 비해 바람과 파도가 세지 않다는 것, 도카이도 선이 개통된 것 때문이었을 것이다. 이것이 베르츠의 제안에 유리하게 작용했던 것 같다(아울러 쇼난湘南이라는 지명은 중국 후난성의 숙수瀟水, 湘江과 동정호 일대의 수려한 풍광의 땅을 가리키는 '숙상호남瀟湘湖南'에서 따왔다).

이러한 움직임 속에서 가마쿠라 가이힝인 호텔의 전신인 가마쿠라 가이힝인海浜院이 계획되었다. 계획 추진자는 당시 내무성 위생국장 나가요 센사이長与専齋다. 그의 경력은 아이하라 노리오相原典夫(가마쿠라 가이힝인 호텔고鎌倉海浜ホテル考)에서 상세하게 서술해 놓았다. 그의 글을 요약하면 센사이는 1838년(덴포 9년) 히젠 오무라번肥前大村藩의 의사가문에서 태어나 나가사키에서 네덜란드 의사에게 의학을 공부했다. 그리고 문부성에 들어가 이와쿠라 사절단을 수행하여 구미의 의학교육과 의료행정을 시찰한다. 귀국한 뒤에는 도쿄의학교(지금의 도쿄대학 의학부) 교장에 취임, 78년(메이지 11년)에는 내무성 위생국장이 되었다.

그리고 1887년(메이지 20년) 7월 22일자 〈요미우리신문〉은 가마쿠라 가이힝인의 탄생을 다음과 같이 보도했다.

> 나가요 위생국장이 계획한 가마쿠라의 가이힝인은 요코하마의 의사 곤도 요시시게(近藤良薫)가 이를 인수하여 모기 소베에(茂木惣兵衛), 나카

야마 야스지로(中山安次郎) 두 사람이 서무 회계업무를 담당, [……] 다음 달 1일 경에 개원하게 된다. 가이힝인이란 허약한 아동의 체질을 개선하고 결핵이나 그 밖의 난치병의 원인을 제거하는 요양소로 요즘 구미 여러 나라에서 성행하고 있는 시설이다.

그리고 나가요가 요코하마의 시게모쿠 은행 대표 시게모쿠와 가나가와현 초대 지사인 나카야마 등과도 접촉함으로써 사업이 급속하게 구체화되었다. 발기인으로는 그들 외에도 요코하마 생사生絲업계의 중진 하라 젠자부로原善三郎를 비롯한 인사들의 이름이 올랐고 일본 최초의 사나토리움이 실현되었다.

가마쿠라 가이힝인의 탄생으로 베르츠가 제창한 전지요법은 이렇듯 하나의 결실을 맺게 되었다. 그리고 이후 쇼난 지방에는 여러 개의 사나토리움이 들어섰다.

영업부진으로 경영자가 바뀌고

가마쿠라 가이힝인은 목조 2층의 양식 건축으로 개업했다. 시설 내용도 모두 서양식으로 식당, 당구장 그리고 세 개의 욕실과 음악실 등이 있고 숙박객용 객실은 13개였다.

앞에 나온 아이하라의 논문에 의하면 각 방은 호텔처럼 문단속을 할 수 있었고 트윈 베드에, 모기장을 걸 수 있도록 철주가 마련되어 있었다. 또 거울과 작은 탁자와 의자, 긴급 호출 장치도 갖추어져 있었다. 그뿐만 아니라 원내에는 펌프로 관내의 욕조까지 해수를 끌어들여 해수탕을 즐길 수 있는 장치까지 설치했다. 이것은 당시 유럽에서 유행하던 온천요법에 해수요법을 가미한 최첨단 치료법이었다고 한다.

이렇듯 완벽한 설비를 갖춘 가마쿠라 가이힝인이었지만 사나토리움으로써의 수명은 고작 2년 정도로 끝이 났다. 모든 것이 지나치게 세속성을 탈피했다는 것이 그 원인으로 보인다. 데이코쿠 호텔과 동등한 수준의 비싼 비용에, 식사는 외국인 주방장이 만든 서양 요리, 또 시간 외의 식사를 금지한다거나 하루 두 차례는 해수욕(해수에 몸을 담그거나 파도에 몸을 내맡기는 것)을 시키는 등 엄격한 요양법을 실시했다. 상류계급의 이용을 상정한 것이라고는 하지만 당시의 일본인에게는 무리였던 모양이다.

그러나 그토록 훌륭한 시설을 그대로 방치해 두기에는 너무나 아까웠다. 그래서 호텔로 용도를 변경하려는 구상을 하게 되었다. 당시 요코하마에 거주하는 외국인 중에는 주말 레저로 가마쿠라를 방문해서 해변에 텐트를 치고 캠프를 즐기는 사람들이 있었다. 가이힝인의 관계자는 이 광경을 보고 리조트 호텔의 가능성을 예견했는지도 모른다.

가마쿠라 가이힝인은 가마쿠라 가이힝인 호텔로 재출발했다. 그러나 지배인이 호텔 업무 경험이 전혀 없는 데다가, 건물이나 설비도 완전한 호텔식이 아니었기 때문에 사태는 좀처럼 호전되지 않았다.

그 후 1897년(메이지 30년)에 토지 건물에 대한 권리를 취득한 아오야마 가즈사부로青山和三郎라는 인물이 경영자가 되었다. 그리고 10년 후에는 요코하마에 거주하는 외국인 유력자의 공동출자로 증개축하여 영국인 기계 상인 힐링 사장에게 넘겼다. 이 때 설계를 맡은 사람이 바로 로쿠메이칸을 맡았던 조사이어 콘더다. 이렇게 해서 한 때는 번창을 하지만, 불황기에 접어들면서 증개축 때의 비용 부담이 갈수록 걸림돌이 되어 다시 경영난에 빠진다.

곤경에 빠진 호텔을 매수하려 한 사람이 메이지야의 이소노 조조로 1916년(다이쇼 5년)에 이소노가 사장에 취임, 이름도 가마쿠라 가이힝인 호텔로 바꿨다. 이소노는 이미 언급했듯이 가루이자와의 미카사 호텔을 사들인 인물이기도 하다.

바로 그 무렵 러시아 혁명이 일어나 가이힝인 호텔로서는 호재를 만난 셈이었다. 러시아의 요인들과 자산 계급의 망명자가 생기면서 호텔에 장기 체재하는 사람이 적지 않았고 이것이 바로 호텔 실적을 올리는 요인이 되었다. 쇼난 지방의 지리적 기후적 조건이 그들의 마음을 사로잡았기 때문일 것이다.

또 그 때 작가인 아쿠타가와 류노스케芥川竜之介[75]에 관한 재미있는 일화가 남아 있다. 《가마쿠라 가이힝인 호텔고》에 의하면 해군 기관학교에 영어학 교관으로 근무하고 있던 그는 1916년(다이쇼 5년) 12월부터 10개월 정도를 호텔 옆 세탁소에서 하숙했다. 그러나 세탁소가 바빠 아쿠타가와에게 식사를 제공할 수가 없었다. 그렇다고 해서 호텔 식당에서 식사를 하기에는 돈이 너무 많이 들었고, 동네 식당은 또 너무 멀었다. 곤경에 처한 아쿠타가와를 구한 사람이 호텔 종업원들의 식사를 차려주던 도키와 야스고로常盤安五郎라는 인물로, 호텔의 여종업원들에게 제공되던 음식을 그에게 싼 값에 배려해 준 것이다.

그러고 나서 아쿠타가와는 수년 뒤 무로우 사이세이室生犀星[76]와 가루이자와 만페이 호텔로 식사를 하러 갈 수 있는 신분이 되었다. 그러나

---

75) 아쿠타가와 류노스케(1892~1927) 소설가. 도쿄 출신, 도쿄 제국대학 영문과 졸업. 일본의 고전문학 작품들을 현대적 시점에서 재해석하는데 탁월한 재능을 발휘 했다. 대표작으로 《라쇼몽(羅生門)》, 《덤불속(藪の中)》, 《지욕 연(地獄変)》 등이 있다. 일본의 가장 권위 있는 문학상인 아쿠타가와 상은 그를 기리기 위한 것이다.

76) 무로이 사이세이(1889~1962) 시인, 소설가. 이시카와 현 출생. 대표작으로 《서정소곡집(抒情小曲集)》, 《유년시대(幼年時代)》 등이 있다.

아직 생활이 안정되지 않아 해군 기관학교에 근무한 것도 생활고 때문이었다. 그런 작가에게 구원을 손길을 뻗친 것이 도키와였다. 그가 아침과 저녁 식사를 60전에 제공해 줄 것을 부탁했던 것이다(한 달 하숙비는 10엔이었다).

그 당시 호텔 식사대는 명확하지는 않지만 10년 정도 뒤의 요금은 아침식사가 1엔 50전, 저녁식사가 3엔이었다. 이 10년 뒤의 값으로 보더라도 아쿠타가와가 호텔에서 식사를 한다는 것은 무리였다. 일반 서민에게 가마쿠라 가이힝인 호텔은 역시 그림의 떡이었다.

새로운 해수욕 문화

당초 가마쿠라 가이힝인이 요양법으로 도입한 해수욕도 베르츠 박사의 제안으로 시작되었다고 한다. 가마쿠라 가이힝인이 완성되기 2년 전인 1885년(메이지 18년)에는 오이소 해수욕장이 개장한다.

해수욕장 개장에 많은 도움을 준 사람이 초대 육군군의 총감을 지낸 마쓰모토 준松本順으로 그도 해수욕의 효능을 일찍부터 주목했다. 그래서 총감 퇴임 후 유명한 실업가인 마고시 교헤이馬越恭平의 형인 고노 겐이쿠河野元育와 지방 유지들의 협력을 얻어 료칸 도류칸濤龍館을 세운다.

그런데 해수를 이용한 시설의 경우 도쿄에서는 1882년(메이지 15년)경에 이미 열 군데 정도의 해수탕 료칸이 성업 중이었다. 다케다 가쓰조武田勝蔵가 쓴 《목욕과 온천에 대한 일화風呂と湯のこぼれ話》에 의하면 시바우라芝浦는 사철 조망이 좋아 '해수 온욕장' 간판을 건 료칸이 즐비했다. 보양과 유람 그리고 수영을 즐기려는 사람들을 불러들여 꽤나 성업 중이었다. 또 지방에서는 메이지 후반기에 들어서서도 일본식 해수욕은 붐이

시들지 않았던 모양이다. 필자에게 1902년(메이지 35년)에 발행된 《조요히라이소초 해수탕 전도常陽平磯町潮湯治場全図》가 있는데 이 지역은 이바라키현茨城県 나가군那珂郡의 해안에 위치한 곳으로 지도에는 스물두 개의 료칸을 그려놓았다. 해안 지대에도 일본 독자의 건강 회복을 목적으로 한 휴양지가 있었다는 것을 입증해 주는 자료다.

그런데 해수욕이 일반화 되면서 해수욕장은 번창해 간다. 해수탕에는 수많은 남녀노소가 뒤섞여 혼잡을 이루었고, 가나가와 현에서는 1889년(메이지 22년)에 풍기가 문란해진다는 이유로 남녀 혼욕을 엄격하게 금지하는 바람에 한 때는 남녀가 수영할 장소를 따로따로 지정할 정도였다.

한편 가마쿠라 가이힝인 호텔은 그런 대중적인 리조트와는 분위기를 달리하면서 새로운 서비스와 스타일을 제공했다. 그렇게 한 데에는 호텔에 일본 거주의 외국인 외에도, 홍콩을 비롯한 다른 지역에 살던 외국인들이 찾아와 그들이 수영복이며 비치파라솔이나 탈의장과 같은 물건들을 가져왔기 때문이다. 비치파라솔은 홍콩에서 흘러들어 왔는데, 다과회에 사용하는 커다란 우산에 그림을 그려 넣은 것이었다. 또 호텔 아래쪽에는 지금의 라커룸과 같은 탈의실도 마련되어 있었다. 그런데 이 탈의실이 꽤나 신기했던 모양으로 일찍이 호텔에 묵은 적이 있는 가부키 배우 나카무라 시쓰루中村芝鶴가 한 수필에서 이렇게 묘사했다.

> 해변으로 내려가는 계단 옆에 있는 좁고 기다란 탈의실 건물 한 채. 실은 나중에야 알았지만 처음에는 무슨 화장실이 저렇게 많나 하고만 생각했다. 그게 부인 전용 탈의실이라는 말을 듣고 역시 외국에서는 이런 설비도 필요한가 보구나 하고 감동했다.

그런데 메이지야의 이소노가 사장에 취임하고 나서부터는 경영도 본 궤도에 올라 객실이 부족한 날도 있었다. 1920년(다이쇼 9년)에는 처음으로 목욕탕이 딸린 객실 24개를 증축한다. 그러다가 간토대지진으로 피해를 입었는데, 다행이 건물이 무너질 정도의 커다란 피해는 없었다. 발빠른 복구공사에 힘입어 다른 호텔보다 일찍 영업을 재개할 수 있었다. 당시 팸플릿에도 "대불상과 은행나무 거목이 전통의 도시 가마쿠라를 대표하듯이, 가이힝인 호텔은 가마쿠라의 스타임을 자임합니다. 설령 경천 진동할 대지진이 오더라도 우리는 잠시 후면 사라질 대자연의 몸서리쯤으로 여기기 때문에 이렇듯 자연스럽게 부흥의 첫 신호를 이 스타가 올리는 바입니다"라는 약간 황당해 보이는 문장이 게재되어 있다.

그 후 잠시 동안은 순항을 하지만 쇼와 대공황으로 침체를 겪다가 제2차 세계대전이 시작되어 도쿄가 공습을 받자 해군성의 알선으로 독일 대사관과 해군 무관사무소로 쓰이게 되었다. 패전 후에는 다른 호텔과 마찬가지로 1945년(쇼와 20년)에 연합군에게 접수되었다. 그리고 그 해가 저물 무렵 미군 병사가 넘어뜨린 스토브로 화재를 당해 본관 등이 불탔다. 이 때의 화재는 오부네 역에서도 보일 정도였는데, 두 시간 정도 계속되었다고 한다.

교키 전설이 서린 운젠도 변모

나가사키에서 60킬로 정도 서쪽으로 가다보면 운젠雲仙에 도착한다. 저 유명한 명승 교키行基77)가 일으켰다는 전설이 남아있는 일본에서 손꼽히는 온천지다.

77) 교키(668~749), 나라시대의 승려. 부는 백제계 도래인 씨족의 후예인 가와치노 아야씨로 나라의 건립에도 중추적인 역할을 했다.

산 자태의 아름다움으로도 널리 알려진 운젠은 일찍이 안개에 휩싸인 산 정상으로 참배하러가는 사람들의 숙박지와 온천장으로 번영을 누렸다. 반면 17세기에는 펄펄 끓어오르는 온천이 막부의 기독교 금지 정책을 어긴 신도들의 처형장으로 사용된 어두운 과거도 함께 지니고 있다.

그 운젠이 이미 언급한 닛코나 하코네, 가루이자와 등과 같이 리조트로서 외국인에 의해 개발된 시대가 있었다. 멀리는 1690년(겐로쿠元祿 3년), 나가사키의 네덜란드 상관商館에 적을 두고 에도의 네덜란드인 숙소 나가사키야에도 머문 적이 있는 독일인 의사 엥겔베르트 켐퍼Engelbert Kaempfer가, 또 1823년(분세이 6년)에는 같은 독일인 의사 지볼트가 자신의 저서에서 운젠을 소개한 적이 있다.

운젠의 역사를 서술한 《운젠·오하마 온천지雲仙·小浜温泉誌》에서 메이지 시대 전후의 사건들을 뽑아보면 우선 나가사키의 다카시마 탄광 기사인 브라운의 등산에 대한 예가 나온다. 토머스 글래버Thomas Blake Glover와 사가번佐賀藩의 공동 경영 탄광에서 일하고 있던 그는 1855년(안세이 2년) 외국인 등산 금지령을 어기고 운젠에 오른다. 이어서 66년(게이오 2년)에는 프랑스 공사가 나가사키부교奉行[78]를 통해 "시마바라 운젠다케島原溫泉岳의 온천은 일본 최고다. 그래서 외국인 환자를 이 온천에서 치료했으면 한다"고 시마바라번에 요청했다. 그러나 주민들이 외국인들을 낯설어하는 데다 외국인에게 위해를 가할 위험성이 있다는 이유로 거절한다(운젠雲仙은 예전에는 '溫泉'으로 표기했는데 지금은 '雲仙'으로 통일되었다. 단 溫泉神社 등의 명칭에는 지금도 그 흔적이 남아 있다).

---

78) 헤이안 시대에서 에도 시대에 이르는 시기 무가의 직명의 하나로 부교닌(奉行人)이라고도 한다. 원래 상사로부터 명령을 받아 그것을 집행하는 것을 '봉행한다(奉行する)'라고 하는데 그 봉행하는 담당자를 일컫는 말로 변했다.

그 후 메이지 시대에 들어서서 외국인 등산금지령이 해제되자 1870년(메이지 3년) 미국 육군 장교 세 명이 통역과 요리사를 동반하고 유모토 료칸에 머물렀다. 그리고 시간이 얼마간 흘러 1877년(메이지 10년) 무렵이 되자 외국인 등반객이 늘어나기 시작하여 나가사키에 거주하는 외국인이나 규슈 각지에 있는 외국 영사, 선교사들의 피서지가 된다. 그 중에서도 가루이자와와 마찬가지로 선교사들이 운젠의 뛰어난 점을 널리 알렸다고 한다. 그 무렵 운젠에는 외국인들이 숙박할 만한 시설이 전혀 없어 그들은 어쩔 수 없이 료칸에 묵으면서 자신들이 갖고 온 식료품을 식사 재료로 썼다.

한편 외국인을 받아들이기 시작한 료칸은 건물에 페인트칠을 하거나 장지문을 유리창으로 바꾸는 등 약간 서양풍으로 개조하여 대응해갔다. 목욕시설도 공동이었기 때문에 한 사람씩 들어가는 하코부로(나무로 된 목욕통)를 만들어 '양인 욕실' 이라 불렀더니 평이 좋았다고 한다. 지금의 눈으로 보면 우스꽝스러운 개량처럼 보이지만 당시 경영자로서는 최대한의 노력을 기울인 셈이다.

그리고 마침내 1878년(메이지 11년)에 개설된 새 온천(지금의 중심지)에서 1킬로 정도 떨어진 고지고쿠小地獄 온천에 운젠 최초의 서양식 건물인 시모다 호텔이 문을 연다. 83년(메이지 16년)의 일이다. 객실 수가 열 개 밖에 안 되는 소규모 호텔로, 그나마 1906년(메이지 39년)에 불에 타버렸는데 운젠의 료칸에 적지 않은 영향을 끼쳤다. 미도리야綠屋 료칸이 외국인용의 미도리야 호텔로 바뀌어 새롭게 단장을 하자, 가메노야亀ノ屋 료칸도 1894년(메이지 27년)에는 외국인을 받기위해 가메노야 호텔로 바꾼다.

이러한 움직임에 더욱 더 박차를 가한 것이 1889년(메이지 22년)의

〈노스 차이나 데일리뉴스*NORTH CHINA DAILYNEWS*〉의 보도다. 상하이에서 발행되던 이 신문이 운젠을 다룬 기사를 게재하자 상하이나 홍콩에서 오는 여행자들이 불어나기 시작했다. 또 99년(메이지 31년) 같은 신문에는 운젠을 절찬하는 영국인 수기가 실렸다. 수기를 조금만 인용해 보자.

> 싸게 즐길 수 있고, 전염병 걱정이 없는 위생적인 휴양지 운젠. 다른 데에 이런 곳이 또 있을까? [……] 상하이에서 출발하여 48시간 이내에 '인생이란 게 이런 맛에 사는 거지' 하고 감탄하게 될 것이다. [……] 시가와 함께 산 속의 상쾌한 공기를 들이마시면 상하이의 무더운 여름 날씨와 씨름하고 있을 불쌍한 친구들과 복에 겨운 나를 비교하는 즐거운 상상에 빠지게 되고, 호텔 베란다에 누워 이곳이야말로 꿈에 그리던 이상향이라는 생각에 흠뻑 도취된다.(브라이언 버크니, 《꽃과 서리(花と霜)》)

또 청일전쟁이 끝나는 1895년(메이지 28년)부터 하얼빈이나 블라디보스토크에서 러시아 함대가 나가사키 항에 기항하게 되면서 운젠을 찾는 러시아인들도 있었다.

운젠은 그야말로 국제적인 리조트가 되었고 1894년(메이지 30년)에는 영국인이 경영하는 다카키高来 호텔이 개업하여 신분이 높은 관리들은 이 호텔에 머물게 되었다.

일본 최초의 공공 골프장이 탄생하다

운젠은 1934년(쇼와 9년) 세토나이카이瀬戸内海, 기리시마霧島와 함께 일본 최초의 국립공원으로 지정되는데, 그보다 좀 더 거슬러 올라가서 23년 전인 11년(메이지 44년)에는 일본 최초의 현영県営공원으로 지정되었다.

발단은 07년(메이지 40년) 현의회의 운젠 공원 계획에 대한 논의에서 비롯되었다.

당시 운젠을 찾는 외국인이 계속 늘어나고 있었는데 호텔 설비 등의 부족과 불편하기 짝이 없는 교통편에 대한 비난이 쏟아지고 있었다. 그래서 현은 운젠 발전 붐을 촉진시키기 위해 기반을 정비하면서 공원을 조성하고 수려한 관광자원을 살려 더 많은 외국인을 유치하려고 힘썼다.

그 결과 시마바라 철도가 이사바야諫場-아이노愛野(운젠다케가 있는 시마바라 반도 쪽) 구간을 개통하고 철도성선鉄道省線(나가사키 본선)과 연결함으로써 운젠에 등산할 경우 아이노愛野까지 기차로 가서, 거기부터 마차나 자동차 등을 이용할 수 있게 되었다. 그때까지만 하더라도 예를 들어 나가사키 시내에서 운젠으로 가려면 먼저 인력거로 가까이에 있는 시게키茂木항까지 간 다음 소형 증기선을 타고 다치바나橘만을 가로질러 오하마(운젠다케 기슭에 있는 읍)까지 갔다가 배에서 내려 다시 긴 오르막길을 가마나 말을 타고 올라가야 했다. 또 1912년(메이지 45년) 3월에는 운젠-오하마 간의 자동차용 도로가 정비됨과 동시에 운젠-오하마 구간에 처음으로 승합자동차가 등장했다.

점차로 교통망이 정비되는 한편 1913년(다이쇼 2년)에는 현영 테니스코트와 오락장이 완성되었다. 히라야平屋의 오락장에는 외국인을 위한 일요 예배당이며 댄스홀, 당구장, 술 등이 갖추어져 있었다. 같은 해 여름에는 현영 골프장(9홀)도 완성되었다. 일본 최초의 골프장이 효고현 롯코에서 탄생한 이야기는 이미 언급을 했는데, 운젠 골프장은 공공 골프장으로서는 일본 최초가 되었다.

골프 그 자체가 아직은 일본인에게 낯선 시대였음에도 지방자치체가 골프장을 운영하게 된 데에는 영국 출신의 대사업가 토머스 글래버의 아들인 구라바 도미사부로倉場富三郎의 헌신적인 노력이 커다란 힘이 되었다. '글래버가의 사람들' 이라는 부제가 붙은 앞에 나온 책《꽃과 서리》에는 운젠이 현영 공원이 된 후 "나가사키 내외의 각 클럽들이 골프장 개설 계획을 세웠다"고 서술되어 있는데, 그 때 실제 모든 일을 도맡아 했던 사람이 구라바 도미사부로였다. 영국인 아버지와 일본인 어머니 사이에 태어난 구라바는 일본인과 외국인 사회의 가교 역할을 하느라 분주했고 그 노력에 대한 결정이 최초의 공공 골프장이었다.

베이비시터를 동반한 장기 체재

그런데 운젠 공원의 여러 시설이 정비되기 직전 외국인을 받아들이는 호텔도 늘어갔다. 1904년(메이지 37년)에는 아리아케有明 호텔, 1906년(메이지 39년)에는 규슈 호텔, 그리고 다이쇼 시대까지는 신유新湯 호텔과 운젠溫泉(雲仙) 호텔이 개업했다.

운젠 공원 사무소에는 1915년(다이쇼 4년)의 연간 숙박자 수에 대한 기록이 남아있는데 거기에는 상등객上等客의 비율이 적혀있다. 호텔 숙박자 총수는 약 700명으로 수치는 적지만 상등객 비율은 100%로 되어 있다. 료칸의 경우는 10% 미만에서 10% 정도가 대부분인 것으로 보아 호텔은 비싼 숙박료를 지불할 수 있는 외국인이 머물렀다는 증거로 보아야 할 것이다. 앞에 나온《운젠 • 오하마 온천지》에 의하면 13년(다이쇼 2년) 발행된《시마바라 온천기島原溫泉記》에는 "외국인 숙박객이 많고 길게는 1개월에서 2개월이다. 숙박료는 1개월 50엔" 이라고 기록되어 있다.

사진 27 1907년(메이지 40년)에 개업한 운젠의 신토 호텔. 양관부(洋館部) 외에 일본관부(日本館部)도 마련되어 있었다.

기리야마 히데키桐山秀樹의 《운젠 이야기雲仙物語》에는 아리아케 호텔의 구리하라 사다코栗原貞子 사장과의 담화가 실려 있는데, 이를 통해 당시 외국인 손님의 모습을 엿볼 수 있다.

> 조식을 마치면 곧장 호텔을 나와 주위에 있는 산으로 하이킹을 갑니다. 그리고는 오후 늦게 아주 즐거운 표정으로 돌아옵니다. [……] 대부분 가족을 데리고 오는데 아이들은 우리가 '아마 씨' 라고 부르던 상하이에서 데리고 온 베이비시터에게 맡기고 부부 두 사람이서 행복한 모습으로 외출을 했어요. 우리는 그것을 보고 일본인과는 달라도 한참 다르구나 하고 생각했던 기억이 있습니다.
>
> 나가사키에서 가이드가 딸린 전세 차로 왔는데, 커다란 트렁크를 끌고 와서는 모두들 1, 2개월씩 머물렀습니다.
>
> [……] 예전에, 냇물을 이용한 풀이 있었는데요. 외국인들은 항상 오전 중에 이 풀에서 수영을 하고 호텔로 돌아와 낮잠을 즐기다가 저녁 무렵이

되면 호텔 맞은편에 있는 기누가사야마(絹笠山)에 올랐어요. 산 정상에서 바라보는 다치바나만의 석양이 기가 막히게 아름다웠는데 외국인들은 '선셋 힐' 이라고 부르곤 했어요.

이 이야기만으로도 당시 외국인들의 우아하고 안정된 리조트 라이프를 상상할 수 있는데, 이러한 체재형 여행 스타일이 없었다면 운젠의 근대화도 변죽만 울리다 말아버렸을 것이라는 중요한 지적을 한 인물이 있다. 구사야나기 다이조草柳大蔵다. 그는 《쇼와 천황과 꽁치昭和天皇と秋刀魚》 속에서 운젠과 가루이자와, 룻코의 공통점을 들면서 이렇게 언급한다.

그들 외국인의 라이프 스타일은 거의 변함이 없다. 회화, 독서, 게임, 댄스 등이 여흥의 재료인데 말하자면 어떤 장치가 필요 없이 즐기는 것들이다. 지금의 일본인은 '일어서면 가라로케, 앉으면 파칭코, 걷는 모습은 뜨내기 골프쟁이' 라고 하는데 하나같이 어떤 장치가 없으면 성립되지 않는 놀거리뿐이다.

풍경으로 외화 획득을 노리던 시대

새삼스러울 것도 없는 이야기지만 운젠은 유흥시설이 넘쳐나는 환락가의 모습을 띠는 다른 온천지와는 분명히 차이가 나는 곳이다. 그것은 전설이기는 하지만 교키行基[79]가 연 성지이기 때문에 "산을 더럽혀서는 안 된" 다든지, "청정한 리조트 지대를 지키자" 든지 하는 의식이 료칸이나 호

79) 나라시대의 승려. 간사이 지방을 중심으로 활동하면서 민중교화, 사원 조영, 교량과 저수지 등의 사회사업에 힘써 교기보살로 추앙을 받았다. 제계의 후손으로도 알려져 있다.

텔 경영자들에게 있었고, 거기에 외국인들의 청렴한 리조트 라이프가 호응하면서 독자적인 문화가 형성될 수 있었다고 구사야나기는 분석한다.

그 지적은 정확히 들어맞는다. 단적으로 말하면 가루이자와나 운젠과 같은 뛰어난 견본이 있는데도 일본인들은 전후 단체여행을 통해 리조트를 휴식의 장에서 유흥의 장으로 전환시키는데 힘을 쏟았다. 그 방향전환이 일본의 리조트 문화나 경영상의 발전을 뒤처지게 한 것은 아닐까?

일본인이 순수하게 풍경에 대한 인식을 갖고 있던 시대가 있었다. 1894년(메이지 27년)에 간행된 시가 시게타카志賀重昂의 《일본풍경론日本風景論》이 베스트셀러가 되면서 80편이 넘는 서평이 나왔고, 10년간 스물다섯 차례나 판을 거듭할 정도로 화제가 되었던 것이다. 이 책에 대해 저자가 실제로는 등산 경험이 빈약하다는 점, 외국인의 저작을 토대로 하고 있다는 점 등의 비판도 있다. 그러나 일본 산들의 아름다움을 칭송한 이 책에 커다란 감화를 받은 고지마 우스이小島烏水는 훗날 일본 산악회 초대 회장으로 활동하는 등 일본 사회에 폭넓고도 지대한 영향을 끼쳤다. 리조트의 발전과는 약간 차원을 달리하지만 풍경에 대한 새로운 사고방식을 확산시킨 것이다.

지금 리조트 사업자 중에서도 사람들에게 풍경을 보여줄 목적으로 개발에 착수한 사람이 있다. 지금의 프린스 호텔이라는 이름으로 일본 전국에 리조트 호텔을 확산시킨 세이부 그룹의 창시자 쓰쓰미 야스지로堤康次郎는 저서 《꾸짖다叱る》에서 다음과 같이 서술한다.

> 하코네의 산자수명(山紫水明)의 풍경은 천하의 절경이다. 고마가타케(駒ヶ岳)를 지나 구라가케야마(鞍掛山)에 오르면 화구로 형성된 아시호수가 유리처럼 맑아 후지산의 웅장한 자태가 호수면에 비친다. 이토록 멋들어

진 예술을 천하의 만민이 평등하게 감상할 수 있다는 것은 신의 뜻이기도 하거니와 관광 입국에도 걸맞는 일이다. 이것이 내가 하코네 개발을 결심하게 된 근본적인 동기이다.

쓰쓰미는 앞에 나온 하코네 토지개발 주식회사를 1920년(다이쇼 9년)에 설립할 때의 심정을 그렇게 말했다. 순수하게 풍경을 즐길 수 있게 하려 한 것이다. 그리고 "관광개발에 의한 외화의 획득을 위해 '대 하코네' 건설을 구상하고 하코네 토지회사를 설립했다고 한다"(유이 쓰네히코由井常彦 편, 《쓰쓰미 야스지로堤康次郎》).

다음 장에서 언급하겠지만 '풍광의 자본화'라는 발상으로 리조트 호텔을 건설한 사업가도 있었다. 풍경이 리조트의 소중한 상품이 되고 외화 획득의 수단이 될 수 있는 시대가 있었기 때문이다. 구사야나기가 지적했듯이 유흥시설을 배제한 운젠의 역사는 리조트 본래의 모습을 다시 한 번 상기하게 한다.

4장

근대국가의 상징으로서 호텔

1. 역전호텔의 탄생

일본 최초의 사철이 도호쿠에서 호텔을 개업하다

오늘날 호텔 운영의 성패는 여행자가 늘어나는 조건에 따라 좌우된다는 것은 새삼 말할 필요도 없는데, 초창기라고 해서 다를 것은 없었다. 특히 교통망이 발전도상에 있었던 메이지 시대에는 교통망에 대한 정비가 호텔 산업 발전의 전제조건으로 되어 있었다. 지금까지의 초창기 호텔, 특히 도시로부터 멀리 떨어져 있는 리조트 호텔과 같은 곳은 교통수단의 발달에 비례해서 실적을 키워온 것이다.

그리고 시대가 흐름에 따라 그러한 경향도 새로운 전개를 보인다. 교통망의 근간을 이루는 철도회사가 자체적으로 호텔을 건설하고 경영하려는 움직임이 나타난 것이다. 예를 들면 일본철도는 1888년(메이지 21년)에 센다이에서 무쓰陸奥 호텔을 창설한다.

일본철도라는 회사는 1881년(메이지 14년)에 설립된 일본 최초의 사철私鉄로 알려져 있다. 당시 귀족이었던 오쿠보 도시미치나 옛 다이묘들이 도쿄-아오모리 사이의 철도 건설을 위해 출자하고 좌대신 이와쿠라 도모미의 알선으로 설립된 철도회사다. 다만 사철이라고는 하나 관철官鐵의 철도국장이던 이노우에 마사루井上勝가 진두지휘를 했고 건설공사 또한 관철이 맡았다. 또 직원이나 기관사 등도 관철에서 파견근무를 했기 때문에 실질적으로는 반관반민 철도회사였다. 그 일본 철도가 정차장에 호텔이나 료칸을 세웠다. 그리고 그 일환으로 탄생한 것이 도호쿠東北에서는 첫 호텔인 무쓰 호텔이었다.

무쓰 호텔은 1층에 로비와 당구장, 이층에는 식당, 3층에 객실을 배치한 목조 3층 구조로 된 건물이었다.《센다이시사 특별편 4仙台市史 特別編

4》에 의하면 "호텔에 묵은 사람이 아주 적었던 모양인데 시마자키 도손島崎藤村[80]이나 다카야마 조규高山樗牛[81]가 센다이에 내려갔을 때 이 호텔을 '다이카고루太廈高樓' 즉 대궐같이 큰 건물이어서 경탄을 했다"고 한다.

센다이까지 철도가 개통이 되었지만 호텔에 머물려는 사람은 아직은 극소수에 불과했다. 시기상조였을 것이다. 훗날 1932년(쇼와 7년) 무쓰 호텔이 서있던 자리에 아오키青木 호텔(호텔 센다이 플라자의 전신)을 개업한 아오키 스케사부로青木助三郎는 《센다이 역전 부근 80년仙台駅前界隈八十年》에서 이렇게 기록했다.

> '일본 철도'는 서양식 호텔의 평판이 좋지 않아 역 북쪽에 인접한 땅의 일부에 3층짜리 료칸을 세워 무쓰 호텔로, 그리고 예전의 호텔은 무쓰 호텔 별관으로 이름을 붙이고 민영 료칸을 잇달아 유치했다. 그리고 (센다이 역전은 료칸이 즐비하게 늘어서) 밤이 되어 상호가 적힌 등불을 든 종업원들이 일렬로 서있는 모습이 [……] 마치 도깨비 불을 보는 것처럼 아름다웠다.

한편 센다이시 고쿠부초에서 1850년(가에이 3년)부터 하타고를 운영하던 오이즈미야大泉屋의 15대 오이즈미 우메지로大泉梅次郎는 철도 개통에 맞추어 역 앞의 땅을 사들여 하타고 오이즈미야 지점을 연다. 무쓰 호텔이 개업하기 1년 전인 87년(메이지 20년)의 일이다. 그렇게 재빠른 행보를 보인 오이즈미야는 그 후 90년(메이지 23년)에 센다이역 구내에 도시락 판매 영업 허가를 취득하고 96년(메이지 29년)에는 호텔업에도 진

80) 시마자키 도손(1872~1943), 메이지~쇼와 시기의 일본 자연주의를 대표하는 시인이자 소설가. 기후 현 출신, 메이지가쿠인 대학졸업. 대표작으로 《와카나슈(若菜集)》(시집), 소설에는 《하카이(破戒)》, 《동트기 전(夜明け前)》 등이 있다.

81) 다카야마 조큐(1871~1902), 메이지 시대의 문예평론가, 사상가. 메이지 30년대의 언론을 이끌었다.

출한다. 지금도 영업을 계속하고 있는 센다이 호텔의 개업이다.

오이즈미야의 신규 사업을 개척해나가는 기세는 꺾일 줄을 모른다. 1903년(메이지 36년)에는 우에노-아오모리 구간의 도호쿠 본선에서 열차 내 레스토랑 영업허가를 얻어 센다이 호텔 열차 식당부를 창설하고, 1905년(메이지 38년)에는 우에노-아키타 구간의 오우奥羽 본선과 우에노-니가타 구간의 신에쓰信越 본선에도 열차 식당 망을 넓혀갔다.

서비스를 자랑하는 산요철도도 호텔을 경영하다

메이지 시대 중반, 일본의 철도는 도카이도선이나 요코스카선 등을 운영하던 관철보다도 사철 쪽이 더 우세했다. 주요한 것만 하더라도 스무 개를 넘던 사철의 총연장은 관철의 배 이상을 기록했다. 특히 4대 철도로 불린 앞에 나온 일본 철도와 간사이 철도, 산요山陽 철도, 규슈九州 철도는 제각기 뛰어난 경영자와 독특한 회사의 분위기를 갖고 있었는데 그 중에서도 계속 선두를 유지한 것은 산요 철도였다.

산요 철도는 서비스가 특히 뛰어났다. 철도와 병행하여 세토나이카이瀬戸内海에 기선을 운행하고 있었던 탓에 그에 대한 경쟁의식으로 항상 서비스 향상을 염두에 두었던 것 같다. 마이니치신문사 편의 《여정 100년旅情100年》은 당시의 산요 철도를 이렇게 칭송했다.

> 화물을 운반하는 운송회사 아카보도 영국 철도의 방식을 그대로 본떴다. 열차 보이도 산요 철도가 원조였다. 급행열차를 운행한 것도 역시 산요 철도가 선구적이었고, 침대차든 식당차든 모두 '서비스의 시초'는 산요 철도가 독점했다고 해도 될 것이다.

사진 28 최초의 건물이 화재로 완전히 불타버린 후 철근 콘크리트로 재건한 산요 호텔.

그 무렵의 일화 하나. 청일 전쟁 때 연합 함대의 사령관이었던 이토 히로유키伊東祐亨 원수가 구레 진수부呉鎭守府 사령관 시절에 자주 산요 철도를 이용했는데 항상 활달한 태도로 손님을 모시는 열차 보이에게 감동하고 있었다. 그 뒤 이토 장관은 그 보이를 불러 서생 일을 맡겼는데, 그 청년이 훗날 시라키야白木屋 백화점 사장이 된 야마다 닌조山田忍三였다고 한다.

그렇게 평이 좋은 산요 철도가 뜻밖의 사정으로 호텔 경영에 뛰어든다.

산요 철도는 개업 이래 13년만인 1901년(메이지 34년)에 고베에서 시모노세키까지 전 구간을 개통했다. 그래서 규슈와 연결 지점이 도쿠야마에서 시모노세키로 옮아가게 되었다. 그런데 그때 커다란 문제가 발생했다. 이하 오사후네 도모노리長船友則가 정리한《산요 철도 이야기山陽鉄道物語》를 참고로 정리해 보면, 산요 철도는 당초 시모노세키까지 철도를 연장하면서 해안선을 지나가는 것을 고려했는데 정부는 국방상 문제가 있다는 이유로 인가를 내주지 않았다고 한다. 그래서 선로를 산 쪽으로 통과하도록 하여 시모노세키역의 위치가 중심부에서 벗어나 서쪽 편으로 치우치게 되었고, 그로 인해 여행객들에게 커다란 불편을 강요하는 꼴이 되어버렸다. 이런 사태에 직면한 이사회는 다음과 같은 결의를 채택한다.

> 바칸(馬関) 정차장(시모노세키역의 옛 이름)의 편의를 도모하기 위해 정차장 구내에 서양식 및 일식 료칸을 건설하기로 한다.

그리고 재빨리 호텔과 료칸 건설에 착수했다. 먼저 완성된 것은 료칸이었다. 전 구간이 개통된 이듬해 1902년(메이지 35년)에 준공을 했는데 영업은 시모노세키의 유명 료칸 가와우川卯에 위탁했다. 호텔도 반 년 뒤인 같은 해 11월에 영업을 개시했다. 당초에는 호텔도 업자에게 영업을 맡기는 것을 검토했지만 적당한 업자나 사람을 찾지 못해 직영 방식을 택했고 산요 호텔이라는 이름으로 영업을 시작했다.

아울러 앞에 나온 《일본 호텔 약사》에는 "39년 12월 1일 국유 철도가 직영이 되기까지 정식 호텔 영업 허가 없음" 이라고 서술되어 있는데, 무라오카 미노루村岡実의 《일본 호텔 소사日本ホテル小史》에서도 같은 내용이 기록되어 있다. 그러나 나가부네는 화려한 개업 피로연이 잡지 《풍속화보》에 보도되었다는 점, 당시 시각표에서도 산요 호텔의 광고가 게재된 점 등으로 보아 개업은 1902년(메이지 35년)이 확실하다고 단정짓는다.

철도 국유화에 따라 호텔도 국영화

그리하여 혼슈本州 서쪽 끝까지 철도가 놓이고 종착역에 호텔이 탄생함으로써 분명 사람들의 여정을 한껏 부추겼을 것이다.

그런 여행의 낭만을 느끼게 해준 호텔 설계는 다쓰노 가사이辰野葛西사무소(다쓰노는 이 책 앞 부분에 등장하는 다쓰노 긴고를 말하며 이후 도쿄역 설계에 관여한다)가 담당했다. 앞뜰의 히말라야 삼목이 2층짜리 서양식 건물의 정취를 한껏 풍겼다. 시각표에 실린 광고 카피는 이렇게 묘사되었다.

> 건물은 든든하고 장식은 미려(美麗)하다. 당구장, 바, 독서 및 흡연실, 빈객실 등의 설비를 완비하여, 공기의 소통도 원활하고 전망도 좋은 곳이다.

> 산요 호텔의 식사는 다년간 프랑스류의 주방 경험이 있는 요리사가 준비하며 [……] 숙박료는 유럽식으로 침실료만 받고, 식사, 차, 목욕료 등은 주문이 있을 경우에 한해 각각의 요금을 가산하는 식…….

초대 지배인은 스즈키 다이치로鈴木太一郎라는 인물이다. 와카야마현 출신으로 고베의 오리엔탈 호텔 사장인 아서 글룸의 추천으로 자리에 앉게 되었다고 한다. 이렇게 해서 산요 호텔은 영업을 시작했는데 1906년(메이지 39년)의 철도 국유화법에 의해 주요한 사철 회사들과 함께 산요 철도도 국유화되면서 호텔도 함께 국영화 되었다.

그러자 신문에 서비스의 질이 떨어질 것을 염려한 기사가 재빨리 등장한다. 그 해 〈오사카 마이니치신문〉은 '시모노세키의 관인 호텔'이라는 제목의 기사를 실어 "호텔 사용인이 모두 관리로 바뀌어 손님들의 신분이나 행동을 마치 경찰처럼 감시하기 때문에 국유화된 뒤로 숙박 객이 감소했다"고 보도했다.

어느 정도 숙박객이 줄었는지는 확실치 않지만 국유화된 뒤 산요 호텔은 1908년(메이지 41년)에 증축을 하면서 객실료를 2할에서 3할 정도 내렸다. 제국 철도청은 일반적으로 호텔 숙박료가 너무 비싸다는 인식에 근거해 증축을 계기로 인하를 단행한 것이다. 또 규슈나 대륙으로 가는 중계지였기 때문에 배나 열차를 기다리는 동안 무료 휴식을 할 수 있는 설비도 마련해 놓았다. 휴식 이용의 경우도 목욕을 희망하면 20전(나중에 30전으로 인상)이라고 요금표에 기록해 놓았다.

이렇듯 산요 호텔은 경영상의 노력을 함으로써 료칸보다도 싸게 묵을 수 있다는 평판을 얻었으나, 1922년(다이쇼 11년) 7월 26일 화염에 휩싸이고 만다. 같은 날 오전 영시 30분 경 산요 호텔 분관 2층 22호실 부근에서 불꽃이 일면서 순식간에 불이 확산되었다. 페인트칠을 한 목조건물이었던 탓에 불길이 번지는 속도도 빨랐다. 심야에 일어난 화재였지만 역전 광장은 구경꾼들로 가득 찼다. 앞에 나온《산요 철도 이야기》는 그때의 모습을 이렇게 전한다.

> 비상종이 울리고 수상과 육상의 소방 구호반뿐만 아니라 중포병연대에서 100명의 군인까지 출동해서 소화를 거들었지만 불길은 수그러들지 않아, 끝내는 호텔이 전소되어 버렸고 2시 30분에 진화작업이 끝났다.

같은 날 밤 하쿠주百+은행의 사장 우에무라 슈페이植村俊平를 비롯해서 일본인 80명, 외국인 4명이 투숙했는데 다행히 사상자는 나오지 않았다. 그런데 22호실은 투숙객이 없었던 관계로 누전에 의한 화재라는 설이 나오기도 했는데, 결국 정확한 원인은 밝혀지지 않았다.

전소한 산요 호텔은 시모노세키라는 중요한 거점에 자리 잡고 있었던 까닭에 재건 계획이 마련되었다. 그리고 재건을 하는 사이 외국인 손님에게는 가와우 료칸 내에 양실 시설을 꾸며 제공하는 한편, 시모노세키 철도 구락부를 고쳐 객실 5개와 식당 등을 만들어 임시 호텔로 사용했다. 철근 콘크리트로 재건되어 영업을 재개한 것은 1924년(다이쇼 13년) 4월, 객실 수 30개의 규모였다.

하루가 멀다하고 열린 기자회견

산요 호텔이 자리 잡고 있는 시모노세키는 조선의 부산으로 가는 연락선의 기점이었다. 산요 철도는 100% 자회사인 산요 기선이 1905년(메이지 38년)부터 연락선을 취항하였다. 그 이래 시모노세키를 경유해서 부산에 건너가 그곳에서 다시 만주 등으로 향하는 여행객들에게는 중요한 거점이었다. 또 구미 항로의 기지로서의 역할도 수행하고 있었다. 그런 사정으로 인해 호텔 재건을 서두른 것은 당연한 일이었다. 예전에 〈야마구치山口신문〉이 연재한 〈산요 호텔 이야기山陽ホテル物語〉에는 다음과 같은 내용의 글이 있다.

> 일본의 정치가를 비롯해 국제적인 정 • 재계인, 문화인의 대부분이 시모노세키 땅을 밟았다. 시모노세키역 플랫폼에 열차가 도착할 때마다 역을 메운 기자들이 열을 지어 유명인의 얼굴을 찾았다. 관부연락선이 도착하면 조선, 만몽(滿蒙)에서 돌아오는 정치가, 군인들과의 기자회견이 매일처럼 산요 호텔에서 열렸다.

이 연재기사 속에 호텔 앞에 서 있는 남녀의 낡은 사진이 게재되어 있다. 이들은 훗날 연인이던 공산당원과 소련으로 망명한 것으로 유명한 오카다 요시코岡田嘉子와 남자는 용모가 수려한 다케우치 료이치竹内良一였다. 두 사람 모두 당시 인기가 절정에 올랐던 영화배우로, 어떤 영화를 촬영하던 도중 자취를 감춘 소문의 커플이다. 지금 같으면 언론의 연예계를 온통 도배할만한 사건을 일으킨 남녀가 도쿄에서 한참을 떨어진 곳의 호텔을 배경으로 한, 한 장의 사진 속에 들어가 있는 것을 보면 대담한 사람들이라는 생각이 든다. 이 기사를 쓴 기자는 "세상을 깜짝 놀라게 한지 얼마 되지 않은 쇼와 2, 3년 무렵으로 생각된다"고 판단하지만 정확한 증거는 없다. 두 사람 모두 어색해 하는 표정이 의미심장하다. 혼슈 서쪽 맨 끝에 있는 호텔이 가십난의 무대가 된 것이다. 당시 산요 호텔의 존재감을 살필 수 있는 한 장의 귀중한 사진이라 할 수 있다.

그 무렵 호텔의 지배인은 마쓰모토 다마지로松本玉次郎가 맡고 있었다. 국유화 직후에는 주임(데이코쿠철도청 내부의 호칭인데 달리 말하면 지배인) 밑에서 조수를 했는데 1916년(다이쇼 5년)에 지배인으로 승격한 인물이다.

그는 청년시절 미국으로 유학을 갔다가 외교관이 되려고 귀국을 했다. 그렇지만 외교관의 등용문인 외교관보 시험에 합격을 하지 못해 어쩔 수 없이 호텔업계에 투신했다. 그러나 다행히 타고난 근면한 성격으로 인해 많은 고객들의 사랑을 받았다고 한다. 특히 조선 정무총감을 지낸 야마가타 이사부로山県伊三郎(이토 히로부미의 아들로 전 수상 야마가타 아리아케山県有明의 양자)의 후원은 대단했다. 야마가타는 마쓰모토의 딸을 도쿄의 본가로 불러들여 학교를 보내주었고, 마쓰모토가 정년퇴직을 했을 때에는 전국에 기부금 대장을 돌려 다액의 기부금을 모아주기도 했다.

마쓰모토는 그렇게 축복받은 호텔맨의 인생을 보냈지만 한번은 크게 골치를 썩힌 적이 있다. 영업 성적을 올리기 위해 시민들도 가볍게 이용할 수 있는 그릴 식당을 만들자는 이야기가 나왔을 때 (아쉽게도 신문기사에는 정확한 연도가 나와 있지 않다) 서비스를 담당하는 종업원으로 여성을 채용하면 어떻겠느냐는 의견이 있었다. 마쓰모토는 여자를 들였다가 이상한 소문이라도 돌면 관영 호텔의 위신이 걸린 문제라 신중하게 대처했다. 고민 끝에 그는 시대의 흐름에 따라 여자를 고용해 보기로 했다. 자격은 고등여학교 졸업자로 하고 채용시험을 거쳐, 3명의 재원을 고용했다. 제복은 보라색 정장에 흰 앞치마였다. 고작 세 사람이었지만 '그릴 식당 서비스 걸'의 출현 소식이 순식간에 시내로 퍼지면서 화제를 불러일으켰다. 그녀들 덕분으로 그릴 식당은 업적이 부쩍 신장되었고 호텔도 서비스 걸의 수를 점차 늘려갔다고 한다.

2. 식민지 만주에서의 호텔 경영

취직난으로 만주에

한 젊은이가 관부연락선 종점 부산에서 만주로 향했다. 이 젊은이는 훗날 이런 기록을 남긴다

> 나는 과거 4년간 도쿄생활에 종지부를 찍고 [……] 조선해협을 건너 만주길에 올랐는데 그때가 메이지 43년 초가을로 때마침 현해탄에 바람이 불면서 하얀 물보라가 일어 바다를 하얗게 물들일 무렵이었다.

나는 부산에서 한국내의 육로로 북상하여 철도로 경성(지금의 서울), 신의주를 거쳐 압록강을 건너 만주 땅에 들어선 다음 장춘에 도착했다.

이것은 훗날 데이코쿠 호텔 사장을 역임하는 등 일본 호텔 업계의 발전에 크게 공헌한 이누마루 데쓰조가《호텔과 함께 70년ホテルと共に七十年》속에서 기록해 놓은 여행 중의 모습이다. 1887년(메이지 20년) 동해에 인접한 이시카와현石川県 노미군能美郡 네아가리무라根上村에서 태어난 이누마루는 도쿄고등상업학교(지금의 히토쓰바시一橋대학)에 진학하면서 취업문제에 부딪히게 된다. 당시 일본의 경제계는 러일 전쟁 후의 반동에 의한 공황기에 돌입하여 학생들이 취업난으로 곤란을 겪고 있었다.

어느 날 이누마루가 선생님을 찾아갔더니 "이누마루군 만철満鉄에 입사할 생각은 없나?" 하고 선생이 권했다. 만철이란 정확하게 말하면 중국 동북부의 만주에 철도망을 넓혀가고 있던 남만주 철도주식회사를 말한다. 그는 소개장을 소지하고 만철 도쿄지사에 갔다가 이사로부터 뜻밖의 제안을 받았다.

"만철 본사가 아니라 호텔은 어떤가? 만철은 호텔도 경영하고 있다네. 거기에서 일 해볼 생각은 없나?"

"거기서 무슨 일을 하는데요?"

"요리사나 보이, 프런트 일이지."

이사의 설명을 들으면서 이누마루는 "복잡한 생각이 한순간 어지럽게 뇌리를 스치고 지나갔다" 고 술회한다. 호텔에 취직하리라고는 생각지도 못한 데 대한 놀라움과 만주에 갈 수 있다는 기대로 들뜬 반면, 호텔의 일개 종업원에 불과한 일이 탐탁치 않다는 자존심이 교차했기 때문이다.

이누마루는 번민에 빠졌다. 그런데 번민에 번민을 거듭하는 사이 다른 채용자가 결정되어 버렸다. 미련은 있었지만 이미 늦어버린 것을 어찌하겠는가? 짐을 정리해서 고향으로 막 떠나려는 참에 만철에서 서류가 배달되었다. 채용통지서였다. 급우가 만철에 부탁을 해서 취업을 할 수 있도록 밀어준 것이었다. 그렇게 해서 이누마루의 호텔맨 인생은 막이 올랐다. 그의 최초의 직장은 장춘 야마토 호텔, 그곳에서 호텔 보이로서 첫발을 내딛은 것이다.

그렇지만 손님에게 고개를 낮게 숙이고 다정한 말투로 이야기를 하는 게 보통 어려운 일이 아니었다.

> 한마디 한마디 할 때마다 얼굴이 나도 모르게 빨게 지는데 어떻게 할 도리가 없었다. 너무 자존심이 상해 가슴이 뜨거워지고 계속해서 열등감과 수치심이 엄습해와 자기혐오감에 빠진 것이다.

강대한 조직 만철의 탄생

1905년(메이지 38년) 러일 전쟁에서 승리를 거둠으로써 일본은 그때까지 줄곧 러시아가 개발을 해오던 중국의 동북지구에 해당하는 만주의 권익을 확보했다(아울러 만주라는 지명은 중국 최후의 왕조, 청조를 세운 만주족과 관계가 있는 땅이다. 또 예전의 일본에서는 만주滿洲라고 표기했다). 그리고 그 이듬해 만주 경영을 위한 중핵적 존재로 설립된 것이 반관

사진 29 만철 호텔 체인의 사령실과 같은 존재였던 중후한 다롄 야마토 호텔의 객실. 다롄빈관으로 현존하고 있다.

반민의 남만주철도, 통칭 만철滿鐵이다. 구체적으로 만철은 만주지구의 철도 경영권을 따낸 것 말고도 만주의 현관 역할을 하는 다롄항의 건설과 경영, 탄광 개발 등도 맡았다. 명칭은 철도 회사지만 실태는 하나의 식민지 국가였다. 만철의 사업은 철도를 비롯해 광업, 항만, 전기, 가스, 선박 등 거의 모든 분야를 망라하고 있었다.

만철이 어떻게 해서 이처럼 거대한 조직이 되었을까? 예를 들면 약간 훗날의 일이지만 만주의 산업개발 예산으로 당시 일본의 연간 예산에 필적하는 금액을 계산해 올린 적이 있다. 또 1939년(쇼와 14년) 판의 《만주여행 안내서》를 보면 만철 직영 호텔은 다롄 야마토 호텔을 비롯해 15개의 이름이 기재되어 있다. 만철로서는 호텔망을 전개해 나가는 것도 중요한 사업이었던 것이다.

그런데 만철 호텔 사업은 다롄 야마토 호텔의 개업을 시초로 시작되었다. 청일 전쟁에서 청나라의 패배를 계기로 제정러시아가 청조로부터 랴오뚱반도 남부를 조차했을 때 이 땅은 '다루니' 라 불렸고 다루니 호텔이 영업을 하고 있었는데, 만철은 일단 이것을 다롄 야마토 호텔이라 이름을 고쳐 창업했다. 만철이 설립된 이듬해 1907년(메이지 40년) 8월의 일이다.

그 후 만철은 2년 사이에 잇따라 호텔을 개업하는데 구체적으로는 다음과 같다.

뤼순 야마토 호텔 1908년(메이지 42년) 3월
장춘 야마토 호텔 같은 해 10월
펑텐 야마토 호텔 1910년(메이지 43년) 7월
호시가우라 야마토 호텔 같은 해 9월
펑텐(奉天, 지금으니 센양(瀋陽))

이렇게 재빠르게 호텔 경영에 착수한 것은 만철의 초대 총재 고토 신페이의 정책이 크게 작용했다고 한다. 훗날 고토가 철도원 총재에 취임하여 나라 호텔이 그의 뜻에 따라 영빈관 역할을 하게 된 것은 이미 언급했는데, 그는 만철 총재가 되기 이전 타이완 총독부 민정장관으로서 타이완을 통치했다. 그때 고토는 타이완을 '문장적 무비文裝的武備' 라는 사고방식으로 통치를 해서 "반일감정을 잠재우고 타이완 통치의 기초를 확립시킨" (고바야시 히데오小林英夫, 《만철滿鉄》(임성모 역, 《만철》, 산처럼, 2006) 적이 있으며 만철에서도 같은 정책으로 다각적 경영을 추진하려 했던 것이다.

문장적 무비란 식민지 지배에서 무력에만 의존하지 않고 교육이며 학술, 위생 등 광범위한 의미에서 문사적文事的 시설을 구사하는 것이다. 그렇게 하면 피식민지 사람들 사이에서 일본에 대한 외경심이 생기고 다

사진 30 만주 전역으로 확대된 호텔을 소개하는 만철 호텔 체인의 팸플릿.

른 나라로부터의 침략도 막을 수 있다는 것이다. 실제 훗날 그가 구미를 돌아보았을 때 구미인들이 "중국에 가면 우리를 따돌림 할 것 아니냐"며 따지고 들 때 이렇게 말했다고 한다.

내가 만철 총재가 되었을 때 가장 먼저 한 일은 철도 연선 각 도시에 호텔을 세우는 것이었습니다. 일본인을 위해서라면 그런 설비는 필요가 없겠지요. 그것은 주로 구미의 여러분을 위해서입니다. 즉 많은 구미의 여러분들이 만주에 오셔서 우리들과 함께 저 신천지를 개척해 주시기를 바랐기 때문입니다.(쓰루미 유스케(鶴見祐輔), 《고토 신페이전(後藤新平伝)》)

이누마루는 장춘 야모토 호텔에서 근무하고 있을 때의 인상을 앞의 책에서 이렇게 묘사해 놓았다.

그 무렵 초대 총재 고토 씨는 이미 퇴임했던 것으로 기억한다. 아마 제 2대 나카무라 고레키미(中村是公) 씨가 총재로 있을 때가 아닌가 생각한다. 그러나 실제로 회사에 들어가 일을 해보니 고토 씨의 포부가 호텔 건물의 구석구석에까지 안 미친 데가 없다는 것을 알 수 있었다. 만철이 직영하는 호텔은 그의 왕성한 정열이 응고된 것으로, 문자 그대로 국가적 기업이었다. 나는 활기에 넘치는 호텔의 모습을 보면서 호텔업에 대한 나의 그릇된 인식을 점차 고쳐 나가지 않을 수 없었다.

물론 만주라는 식민지 건설이 원래 그곳에 살고 있던 중국인들의 피와 땀과 눈물의 산물이라는 것은 새삼 말할 필요도 없다. 그리고 그것을 바탕으로 만철 호텔이 건설되었다는 것도 잊어서는 안 될 것이다.

나쓰메 소세키의 탄식

일본은 러일 전쟁 종결을 위한 포츠머스조약에 의해 다롄과 뤼순의 조차권, 뤼순-창춘 간의 철도와 그 부속 권익 등을 획득하고 그것을 발판으로 만주를 식민지화해 간다. 그리고 이미 언급했듯이 만철을 설립하여 식민지 경영과 접목시킨다. 만철이 수많은 사업을 착수해 나가는 가운데 호텔 경영은 상당히 이른 시기에 이루어졌는데 그 이유를 《남만주 철도 주식회사 10년사南満州鉄道株式会社十年史》는 이렇게 설명한다.

> 연선 주요 역에 여행객들의 숙박과 식사를 위해 필요한 설비를 갖추어야 하며, 정부에서도 명령을 내린 바다. 이는 만주와 같은 새로운 개척지에서는 철도와 더불어 여행객의 편의를 도모하기위한 필요불가결한 요소이다…….

앞으로 개발을 할 곳에 호텔은 필요불가결한 존재였다. 그래서 정부의 뜻에 따라 만철이 솔선하여 호텔을 건설한 것이다. 앞의 말을 반복하자면 그것은 고토 신페이의 발안이었다. 만철이 직영하는 제1호 호텔인 다롄 야마토 호텔은 1907년(메이지 40년)에 개업했다. 예전에 러시아가 통괄하던 시대에는 다루니 호텔이라고 불렀다가 그 후 일본군 민정서民政署였던 2층 벽돌 건물을 개수하여 13실 규모로 시작했다.

잠시 시간이 흐른 뒤 부근의 건물을 이용해서 10개의 객실을 늘렸지만 여행자들을 다 수용하지 못해 임기응변으로 침대차와 객선에 나누어 묵게 한 적도 있었다. 그래서 이 비좁은 상태를 개선하려고 부심했는데 1909년(메이지 42년) 때마침 만철 본사가 새 사옥으로 이전해 가자 구본사 건물을 개조하여 36개의 객실을 마련했다. 그리고 그때까지의 건물을 별관으로 사용했다.

다롄 야마토 호텔이 새로운 시설로 이전하고 얼마 안 있어 《나는 고양이로소이다吾輩は猫である》와 《도련님坊っちゃん》을 발표하여 문학자로서 명성을 날리고 있던 나쓰메 소세키夏目漱石는 옛 친구였던 나카무라 고레키미의 초대를 받아 다롄으로 향했다. 나카무라 총재는 본토 사람들에게 만주를 알리기 위한 글을 부탁하려고 소세키를 초대한 것이었다.

소세키는 그 만철 구 본사 건물을 개조한 2대째의 다롄 야마토 호텔에 머물렀다. 그리고 그는 예전에 항구도시로 번영을 누렸던 인코營口에서 〈취향에 대하여趣味について〉라는 제목으로 강연을 하면서 "저는 다롄의 야마토 호텔에서 묵었습니다만, 그 모든 설비가 죄다 서양인 위주로 되어 있거나 또 그렇게 만들고 있었습니다. 우리 일본인 취향에 맞는 설비는 찾아볼 수 없었습니다"(〈취향에 대하여〉)라고 언급했다. 그리고 소세키는 만주에 살고 있는 동포에 대해서 취향의 조화나 문화의 절충이 행복으로 이어진다고 설명했다.

일정을 마치고 소세키가 만주를 떠난 직후 엄청난 사건이 일어난다. 1909년(메이지 42년) 10월 26일 만주의 하얼빈역에 도착하던 이토 히로부미가 러시아의 재무장관의 마중을 받은 직후 군중 속에서 뛰쳐나온 암살자의 흉탄에 쓰러진 것이다.

범인으로 지목된 남자는 곧바로 체포되었는데 신원은 평양에 거주하고 있는 안중근으로 판명되었다. 그는 반일 지하운동의 지도자였다. 당시 이토는 한국병합을 추진한 중심인물로 안은 그것을 저지하기 위해 암살을 기도한 것이었다(아울러 안중근이 진범이 아니라는 설도 있다. 모리카와 데쓰로森川哲朗의 《암살 100년사暗殺百年史》에 의하면 이토의 체내에 남은 탄환은 모두 위쪽에서 아래쪽으로 관통했는데, 안이 가까운 거리에서 쐈다고 한다면 탄환은 수평탄gms을 남겨야 하기 때문에 암살범은 다른 사람일 가능성도 있다는 것).

흉탄에 목숨을 잃은 이토의 사체는 다롄으로 이송되었다. 일본 정부가 보낸 군함이 도착한 다음 날까지 이토의 관은 일단 다롄의 야마토 호텔 별관에 안치되었다. '이토' 하면 마에다 마타키치의 도키와 호텔의 개업에 관여한 이야기가 생각난다. 그 이토가 다롄 야마토 호텔의 지붕 밑에 놓인 관 속에서 만주의 마지막 밤을 보내고 있었다.

소세키는 베를린에 유학 중인 데라다 도라히코寺田寅彦에게 이런 편지를 보냈다.

> (만주에서) 돌아오자마자 이토가 죽었다. 이토는 나와 같은 배로 다롄에 가서, 나와 같은 곳을 걷다가 하얼빈에서 죽었다. 내가 내려서 밟았던 플랫폼이라니 정말 뜻밖의 우연이다. 나도 저격이라도 당했다면 이렇게 위통 때문에 괴로워하지 않고 편히 눈을 감았을지 모른다.(구보 나오유키(久保尚之), 《만주의 탄생(満州の誕生)》)

그런데 소세키가 서양인 위주로 만들었다고 지적한 다롄 야마토 호텔의 숙박자의 연인원은 꾸준히 늘어 개업 5년째이던 1911년도(메이지 44년도)에 처음으로 만 명대를 돌파했다(하루 평균 약 30명). 또 그 이전 09년(메이지 42년)에는 신축 계획이 결정되었다. '다롄의 심장부'라 불리는 중앙 광장에서 본격적인 영업을 시작하려고 한 것이다. 그 새로운 호텔은 14년(다이쇼 3년)에 115실 규모로 새 출발을 했다. 르네상스 양식을 채용한 이 건물은 기초 공사에서 준공까지 4년이라는 세월을 필요로 할 정도로 큰 건축물이었는데, 그만큼 장식면에서도 뛰어난 호텔의 면모를 드러내 만주 최고의 격식을 자랑하게 되었다.

설계자에 대해서는 여러 설이 있지만 전문가들 사이에서는 만철 최고의 건축가 오타 쓰요시太田毅일 것으로 추측하고 있다. 오타는 이 호텔의 설계를 위해 미국에까지 파견되었는데, 수많은 건축물을 빠짐없이 관찰한 것이 이 중후한 건물에 반영되었다고 할 수 있으리라. 만주의 건축계에 군림하게 되는 오노키 고지小野木孝治의 매형이기도 한 그는 오노키보다 실력이 한 수 위라는 평가를 받았는데, 호텔이 완성되기 전 30대 후반의 젊은 나이로 급사한다. 안타까운 죽음이었다.

제정러시아에 대한 대항 의식

만철은 다롄에 이어 다음은 뤼순에 호텔을 세웠다. 뤼순은 다롄에서 거리로는 60킬로미터 정도 떨어진 군항 도시로 러일 전쟁에서 203고지의 공방전으로 유명한 곳이기도 하다. 이곳의 호텔은 러시아가 통치하던 시대에 건설 중이던 건물을 호텔로 개조하여 1908년(메이지 41년)에 15실 규모로 개업했다.

뤼순 다음은 창춘이었다. 이미 언급했듯이 이누마루 데쓰조가 호텔맨으로서 처음 입사한 회사다. 정확하게 말하면 뤼순과 같은 해 창춘 구락부 건물을 이용해서 10실의 규모로 개업한 호텔이다. 그러나 이 호텔은 응급처치에 불과했고 이미 앞 해에 본격적인 호텔 건설에 착수했다. 그리고 2년 뒤에 완성된 것이 세셋션(아르누보) 양식 건물이다. 창춘은 다롄과 뤼순을 한쪽 편의 기점으로 하는 만철 본선의 다른 하나의 기점이며 만주 평원을 가로지르는 동청東清 철도와 접속하는 중요한 거점이었다(훗날 설립된 만주국의 수도로 되었고 이름도 신징新京으로 바뀌었다). 그래서 역과 인접한 한편에 호텔이 신축되었다.

설계는 니시자와 야스히코西沢泰彦의《'만주' 도시 이야기 '満州' 都市物語》에 의하면 도쿄대학을 갓 졸업한 이치다 기쿠지로市田菊次郎가 담당했다. 이치다는 메이지 시대를 대표하는 사찰 건축 목수인 이치다 주로베市田重郎兵衛의 아들로 학생시절부터 신사나 절의 건축 현장에서 실무를 익혔다. 그런 만큼 젊지만 무게 있는 호텔 설계를 맡았을 것이다.

그런데 왜 사찰 목수 일을 익힌 젊은 건축가가 최첨단 양식이라 할 수 있는 호텔을 설계하게 되었을까? 같은 책에는 재미있는 지적이 서술되어 있다.

> 만철은 창춘을 일본과 러시아의 단순한 철도의 접속점으로만 생각했던 게 아니라 그 땅을 일본과 러시아의 패권 접점으로 보았고, 동청 철도와 가끔 교섭이 필요한 장소로서 일찌감치 창춘 야마토 호텔을 건설했다. 그리고 그 건물의 장식으로 이미 제정 러시아의 식민도시화 되어 있던 하얼빈에서 널리 이용되던 아르누보 양식을 채용한 것이다. 거기에는 명백히 제정러시아에 대한 대항 의식이 존재했고 그것을 아르누보 건축으로 표현한 것이다.

예전에 유럽에서 탄생한 그랜드 호텔은 그 건축이 속한 도시와 국가 권력의 상징으로 건설되어 황금시대를 구가했다. 예를 들면 나폴레옹 3세의 지시로 1862년(분큐 2년) 파리 그랜드 호텔을 개업한 이후, 당대의 권력자나 지역의 지배자들은 앞을 다투어 호화로운 호텔을 세웠다. 창춘 야마토 호텔 또한 만주에서 일본 권력의 상징으로 건설된 것이었다.

"영리를 목적으로 하는 것이 아니다"

제정러시아에 대항해서 당시 최첨단의 세셋션(아르누보) 양식으로 설계된 창춘 야마토 호텔은 지배인 이와시타 이에카즈岩下家一가 관리했다. 가고시마 출신인 이와시타는 해군대장 도고 헤이하치로東鄕平八郎의 조카로 자작 신분이었다. 또 그는 도쿄 고등상업학교 출신으로 앞에 나온 이누마루의 5년 선배이기도 했다.

당초 이누마루는 보이 일을 하면서 자기혐오감을 느꼈지만 "남에게 배워서 익히는 것 보다는 직접 체험으로 익히라"는 가르침대로 스스로 익히려고 노력했다. 그러나 막상 그렇게 하다 보니 긴장감도 없어지고 다시 자기 직업에 대한 모멸감이 머릿속을 맴돌았다. "일이 지겨워서 견딜 수가 없어 회사를 그만둘까하고 진지하게 생각한 적이 있다"고 한다. 한편 이와시타는 학교를 졸업한 뒤 스위스에 유학하여 호텔 사업 실무를 익히고 갓 귀국한 전도유망한 청년 호텔맨이었다. 이누마루는 결국 이와시타에게 공감을 하기 시작했다. "그에 대한 이야기를 들으면서 점차 호텔 사업에 대한 흥미와 관심이 솟구쳐 오른" 것이었다.

그러다가 연호가 다이쇼로 바뀔 무렵 이와시타는 회사의 경영 방침에 불만을 품고 개선책을 상부에 제안했다가 제안이 받아들여지지 않자 그는 번민의 날들을 보내고 있었다. 그러던 어느 날 이와시타는 이누마루를 지배인실로 불러 자신의 생각을 털어놓고 이누마루에게 의견을 물었다. 이누마루는 전적으로 동감을 했다. 이와시타는 다시 수뇌부에 개선안을 올렸으나 결국 전과 마찬가지로 받아들여지지 않았다.

이누마루는 구체적으로 무슨 문제가 있었는지에 대해서는 언급하지 않았다. 이것은 어디까지나 추측에 불과하지만 야마토 호텔의 경영 체질과 이와시타가 스위스에서 배워온 호텔 경영 이론에 거리가 있었던 점에 문제가 있었던 게 아닐까 하는 생각이 든다.

만철의《10년사》에는 다음과 같은 글이 있다.

> 료칸 영업은 정부 명령의 하나인 만큼 단지 영리만을 목적으로 하는 것이 아니다.

만철의 최종 목적은 어디까지나 식민지 경영의 성공에 있었다. 그렇게 하기 위한 호텔 경영이었으며, 최종 목적이 달성된다면 호텔 경영에서 다소 적자가 나더라도 눈감아 줄 수 있는 게 아닌가 하는 식의 만철의 경영 자세를 엿볼 수 있다. 실제로 각 야마토 호텔의 지출은 항상 수입을 웃돌았다. "쓸데없는 비용을 절감하고 손실을 최소한도에 그치도록 노력" 했지만 이익을 내는 정도는 아니었다. 식민지에서의 경영이라는 특수한 조건이기 때문에 어쩔 수 없는 경우도 있었겠지만 그런 환경에 물든 경영진의 자세에 이와시타는 이의를 제기했던 것이 아닐까?

개선안이 각하되자 이와시다는 사직을 결의하였고, 이누마루도 길바닥에 내쫓기는 것을 두려워하지 않고 반골 정신을 발휘해서 사표를 제출한다. 이누마루는 창춘 야마토 호텔에서 3년을 근무했다. 그 사이 보이, 요리사, 경리, 급사 등 호텔 관계 업무를 두루 섭렵했다. 이제 그로서는 호텔 이외에는 다른 길을 생각할 수 없었다. 그래서 상하이를 향해 퇴직금 300엔을 주머니에 넣고 다롄항을 떠났다. 새로운 다롄 야마토 호텔이 시내 중심부 대광장에 건설 중이던 1913년(다이쇼 2년) 10월의 일이었다.

아울러 이와시타는 그 후 마루노우치丸の內 호텔 건설에 참여했고 이어서 즈시逗子 호텔(훗날의 즈시 나기사 호텔)을 경영, 그리고 도쿄 신바시의 요미우리 신문사 터를 쓰치야 게이사유土屋計左右(당시 주식회사

아지노모토의 관련 회사인 스즈키산에이 주식회사의 상무이사)에게 매입하도록 권유해서 다이이치 호텔 개업에 일익을 담당한다.

호시가 우라의 리조트 개발

이누마루가 상하이를 향해 다렌을 출발했을 무렵, 10월 26일자 〈오사카마이니치신문〉에 "다롄 등을 비롯한 각지에 야마토 호텔"이라는 기사가 실렸다.

> 다롄 시가지의 중심부에 자금 70여 만 엔을 투자해서(실제로는 90여 만 엔) 엄청난 규모의 화려한 석조 료칸을 신축하고 있는데 머지않아 완성이 된다고 한다. 다롄 호텔에는 세탁부, 이발관 및 마차부를 처음부터 계획했는데 그 중에서도 세탁부는 규모도 크고 신식 설비라고 한다.

이 기사대로 만철 호텔 체인에는 마차부와 세탁소가 설치되었다.

마차부는 당연한 일이지만 이용객의 편의를 도모하기 위한 것으로, 예를 들면 신축 후1916년도(다이쇼 5년도) 말 다롄 야마토 호텔에서는 짐마차를 포함 모두 16대의 마차와 22마리의 말을 보유하고 있었다. 그런데 이듬해부터 순차적으로 자동차를 도입하기 시작하여 어느 틈엔가 명칭도 자동차부로 바뀌었다. 세탁부는 호텔뿐 아니라 다롄 야마토 호텔 관할로 되어있던 식당차나 병원에서 사용하는 시트나 커버도 취급했다. 세탁부는 매년 이익을 낼만큼 우량 부문이었다.

그런데 앞의 신문기사는 이렇게 이어진다.

만철은 안팎으로 피서객들을 불러들이기 위해 다롄 교외의 해변을 택해 호시가 우라라 이름 짓고 대규모 유람지를 신설, 그곳에 해변 호텔 하나와 지역별로 십 수개의 화양식 임대 별장을 특설하여 [……] (메이지) 43년 8월부터 개업했다. 근년 3년 [……] 올 여름과 같이 호텔과 별장 모두 만원이었다.

만철은 다롄에서 약 14킬로 떨어진 경승지에 대규모 리조트를 건설한 것이다. 건설과정에 대해서는 하세가와 다카시長谷川尭의 《일본 호텔관 이야기日本ホテル一物語》가 건축가 오노키 고지의 회고록 《만주 건축 잡지 滿州建築雜誌》에 실린 〈호시가 우라 추억星が浦追憶〉을 근거로 해서 썼는데 놀라운 것은 그 개발의 발단이다.

그것을 요약하면 이렇다. 나쓰메 소세키가 다롄에 오기 4개월 전인 1909년(메이지 42년) 5월, 만철 주최의 친목회 일환으로 다롄 후지 기슭의 들판에서 토끼사냥이 있었다. 그런데 오전 중에 잡은 토끼가 고작 한 마리였고, 초라한 성과를 내고 일행이 해안에 인접한 나지막한 구릉지에서 점심을 먹고 있을 때, 만철 부총재인 구니사와 신베에国沢新兵衛가 오노키를 비롯한 참석자들에게 이렇게 말했다.

여기는 듣던 대로 썩 좋은 해변인데 해수욕장으로 개발하면 좋겠군. 한번 계획을 세워보는 게 어때?

무심코 그냥 한번 던진 이 한마디에 대규모 리조트지인 호시가 우라星ヶ浦의 개발이 시작되었다는 것이다. 실제 오노키는 다음 날 매형인 오타 쓰요시太田毅(다롄 야마토 호텔의 설계자)와 함께 구니사와의 호출을 받고 곧바로 계획을 추진하라는 명령을 받았다.

만철 상층부의 말 한마디는 절대적인 힘을 갖고 있었다. 일단 개발이라는 결정이 나면 그 뒤는 계획을 추진하는 방향으로 돌진할 뿐이다. 저해 요인이 있으면 힘으로 제거했다. 오노키는 회고록에 이렇게 기록한다.

> 서부(부지의 서쪽 부분의 사유지)를 매수하는데 가끔 웃지 못 할 삽화가 있었다. 원래 그 지역은 고기잡이를 위한 구역인데 [……] 그들이 선조 대대로 살아오던 땅을 떠나게 되면 바다도 동시에 잃어버리기 때문에 생활상 절대로 매수에 응할 수 없다고 완강하게 버티자, 결국은 청원 순사가 검을 뽑아들고 그들의 주장을 강압적으로 눌러버린 사실도 있었다.
> [……] 지금 생각해보면 그런 식의 매수방법은 좀 가혹했던 것 같은데, 당시의 분위기로는 특별히 문제로 여기는 사람도 없었다.

리조트 개발은 중국 주민의 희생 위에서 추진되었던 것이다.

그런데 숙박시설은 만철《10년사》에 의하면 예의 토끼사냥이 벌어진 1909(메이지 42년) 10월에 "먼저 서양식 별장 5동 및 일본식 별장 3동을 신축하고, 이듬해 43년 8월, 객실 10개, 응접실, 거실, 식당 등을 보유한 본관 한 동을 준공, 같은 해 9월 19일 '호텔' 영업을 개시하다"라고 되어있다. 그리고 주변 일대 약 12만 평방미터를 민정서로부터 빌려 정원과 테니스코트, 운동장, 해수욕객용 탈의실 등을 만들었다. 또 그 이듬해에는 객실 4실과 당구장, 바 등을 갖춘 호텔 별관을, 15년(다이쇼 3년)에는 골프장을 정비했다.

중국을 위압한 정차장과 호텔

이렇게 해서 호시가 우라는 해를 거듭해 갈수록 대규모 리조트로 발전해 갔다.《남만주 철도주식회사 10년사 제2차南満州鉄道株式会社十年史 第二次》에는 1917년도(다이쇼 5년도)부터 26년도(쇼와 원년도)까지의 호시가 우라 야마토 호텔의 영업 상황이 기재되어 있다. 기록을 보면 23년도(다이쇼 12년도)를 제외하고 숙박객 수는 항상 외국인 쪽이 일본인을 웃돌았다. 구체적으로는 1917년도는 일본인 21명에 대해서 외국인 129명(그밖에 중국인 4명), 26년도는 일본인 64명에 대해서 외국인 141명(그밖에 중국인 58명)과 같은 상태였다.

이 리조트 건설 목적 중 하나는 실은 외국인 손님 유치와 외화 획득이었다고 한다. 그래서일까? 호텔을 건설할 때 영국과 미국 양국 영사의 조언을 들었다. 토끼사냥 때의 잡담에서 시작된 호시가 우라의 개발은 중국인 주민들을 끌어넣으면서 만철 및 정부의 정치적, 경제적 요구를 채워갔다.

생각해 보면 식민지 국가의 호텔 건설이란 다양한 의도들이 얽히고설키면서 진행되었다고 보는 것이 타당할 것이다. 이미 언급했듯이 창춘 야마토 호텔은 제정 러시아에 대항하기 위해 최첨단의 건축 양식으로 건설되었는데, 펑톈 야마토 호텔의 경우는 "중국 측의 대관(관리)을 접대할 목적이 있었다" 고 한다(앞의 책 《'만주' 도시이야기》).

펑텐 즉 현재의 센양瀋陽에서 야마토 호텔이 개업한 것은 호시가 우라 호텔보다 2개월 전인 1910년(메이지 43년) 7월이었다. 장소는 펑텐 정차장 위로, 만철 최대의 붉은 벽돌건물 역사에 이른바 정차장 '호텔'을 개업(《만철 10년사》)한 것이다. 펑텐 역을 최대 규모로 지은 것은 만철 최대의 철도 부속지(철도 부설과 경호에 필요한 토지) 약 600헥타를 보유하고 있는 펑텐의 현관에 걸맞은 건물을 세우려는 의도와 더불어 그곳이 교통의 요충지라는 이유에서 중국 측에 대한 위압적인 효과를 노렸던 것 같다. 그리고 그 안에 호텔을 세워 중국의 관리들을 접대하면서 만철의 확고한 의지를 보여주려 했던 것이다. 그러나 당초 객실 수는 12개의 소규모였고, 3년 뒤에 사용하지 않는 공간을 이용해서 7실을 늘렸다. 그렇게 했는데도 수용 능력에 문제가 생기자 중앙 광장에 확보한 땅을 이용하여 호텔을 신축, 29년(쇼와 4년)에 완성을 보았다.

설계를 담당한 사람은 호시가 우라 개발 때도 등장했던 오노키 고지와 요코이 겐스케横井謙介의 공동사무소. 70실 규모의 이 호텔은 붉은 벽돌 건물의 정차장 호텔 시절보다도 모던한 양식으로 광장을 제압했다. 이 건물은 지금도 건재해서 랴오닝 영빈관으로 영업을 계속하고 있다고 한다.

일본인의 향수를 자극한 만주의 온천

만주는 당시 일본인에게 꿈과 희망을 안겨주는 신천지였다고 한다. 《만주 10년사》에 의하면 만주의 일본인 인구는 만철 창립 이듬해인 1907년(메이지 40년)에 약 4만 명이었는데 그로부터 8년 뒤에는 10만 명으로 두 배가 넘는 증가 추세를 보였다. 이처럼 급증하는 일본인을 노린 숙박시

사진 31 모래찜이 명물이었던 만주 남부의 송위에청 온천.

사진 32 마지막 황제 부의를 은닉한 탕강쯔 온천.

설도 야마토 호텔처럼 늘어났는데 그 중에서도 특히 두드러진 존재는 온천지의 시설이었다.

약간 시간이 흐른 뒤의 이야기인데, 필자에게 만철이 1936년(쇼와 11년)에 발행한 《만주 온천 안내滿州溫泉案內》라는 소책자가 있다. 만철은 그 중에서 숑위에청熊岳城 온천, 탕강쯔湯崗子 온천, 우롱베이五龍背 온천의 만철 연선 3대 온천을 소개하고 있다. 이 소책자에 의하면 1932년(쇼와 7년)에 성립된 만주국 내에는 이 3대 온천을 제외하고도 이십 수 군데의 온천이 있다고 한다. "지진이 없는 나라라는 점에서 볼 때 뜻밖이라고 생각하는 사람이 적지 않을 것이다"라며 만주가 온천 천국이라는 사실을 알리고 있다. 그러면 3대 온천이 어떤 온천이었는지 살펴보도록 하자.

숑위에청 온천은 다롄에서 급행열차 '하토鳩'를 타면 세 시간이 채 걸리지 않는다. "숑위에강 강변에 역사의 무상함을 말해주는 고성이 자리하고"라는 문구에 나타나 있듯이 숑위에청은 발해국의 고성 이름에서 유래한다. 온천의 욕조는 만철이 창립된 1906년(메이지 39년)에 일찌감치 일본군에 의해 설치된 것으로, 훗날 서양식의 외관에 32실을 갖춘 숑위에청 온천 호텔과 40실 규모에 취사 설비를 갖춘 장기체류용 온천 호텔 요조칸養生館이 들어섰다. 이곳은 모던풍의 유리창을 설치한 모래찜 온천이 명물이었던 모양이다.

다음으로 탕강쯔 온천은 마찬가지로 다롄에서 급행열차 '하토(=비둘기라는 뜻—역자)' 를 타면 네 시간 사십 분 만에 도착한다. 소책자에는 "평원 한 가운데 여봐란 듯이 온천맥이 고개를 불쑥 내민 곳" 이라고 소개한다. 당나라 시대 태종이 고구려 원정 때 요양했다고 전하는 유서 깊은 온천이다. 여기에는 지붕 모양이 합장형을 이룬 궁전 형식의 화양 절충 양식으로 된 객실 31실을 갖춘 다이스이카쿠大翠閣며 30실의 장기 체류용 교쿠센칸玉泉館 등의 시설이 있었다. 다이스이카쿠는 영화화된 《마지막 황제》로 이름이 알려진 청조 최후의 황제 부의가 이용한 것으로도 유명하다. 일본 정부는 그를 만주국 황제로 추대하기 위해 만주로 데려왔는데 그 때 부의를 숨긴 곳이 다이스이카쿠였다.

사진 33 일본인의 만주 여행에 대한 의욕을 불러일으키기 위해 만철이 1938년(쇼와 14년)에 발행한 '만주 여행' 안내.

마지막으로 우룽베이 온천은 다롄, 그리고 나쓰메 소세키가 강연을 했던 인코와 함께 만주 3대 항구 도시의 하나다. 안둥安東에서 만철로 약 40분 거리에 있다. 이 온천도 유서 깊은 전설이 있는데, 일본인들 사이에서는 청일전쟁 때 발견된 곳으로 유명하며 외관이 서양식이고 내부는 일본식의 우룽카쿠, 7실의 정기체류용 호요칸保養館 등이 만철 직영으로 운영되었다.

온천을 좋아하는 일본인들에게 온천이 있는 만주는 타국처럼 생각되지 않았을지도 모른다. 그도 그럴 것이 지금까지 살펴봤듯이 숙박시설 내부는 일본식으로 설계되어 있었기 때문이다. 고향을 떠나 만주에 살던 일본인들은 그런 온천에 몸을 담그면서 무슨 생각에 잠겼을까?

피비린내 나는 부분이 내장된 식민지 호텔

남만주 철도주식회사가 설립된 4년 뒤 한국병합이 이루어졌다. 앞 해 안중근의 이토 히로부미 암살사건도 결국 이 사태를 막을 수 없었고, 일본은 마침내 한국을 식민지로 삼아버렸다. 이와 함께 한국 내의 철도는 조선총독부 철도국이 관리하게 되었고 동시에 철도 호텔도 설립되었다. 그 첫 탄생이 1912년(메이지 45년) 7월 개업한 부산 철도호텔이다.

당시 부산과 시모노세키는 두 도시를 오가는 부관연락선에 의해 11시간 반(나중에 8시간으로 단축)으로 연결되어 있었다. 또 그 앞 해에는 조선 철도와 만주 철도가 연결되어 부산에서 만주, 그리고 시베리아 철도를 이용해 유럽으로 가는 길이 열렸다. 그 교통의 요충지인 부산에 정차장이 신축되고 위층에 객실 9개 규모의 호텔이 들어섰다.

사진 34 조선에서는 경성의 조선 호텔이 사령실과 같은 존재였다. 뒤편에 보이는 것은 조선 시대의 유적인 황궁우(皇穹宇).

그 뒤 철도국 직영 호텔이 착실하게 늘어간다. 부산의 호텔이 들어선지 1개월 뒤 연호가 다이쇼로 바뀐 직후인 8월, 이번에는 신의주 정차장의 신축과 함께 역시 객실 9실 규모의 신의주 정차장 호텔이 탄생한다. 1914년(다이쇼 3년)에는 수도 경성(지금의 서울)에 65실 규모의 경성 조선 호텔로, 그 이듬해에는 동부의 경승지 외금강산 기슭에 10실 규모의 금강산 호텔, 18년(다이쇼 7년)에 내금강산 기슭에 장안 호텔, 25년(다이쇼 14년)에는 평양 철도 호텔로 이어지면서 체인망을 넓혀갔다.

특히 경성 조선호텔은 아르누보의 독일판인 유겐트 양식을 채용하여 최첨단의 건축미를 자랑했고, 조선철도국 직영 호텔의 사령실과도 같은 존재가 되었다. 설계자는 게오르그 드 래런드George de Lalande, 시공은 시미즈구미清水組가 맡았다. 유명 건축가의 아들인 래런드는 1902년(메이지 35년) 무렵 연령으로 치면 30세 정도가 되었을 때, 일본에 들어와 고베에서 설계활동을 시작한 인물이다. 1907년(메이지 40년)의 오리엔탈 호텔 개축 때 명설계로 세상에 알려졌는데(중요 문화재로 지정된 수탉모양의 풍향계 건물로 유명한 구 토머스 저택도 그의 작품이다), 아마 그 오리엔탈 호텔의 성공으로 한국 경성의 공사를 맡게 된 것이리라.

지금까지 식민지의 호텔들과 당시의 모습을 소개했는데, 이러한 호텔은 이 책에서 다룬 일본 국내의 호텔과는 전혀 다른 성격을 띠고 있었다. 일찍이 구미 열강들이 일본의 쇄국을 여는 과정에서, 호텔을 건설해 놓고 활동의 거점으로 삼았듯이, 일본 또한 아시아 주변 국가를 침략하는 과정에서 호텔에 식민 활동의 거점 역할을 맡도록 했기 때문이다.

이러한 식민지 호텔의 운명적 성격을 앞에 나온《일본 호텔관 이야기》는 이렇게 기록한다.

> 그 장소(호텔관)는 항상 어딘가에 피비린내를 숨기고 있다. 호텔관이 식민지적 세계에 부속된 시설이며, 제국주의적 침략 작업 중에서 없어서는 안 될 숙박시설이라는 것을 알면 그러한 어두운 성격도 당연히 이해할 수 있을 것이다.

패전 후 반세기 이상 경과한 현대에서는 생각하기 힘든 일이지만 식민지 호텔은 권위의 상징으로서 화려한 외관을 드러내고 있었던 반면, 피비린내 나는 부분 또한 내장하고 있었던 것이다. 이 표현이 너무 직설적이라면 호텔은 시대를 반영하는 거울이라 바꾸어 말하면 적당할지 모르겠다. 사회의 움직임을 민감하게 비추는 거울 그것이 호텔이다.

《눈으로 보는 옛날의 조선目でみる昔日の朝鮮》에는 당당한 건축미를 선보인 앞의 경성 조선호텔에 대해서 다음과 같은 글이 있다.

> 쇼와 17년(1842년) 조선(경성) 호텔은 적막했다. 전쟁이 시작되어 [……] 도쿄에서 경성으로 돌아온 나는 [……] 학우들을 전쟁터로 보내고 무료함

을 핑계 삼아 [……] 조선 호텔 지하 바를 드나들고 있었다. 친하게 지내던 일본인 바텐더가 속삭이듯 던진 말이다. '전쟁이 어떻게 될까요? 손님이 확 줄었어요. 특히 외국인은 한 명도 오질 않아요'.

서전의 승전 소식에 취해 있었을 때인데도 외국인들과 교류가 많았던 그는 이미 어떤 불길한 예감을 품고 있었던 게 아닐까?

3. 관광입국에 대한 자각

제1차 세계대전으로 인한 성황

러일 전쟁에서의 승리는 한국병합이나 중국 동북부(만주)에 대한 식민이라는 일본 경제권의 확대로 이어졌고, 해당지역 내에서의 철도 호텔의 탄생을 촉진했는데 저 멀리 떨어진 유럽이 주된 전장이었던 제1차 세계대전도 일본의 호텔 사정을 크게 좌우했다. 1917년(다이쇼 6년) 12월 17일자 〈도쿄 아사히신문〉에 "전 세계에서 손님들이 몰려와 북적거리는 호텔의 풍년" 이라는 기사가 게재되어 있다.

> 전쟁이 시작된 해와 그 이듬해는 손님이 갑작스럽게 줄어 도시의 호텔업자에게는 대흉년이었으나, 작년에서부터는 180도 바뀐 대풍년으로 데이코쿠 호텔도, 도쿄 정차장(스테이션) 호텔도 사철 만원을 이루고 있다. 데이코쿠 호텔 같은 곳은 '올 상반기 하반기 모두 호텔 개벽 이래 최고의 경기인데 지금까지 제일 좋았던 해보다 두 배의 수익을 올리고 있어요' 라고 지배인은 기염을 토했다.

또 이듬해 봄에 발행된 잡지《건축화보建築画報》에도 이와 비슷한 기사가 실려 있다.

> 도쿄 호텔의 호황은 요즈음에 와서 최고조를 보이고 있다. [……] 일본인 손님이 가장 많이 드나드는 도쿄역 호텔에서 [……] 항상 만원, 어쩔 수 없이 휴게실을 객실로 급조해서 쓸 정도다. [……] 도쿄역 호텔이 번창하는 것은 어떤 면에서는 일본인에게 서양식 호텔의 수속이 간단명료해 경제적이라는 점이 알려지면서인데 특히 간사이 지방에서 오는 손님들이 즐겨 머문다.
>
> [……] 도쿄역 호텔의 사와노 지배인 이야기에 '[……] 요즘은 신혼여행을 떠날 때 편리한 점도 있어서 여기서 결혼식이며 피로연을 하는 분들도 늘고 있습니다. 지금은 빈방이 없어서 날마다 손님을 거절하느라 무척 괴롭습니다'.

1914년(다이쇼 3년)에 발발한 제1차 세계대전은 처음에는 일본의 경기에 타격을 가져다 주었다. 그러나 전황이 진행됨에 따라 산업계는 활기를 되찾아 종전 후에는 일본을 방문하는 외국인이 급증한 것, 전쟁 경기로 주머니 사정이 넉넉해진 일본 상인들이 머물던 장소를 료칸에서 호텔로 바꾼 것 등이 요인으로 작용하여 앞서 말한 바와 같은 호경기를 맞게 된 것이다. 또《건축화보》기사를 통해서 호텔이 결혼식 피로연 장소로 이용되기 시작했다는 사실을 알 수 있다. 호텔에서의 결혼식 피로연이 일반적인 현상으로 자리잡은 것은 다이쇼 후반기 이후라고 하는데, 도쿄 스테이션 호텔에서는 일찌감치 그런 경향이 나타났던 것 같다.

그런데 이상 두 개의 기사에 등장하는 도쿄 스테이션 호텔은 도쿄역이 완성된 이듬해인 1915년(다이쇼 4년)에 개업했다. 문자 그대로 도쿄

역에 편입된 호텔이었다. 그러나 처음에는 그 계획이 무산되어 실현이 위태로운 사태에 직면한 적도 있었다. 여러 우여곡절을 겪었지만 정치적인 요청과 거물급 인사들의 도움으로 호텔은 역이 완성된 이듬해 개업을 했다.

그러면 어떤 경위로 일본 최초의 역사驛舍 호텔이 탄생했을까?

도쿄역 자체 건설 계획은 1884년(메이지 17년)에 도쿄부 지사 요시카와 아키마사芳川顯正가 맨 처음 제안했다고 한다. 당시 도쿄의 터미널 역은 북쪽 편에 도호쿠 본선의 기점인 우에노역이 있었고, 남쪽에는 도카이도선 본선의 기점인 신바시역이 있었는데, 양자를 연결하는 노선은 아직 없었다. 그래서 양자를 잇는 노선을 건설하고 중간에 중앙 정차장을 건설하려는 안이 제출된다. 그 중앙 정차역 즉 도쿄역 건설 계획은 청일, 러일 두 전쟁이 일어나면서 착공하는 데까지 상당한 시간이 흘렀다. 또 설계자가 다쓰노 긴고로 결정되기 까지도 시간을 요했고, 역사 안에 호텔을 함께 지을 것인가에 대한 논의도 오랫동안 계속되었다.

크게 요동치는 호텔 계획

《일본 호텔 역사》에 의하면 1906년(메이지 39년)에 호텔 설치 조사위원회라는 것이 설립된다. 위원은 데이코쿠 호텔의 오쿠라 기하치로 외에 도쿄 상업회의소 회장 나카노 부에이中野武営 등 모두해서 아홉 명이었다. 그중에서도 나카노 부에이는 잡지에 〈호텔 완비는 전후 가장 먼저 서둘러야 할 문제〉라는 논문을 발표하는 등 적극적으로 힘을 쏟았다. 이하 일부를 인용해 본다.

나는 정부가 아래의 안을 단행할 것을 바란다.

1. 주요 각 철도 정차장 내에 스테이션 호텔을 건설할 것.
2. 현재 농상무성의 건물은 관청 식 건물이라기보다는 료칸에 가까우므로 이것을 료칸으로 사용할 것.
3. 2를 철도 작업국의 부업으로 경영할 것. [……] 스테이션 호텔과 같은 시설은 외부에서 오는 관광객이 한나절이나 하루정도의 짧은 시간에 각지의 명승지를 찾는 데 편리할 뿐 아니라, 내국인들도 차에서 내려 곧바로 료칸으로 들어갈 수 있다는 점에서 대단히 편리하게 생각할 것.

일본의 호텔 부족은 나카노가 지적한 대로였다. 1909년(메이지 12년)에 미국에서 대규모 관광단(약 650명)이 왔을 때도 당시의 신문은 호텔이 부족한 것을 우려해 문명국으로서 부끄러워해야 할 일이라고 질책하고 있다. 개국 이래 전국적으로 호텔이 건설되고 있었다고는 하지만, 메이지 말기의 수도 도쿄에는 데이코쿠 호텔 외에 쓰키지 세이요켄 호텔 등 고작 다섯 군데에 불과했다.

그런 가운에 나카노가 제안한 쓰키지의 농상무성 청사의 호텔 개조안은 청사 이전지를 찾지 못해 실현을 보지 못했으나, 스테이션 호텔의 장래성에 착안한 점 자체는 무의미하게 끝나지 않았다.

그러한 나카노 제안은 1908년(메이지 41년)에 고토 신페이가 철도원 총재에 취임하면서 활력이 붙는다. 이미 언급한 바와 같이 고토는 만철 총재 시절에 야마토 호텔 건설을 적극적으로 추진하는 등 철도 호텔 경영에 전향적인 사고를 지닌 인물이었다. 아울러 실무 차원에서 관광사업에 몰두하고 있던 기노시타 도시오木下淑夫의 활약도 철도 호텔의 실현에 플러스 요인으로 작용했다. 기노시타는1898년(메이지 31년)에 제국대학교 공학부 토목공학과를 졸업하고 대학원에 들어가 법률과 경영을 공부하다가 재학 중에 철도 작업국에 취직한 후 미국과 영국, 독일에 유학하여 관광 사업을 공부한 영재다. 그는 자원이 적은 일본은 관광객을 유치해서 외화획득을 꾀해야 한다는 생각을 지니고 있었는데, 훗날 Japan Tourist Bureau(지금의 JTB) 설립에 공헌한 인물이다(이 일은 나중에 다시 자세하게 설명하겠다).

이러한 인물의 등장으로 철도 호텔 계획은 순풍을 만난 것처럼 보였다. 그러나 다쓰노 긴고가 처음 작성한 설계도에 호텔이 배치되어 있었는데, 어느새 사무소로 변경되었다가 다시 호텔로 바뀌는 등 정차장 공간의 용도 변경이 수차례 번복이 되면서 좀처럼 최종 결정에 이르지 못했다. 다쓰노는 몇 차례나 설계도를 수정해야 했다.

또 호텔을 경영하는 방법을 두고도 직영이냐 위탁이냐 하는 문제로 의견이 갈렸다. 앞에 나온 고토 신페이나 기노시타 도시오는 당연히 직영을 생각했지만, 제1차 세계대전에 의해 재류 외국인이 일제히 귀국한 데다가 철도원이 경영하고 있던 나라 호텔과 산요 호텔, 게다가 만철의 야마토 호텔의 상황까지 여의치않자 위탁 쪽의 목소리가 우세해졌다. 그러던 차에 정변으로 인해 고토가 사직하자 민간에게 위탁하는 쪽으로 결정이 나버렸다. 위탁처는 세이요켄으로 결정되었다. 데이코구 호텔도 검토되었지만 호텔 경영의 어려움을 역의 식당으로 만회하기 위해 레스토랑 경영에 뛰어난 세이요켄을 택한 것이다. 세이요켄은 그 무렵 우에노 쓰키지 호텔을 경영한 것 말고도 열차 식당과 여러 개의 레스토랑도 경영하고 있었다. 특히 쓰키지는 1909년(메이지 42년) 개축이 완료되어 흠잡을 데 없는 태세로 영업에 임하고 있던 시기였다.

도쿄 스테이션 호텔은 도쿄 역의 남쪽 돌출부의 2층과 3층을 점유하는 형태로 문을 열었다. 시설 내용은 객실 72개에 식당과 연회장 외에 당구대를 갖춘 풀바와 도서실, 이발관 등도 마련되었다. 건물은 벽돌로 지었으며 입지조건과 외관, 규모 등을 종합적으로 판단해보면 일급 호텔의 탄생이라 할 수 있었다. 당시 그 정도의 시설을 갖춘 호텔은 데이코쿠 호텔과 쓰키지 세이요켄 호텔 정도로, 도쿄의 호텔 사정으로 본다면 획기적인 사건이었다.

도시히데, 기노시타 도시오의 활약

도쿄 스테이션 호텔 개업에 온 힘을 쏟은 철도원 영업과장 기노시타 도시오俊英 木下淑夫는 또 하나의 커다란 실적을 남겼다. 앞에서 언급한 Japan Tourist Bureau(이하 JTB)의 설립이다.

기노시타는 JTB 발기인 대회가 열린 1912년(메이지 45년) 2월 데이코쿠 호텔에서 개최된 일본 호텔협회 총회에서 JTB 창립 취지를 설명하고 협력을 요청했다. 그는 그 이전에 상사인 히라이 세이지로平井晴二郎 철도원 부총재로부터 "외국의 유람객을 따뜻하게 맞이하고 그 수를 늘리는 일은 국가경제상 대단히 중요하다. 거기에 만전을 기하는 방법은 우리 철도 업자와 호텔 업자가 밀접하게 관계를 유지하면서 서로의 뜻이 원활하게 소통되도록 하는 것이 하나의 방법이다"(JTB《회고록》)라는 말을 듣고 기노시타는 호텔 경영자에게 협력을 구한 것이다.

기노시타의 창립 취지를 구체적으로 설명한 자리에서 당시 호텔업계를 괴롭히고 있던 부정 가이드 문제를 해결하기 위해 철도 회사 종업원에게 영어를 가르치고 있음을 언급하고 우량 가이드 육성의 중요성을 강조한 뒤 JTB에 대해 찬동해 줄 것을 촉구했다. 그 내용의 전문은 앞의 《회고록》에 의하면 약 10페이지 정도의 긴 문서였다는데, 얼마만큼 기노시타 자신이 창립에 힘을 쏟았는지 알 수 있다.

그런데 기노시타가 협력을 요청한 일본 호텔 협회란 1909년(메이지 42년) 요코하마 그랜드 호텔의 C. 홀 사장의 제창에 따라 28개의 주요 호텔이 가맹해서 설립했다(당초는 일본 호텔조합이라는 명칭이었는데 곧바로 개칭하였다. 또 3년 전에는 후지야 호텔의 야마구치 센노스케의 제창으로 대일본 호텔업 동맹회가 결성되었는데 주요 멤버들 사이에서 체인 계획이 논의되면서 조직이 소멸되었다. 그러나 체인 계획도 실현을 보지 못했다). 홀은 맨 처음 모임에서 다음과 같은 연설을 했다.

> 지금 일본에서 호텔, 철도, 그 밖의 일반 설비나 대우는 외국인 관광객을 만족시키기에 충분하지 못할 뿐 아니라, 더러 외국 손님들에게 불쾌감을 주는 일까지 있어 그런 이야기를 들을 때마다 부끄럽고 창피해서 몸 둘 바를 몰랐다. 우리들과 같은 관련 업종에 종사하는 자들이 서로 돕고 일치단결해서 개선 방법을 찾아내 외국의 손님 유치에 만전을 기해야 한다.(《일본 호텔 약사》)

홀은 외국인이 경영하는 호텔과 일본인이 경영하는 호텔이 서로 대립하거나, 외국인이 경영하는 호텔들끼리 손님을 끌기 위해 추태를 부리는 것을 전부터 무척 불쾌하게 생각했다. 그래서 호텔업의 근대화를 위해 동업자들에게 호소한 것이었다.

그리고 같은 협회는 그의 제안을 즉각 행동으로 옮긴다. 1909년(메이지 42년) 10월 28일자 〈오사카 아사히신문〉에 흥미로운 기사가 실려 있다.

내무성, 일본 료칸의 호텔 이름 사용을 금지. 보통의 료칸이 호텔 명의를 사용하는 경우가 갈수록 늘어나는데, 그 중에는 영문 광고지를 만들어 길거리에 걸어놓은 곳도 있어 외국인 관광객이 좋은 설비를 갖춘 호텔인 줄 알고 들어갔다가 낭패를 보는 경우가 적지 않다고 한다. 그러다 보니 자연 외국인을 상대로한 전문적인 호텔이 오해와 피해를 뒤집어쓰는 것은 당연한 일이다. 이에 대해 적절한 대책이 필요하다는 진정서를 일본 호텔 조합 대표 오쿠라 기하치로가 내무성에 제출했다. 내무성에서는 여러 의견을 들어본 결과 이유 있는 진정이라고 판단, 27일 각 부현 지사에게 그 뜻을 전달했는데 오사카 경찰 본부는 대대적인 단속을 벌여 대상 료칸 업자들에게 해괴한 이름들은 바꾸도록 명령했다.

그러나 이 내무성의 통달이 어느 정도 실효성을 발휘했는지는 명확하지 않다. 아울러 협회는 "10실 규모 이상의 (양식) 객실에 식당, 휴게실 등의 설비를 갖춘 곳"을 '호텔'이라 정의하고, 료칸과 구별하는 업무 지도를 내무성에 요구했지만 받아들여지지 않았다.

JTB의 창설과 활동

이제 JTB 이야기로 돌아가 보자. 기노시타 도시오가 힘을 쏟은 JTB의 창립은 시부사와 에이이치의 한 마디로 크게 탄력을 받았다고 한다.

시부사와 에이이치와 마스다 다카시(두 사람은 데이코쿠 호텔 창립시 주주이기도 하다)는 외국인 빈객을 맞이하기 위한 목적으로 1893년(메이지 26년) 기힝카이喜賓會라는 조직을 도쿄상업회의소 내에 설립하여 외국인 접대며 국제 친선에 일정한 성과를 올렸다. 그러나 설립 이래 20년 가까이 되다 보니 수뇌진이 너무 거물급 인사가 되어 실무적인 활동을 할 수 있는 멤버가 없었다. 그래서 시부사와는 기노시타와 닛폰유센郵船 전무 하야시 다미오林民雄를 불러 기힝카이의 현황을 설명한 뒤 이렇게 말했다.

> 이번에 새롭게 별도 기관을 만들어 이 방면에서 대대적으로 활동을 했으면 한다.(《회고록(回顧錄)》)

이렇게 해서 외국인 손님 유치를 위한 조직 JTB 설립 운동이 시작되었다. 기노시타는 앞서 언급했듯이 일본 호텔협회 총회에서 유세를 하고 하야시와 함께 호텔관광업계를 정비한다. 그리고 1912년(메이지 45년) 3월 철도원에서 창립총회가 열렸다.

초대 임원으로는 기노시타와 하야시 외에 데이코쿠 호텔 지배인 하야시 아이사쿠林愛作 등 11명이 뽑혔고 회장에는 앞에 나온 철도원 부총재 히라이 세이지로가 선출되었다. 그런데 외국인이 경영하는 호텔, 예를 들면 요코하마 그랜드 호텔과 오리엔탈 호텔, 클럽 호텔, 고베 도아東亞 호텔, 한국 애스톨 하우스, 손탁 호텔, 그리고 외국 여객선 회사에 대한 권유는 무슨 까닭인지는 모르겠으나 뒤로 미루어졌다.

초기 JTB의 주된 활동은 세계일주 관광단의 접대와 요코하마와 나가사키의 안내소 개설, 샌프란시스코에서 개최된 박람회에서의 선전활동 등을 들 수가 있는데, 호텔과의 직접적인 제휴에 대해 1920년(다이쇼 9년)에 다음과 같은 일이 있었다. 당시 호텔 부족으로 외국인 관광객은 일본에 상륙하자마자 불편을 감수해야 했다. 그래서 JTB는 호텔협회와 협력하고 외국항로를 운항하는 여객선이 입항할 때마다 호텔의 빈 객실 수를 여행자들에게 통지하여 선내에서 예약할 수 있도록 편의를 꾀했다.

이 통보는 맨 처음 1년간은 79회, 그 이듬해에는 110회에 달했다. 그리고 철도원의 주요 역 외에 산요 호텔이나 데이코쿠 호텔 등에 안내소를 개설했고, 외지에도 안내소 망을 확산시켜 타이완 철도 호텔이나 다롄, 펑텐, 창춘의 각 야마토 호텔에 위탁안내소를 설치했다.

환상으로 끝나버린 전무후무한 호텔 계획

JTB는 이렇듯 외국인 손님 유치를 장려하는 한편, 또 하나의 중요한 계획을 추진하려고 했다. 거대 호텔 건설 계획이다. JTB 창립 피로연에서 대장성 장관을 역임한 도쿄시장 사카타니 요시오阪谷良郎 남작은 다음과 같이 언급했다. 앞에 나온《회고록》에서 인용해보자.

> 앞으로 JTB의 주된 일은 '호텔' 사업이 될 것입니다. 제가 대장성에 있을 때인 메이지 39년에 호텔 장려책에 대한 명령을 만철에 내렸고, 경부 철도(조선)에도 내렸으며 또 내지 일반인에게도 대대적으로 권했습니다. 그 결과 각지에 상당히 많은 호텔이 들어섰습니다만 지금 상태로는 아직 불충분합니다. 모처럼 외국인이 일본에 왔다가 머물 장소가 없어 부둣가에서 우왕좌왕하게 되는 심각한 사태가 벌어져서는 안 됩니다. 특히 도쿄 시장으로서 지금 당장 대규모 호텔이 설립되기를 희망합니다.

이 사카타니의 말에 크게 자극을 받아 JTB 내부에서는 호텔을 건설해서 경영하려는 분위기가 고조되었다 그래서 철도성의 기노시타 도시오가 중심이 되어 준비에 착수한다. 1919년(다이쇼 8년) 봄의 일이다. 계획의 입안은 기노시타의 지시에 따라 당시 경성 조선 호텔 지배인이었던 이노하라 사다오猪原貞雄가 귀국하여 맡았다. 또 건축 설계 주임은 철도성

기사인 구노 미사오久野節(나중에 가마고오리蒲郡 호텔—지금의 가마고오리 프린스 호텔—을 설계)가 담당했다.

처음에는 총 공사비 2000만 엔, 객실 수 1000개의 규모로 계획되었는데, 역시 규모가 너무 크다는 의견이 출자자들(미쓰비시, 미쓰이, 닛폰유센, 도요키센東洋汽船)로부터 나와 1200만 엔에 880실로 변경되었다. 그래도 2500명을 수용할 수 있는 대연회장과 넓은 무도실, 옥상 정원 등을 갖추는 등 당시로서는 최대의 시설에 해당되는 내용이었다. 그 무렵 데이코쿠 호텔이 능력을 총동원하여 건설에 들어간 신관(이른바 라이트관)이 270실이었는데 이것과 비교해보더라도 엄청난 규모의 호텔이었다. 그러나 취지서에는 데이코쿠 호텔과는 경합하지 않는다고 밝혔다.

> 데이코쿠 호텔과 그 밖의 신축공사가 진행되고 있는 시점에서 우리가 추진하고 있는 별도의 호텔 설립을 계획하는 것은 무모한 일이라 비방하는 목소리도 있지만, 양자가 그 목적을 달리해서 전자는 오로지 상류층을 상대로 한 귀족적 특징을 갖추는 데 반해, 후자는 실용성을 위주로 한 이른바 커머셜 호텔의 성격을 지니며 [……] 시세의 요구에 따라 양자가 서로 제국 수도에 없어서는 안 될 시설이 될 것으로 믿는다.

이 거대한 커머셜 호텔의 건설지는 도쿄역 앞의 도쿄해상보험의 동쪽 편으로 결정하였다. 명칭은 저팬 호텔주식회사, 호텔명은 도쿄 터미너스(터미널에 해당되는 프랑스어) 호텔로 정하고 계획이 진행되었다.

《회고록》에 의하면 설계자는 앞에서 언급했듯이 구노 미사오가 주임으로 선정되었는데, 그 밖에 또 한 사람의 인물이 관련되었던 것 같다. 바로 시모다 기쿠타로下田菊太郎다(《회고록》에서는 시모다의 이름을 발견

할 수 없다).

시모다 평전 소설인 하야시 세이고林青梧의《문명개화의 빛과 어둠文明開化の光と闇》에 의하면 그는 데이코쿠 호텔 신관 설계도를 완성한 뒤, 최초의 도쿄 터미너스 호텔 합동준비임원회 석상에 초대를 받았다.

> [……] 데이코쿠 호텔과 같은 그렇게 아카데믹한 것이 아니라 좀 더 미래적 전망이 풍부한, 즉 미래형 호텔을 도쿄 한 복판에 세우고 싶습니다. 많은 협조 부탁드립니다.

이 연설을 듣고 적극적으로 동조한 시모다는 "미래형 호텔이란 무엇인가"라는 테마에 주안점을 두고 설계에 전력투구했다. 미래의 호텔은 개인의 주거와 공공의 장을 융합시키는 것이 중요하다고 생각한 그는 창의력 넘치는 새로운 구조를 제시했다. 예를 들면 숙박객들과는 상관없이 호텔을 찾는 시민들을 위한 다양한 시설을 배치했다. 그러나 그 뒤 준비실로부터 연락이 없었다. 어쩌면 처음부터 예견된 일인지도 모른다. 1919년(다이쇼 8년) 말부터 이듬해 봄에 걸쳐서 일어난 경제공황이 이 호텔 계획을 무산시켜버린 것이다. 경제는 제1차 세계대전의 종결에 따라 대전 붐에서 거꾸로 불황으로 이행하면서 주가가 폭락하고 실업자가 속출했다. 이러한 상황에서 호텔 계획을 추진한다는 것은 불가능했다. 주저 앉아버린 기노시타는 하다못해 세계 일요학교 대회 참석자를 위한 목조 아파트라도 임시로 건설하려 했지만 이것도 실현에 이르지 못했다고 한다.

아울러 기노시타는 이 무렵 〈투어리스트 사업의 장래와 인접국가들과의 관계ツーリスト事業の将来と隣接緒邦との関係〉라는 논문을 발표한다. 그

속에서 그는 관광정책의 중요성을 설명하고 "호텔의 증가를 꾀함과 동시에 재래의 일본 료칸 발달을 촉진해서 이를 외국인이 이용할 수 있도록 묘안을 짜내는 것도 대단히 중요하다"며 유연한 발상을 제시했지만, 안타깝게도 1923년(다이쇼 12년) 49세의 젊은 나이로 눈을 감았다.

종합 사교장을 목표로

거대 호텔 계획이 환상으로 끝날 무렵, 재계인의 손에 의해 계획이 수립되었지만 시대적인 사정 때문에 불완전한 형태로 완성된 호텔이 또 하나 있었다. 80년간의 긴 세월 동안 고쿄 앞에서 레스토랑과 연회장을 운영해 온 도쿄카이칸東京會舘이다.

나가사키 현 의회 의원을 역임한 뒤 재계에 입문하여 미쓰이 은행과 오지王子제지 등을 거쳐 니혼제당의 사장에 취임한 후지야마 라이타藤山雷太는 도쿄 상업회의소의 회장으로 있었는데, 다이쇼 시대 전반에 해당하는 그 시기의 그는 회의소 활동이 활발해져 마루노우치에 있는 2층 건물의 사무소가 너무 비좁았다. 그래서 후지야마는 재계인을 비롯한 일반의 내외국인을 위한 새로운 사교장 건설을 염두에 두게 된다. 일본은 앞으로 국제적인 지위도 상승할 것이고 외국인 관광객도 증가할 것이다. 그렇다면 종합 사교장이 필요하게 될 것이다—후지야마가 이런 생각을 하고 있을 때, 어떤 인물이 그를 찾아온다. 데이코쿠 극장의 지배인 야마모토 규자부로山本久三郎다.

산요 철도나 데이코쿠 철도 등의 철도회사, 그리고 청량음료수를 제조하던 데이코쿠코센帝国鉱泉을 거쳐 데이코쿠 극장 지배인이 된 야마모토 규자부로는 1913년(다이쇼 2년)에 구미에 극장시찰을 떠났는데, 그

때 호텔과 직결된 극장의 존재에 주목했다. 런던의 사보이 극장과 시카고의 오드트리엄좌는 관람객에게 식사 등의 편의를 제공하기 위한 목적도 겸해 호텔과 지하로 연결이 되어있었다. 그가 관리하는 데이코쿠 극장은 11년(메이지 44년)에 완성되었는데 도요켄東洋軒이나 주오테이中央亭가 양식 레스토랑을, 그리고 신바시 가게쓰花月가 일식당을 운영하고 있었다. 또 초밥집과 메밀국수집, 연회장 등도 함께 만들어 당시 극장으로서는 획기적인 시설을 갖추고 있었다. 그렇지만 야마모토는 그 정도로는 만족할 수가 없었다. 관객이 막간을 이용해서 식사를 하게 된다면 지금의 시설로는 감당을 할 수 없었기 때문이었다.

이 문제를 두고 고민하고 있을 때 구미에서 예의 호텔과 직결된 극장을 목격하게 된 것이다. 야마모토로서는 좀처럼 풀 수 없던 어려운 문제에 대한 해답을 찾았다고 생각했음에 틀림없다. 일정을 마치고 귀국한 야마모토는 전무로 승진하여, 더욱더 책임이 무거운 입장이 되었다. 극장과 인접한 곳에 있으면서 레스토랑 업무를 원활하게 할 수 있는 호텔 건설에 대한 구상은 갈수록 그의 마음속에서 부풀어 간다.

이 호텔 계획에는 또 한 명의 인물이 가담한다. 도요켄이라는 레스토랑을 창업한 이토 고노스스무伊藤耕之進다. 나가노현 출신의 이토가 경영하는 이 도요켄은 1891년(메이지 24년)에 이마후쿠今福라는 상호로 탄생한 쇠고기와 닭고기를 전문으로 하는 식당이 그 기원으로, 당시는 유명한 레스토랑이었는데, 이토는 나름대로 하나의 커다란 꿈을 안고 있었다. 다름 아닌 호텔 경영이었다. 그는 예전부터 데이코쿠 호텔이나 쓰키지 세이요켄 호텔을 능가하는 호텔 건설을 꿈꾸고 있었다. 단순히 꿈만 꾸고 있었던 것이 아니라, 그 건설 자금을 150만 엔 정도로 예상하고 자금을 모으느라 정신이 없었다. 호텔의 이름은 그의 머릿속에서 이미 결정이 되어 있었다. 바로 도쿄카이칸이다.

그런데 그렇게 간단히 자금이 모일 리가 없었다. 그의 호텔 설립 계획은 한 때 중단될 수밖에 없었다. 아마 이토는 가게를 낼 데이코쿠 극장의 야모모토와 상담을 했을 것이다. 그 계획이 실현되면 데이코쿠 호텔과 쓰키지 세이요켄 호텔에 충분히 대항할 수 있는 호텔을 건설할 수 있을 것으로 예상하고 있었다. 그렇게 해서 야마모토는 자신들의 구상을 실현시키기 위해 데이코쿠 극장 설립 발기인 중 한 명인 후지야마 라이타를 방문하기로 한 것이다.

음울한 국민성을 개조하기 위해

후지야마가 회장을 역임한 도쿄 상업회의소는 영리를 목적으로 한 사업이 금지되어 있었기 때문에 야마모토 일행의 호텔 계획은 후지야마에게는 더할 나위 없는 제안이었다. 계획은 즉각 실행으로 옮겨졌고 1920(다이쇼 9년)에 주식회사 도쿄카이칸이 설립된다. 대표이사에는 후지야마 라이타가 취임했다. 건물 설계 시공은 시미즈구미(지금의 시미즈 건설)이 맡아 르네상스 양식의 격조 높은 건물로 마무리를 했다. 건설지는 데이코쿠 극장과 도쿄 상업회의소 사이에 있는 해자垓字 근처의 부지다. 건물은 2년 반 동안의 공사기간을 거쳐 준공한다. 22년(다이쇼 11년) 11월 1일자 〈도쿄 니치니치신문〉은 회관이 완성에 이르기까지를 이렇게 보도했다.

> 데이코쿠 극장으로 통하는 지하도에만 6만 엔을 들인 도쿄카이칸이 오늘 개관하는데 총 공사비가 300만 엔이나 든 만큼 상당한 규모의 건물이다.
>
> [……] 크림색의 벽돌을 붙인 철근 콘크리이트 5층 건물인데 4층에는 1500명을 수용할 수 있는 베르사이유 궁전을 본뜬 대연회장, [……] 5층은 전부 호텔로 21실 밖에 없지만 욕실, 화장실, 탈의실이 붙은 호화판 객실인데 귀빈실도 있다. [……] 호텔은 중순이 되어야 개업한다고 한다. 개업 전에 16,000명이 연회 참석 신청을 했다고 한다.

개업 피로연은 11월 21일 개최되었다. 개관식이 지연된 것은 데이코쿠 극장을 연결하는 지하연락 통로 공사가 늦게 마무리되었기 때문이다. 이때의 모습도 신문에 보도되었다.

> 1,000명 정도를 초대해서 일본에서 가장 넓다는 4층 연회장에서 접대를 했다. 그리고 지하도를 통해 데이코쿠 극장으로 가서, 바이코(梅幸)[82]와 고시로(幸四郎)가 연기한 자보3번이며 모리 리쓰코(森律子), 고바야시 노부코(小林延子) 등 여우들의 무스메시시(娘獅子)[83]까지 실컷 눈요기를 했다.(〈주가이쇼교신보(中外商業新報)〉 12월 22일 자)

데이코쿠 극장과 직접 연결되어 있는 도쿄카이칸만이 할 수 있는 개업 피로연이 열린 것이다. 아울러 이 개업식에서는 후지야마 라이타가 다음과 같은 인사말을 통해 도쿄카이칸 탄생 경위와 이념을 설명했다.

---

82) 6대 오노에 바이코(1870~1934) 전전(戰前)을 대표하는 가부키 명배우.
83) 일본 전통 춤의 하나.

사진 35 종합 사교장을 목적으로 개업한 도쿄카이칸. 맨 위층에 계획했던 호텔은 무산되었다.

> 당관을 계획한 것은 한 개의 영리회사라기보다 오히려 오늘날의 사교기관으로서 공중의 편익을 도모하기 위한 것이다. 사회가 평화와 협조를 유지하면서 시민의 행복을 증대시키는 것은 사교가 그 제일이다. 그런데 일본에서는 예로부터 혼자서 근신을 하는 개인 도덕에 기울어 다른 사람들과 함께 즐기는 사회도덕을 중시하지 않음은 크게는 국제관계상으로도 좋지 않는 일이다. [……] 당관은 건축의 외관, 내부의 설비가 호화스러워 혹시라도 귀족이나 상류층을 위한 회관으로 오해하는 사람이 있을지도 모르겠지만, 이것은 음울한 쪽으로 흐르는 경향이 있는 우리 국민성의 결함을 교정하고, 쾌활한 성정을 기르기 위해 명랑, 쾌적한 기분을 건축상으로 나타낸 것이다.(《후지야마 라이타전(藤山雷太伝)》)

고쿄를 내려다보는 입지가 재난을 부르다

도쿄카이칸은 널리 주목을 받아 연일 눈코 뜰 새 없는 나날을 보내고 있었다. 약 반 년 전에 데이코쿠 호텔이 실화에 의해 소실되어 영업을 못한 것도 호황의 원인 중 하나였다고 한다.

그런데 앞의 신문기사에 보도되었듯이 회관 5층에는 객실도 마련되어 호텔 영업도 곧바로 개시할 예정이었다. 실제로 필자가 갖고 있는 당시의 개업 안내서에는 영문으로 "PALACE HOTEL NOW OPENED NOVEMBER 1st, 1922"라고 기록되어 있다. 당초에는 영문명을 팰리스 호텔이라 하고 회관 개업일에 호텔도 함께 영업을 개시하려 했던 것을 알 수 있다.

그렇지만 호텔 부문은 아무리 기다려도 햇빛을 보지 못했다. 당국이 영업 허가를 해주지 않았기 때문이다. 도쿄카이칸의 설립 동기 중 하나가 호텔업이었고 그에 대한 상당한 기대를 걸었던 만큼 허가가 나지 않는 것은 적지않은 충격이었을 것이다. 허가가 나지 않은 이유는 《도쿄카이칸의 과거와 현재東京會舘いまむかし》에 의하면 "확실하지는 않지만" 이라는 전제 아래 유력한 설을 하나 제시한다. 입지에 대한 문제다.

도쿄카이칸은 고쿄皇居 니주바시二重橋의 거의 정면과 마주보는 형태로 건설되었다. 당국으로서는 그것만으로도 골치를 앓고 있었는데, 엎친 데 덮친 격으로 5층 호텔에서 고쿄가 내려다보인다는 것이 오해를 불러일으켜버렸던 모양이다. 게다가 데이코쿠 극장과 지하도로 연결된 것도 자극의 재료가 되었다고 한다. 아무리 새로운 문화라고는 하지만 어디까지나 데이코쿠 극장은 연극의 흥행장이었다. 그 흥행장이 고쿄 앞에 터를 잡은 도쿄카이칸과 직접 연결이 됨으로써 풍기상으로도 문제가 생겼다. 지금의 시각으로 보면 특이한 사건처럼 보이겠지만 '천황신天皇神의 영역을 침범해서는 안 된다' 는 경향이 갈수록 심해지던 당시의 정세를 생각해보면 호텔 부문에 대해 인가가 나지 않은 것은 어찌보면 당연한 일이었다.

이렇듯 도쿄카이칸은 그 기능을 100% 발휘하지 못한 채 문을 열게 되지만 요코하마 오리엔탈 팔레스 호텔에서 프랑스인 요리사를 초빙하여 국제적 사교장이라는 설립 취지에 걸맞에 서양 요리에 힘을 쏟았다. 도쿄카이칸은 예식장으로도 이용되었다. 이미 언급했듯이 도쿄 스테이션 호텔은 한 걸음 앞서 결혼피로연을 올리는 이용자가 나왔는데, 당시 결혼식은 주로 식당이나 자택에서 올린 것을 생각하면 도쿄카이칸에도 새로운 흐름이 밀려들어왔다고 볼 수 있을 것이다. 피로연 식사는 역시 일식이 주를 이루었으나 서양 요리를 선택한 피로연도 있었다고 한다.

국제관광국의 창설

이렇게 몇몇 호텔 계획이 무산되기도 했으나 시대가 흐르면서 일본의 국제화가 커다란 과제로 등장하면서 호텔의 중요성은 갈수록 커져 갔다. 아타미 호텔을 창업해서 훗날 중의원 의원과 아타미 시장이 된 기시 마모루岸衛는 저서《관광입국観光立国》에서 이렇게 썼다.

> 나는 국제관광정책의 중요성을 어릴 적부터 알아차리고 21세가 되면서 영국을 시작으로 독일, 프랑스 미국 등의 일류 호텔의 사무원으로 있으면서 그 방면에 대한 연구를 계속한 결과, 빈곤 국가인 일본이 외국인 관광객 유치를 통해서 부를 늘려가는 길 외에는 없다고 생각하여, [……] 하마구치 내각 시기에 국회의원으로서 많은 노력을 했고, 귀족원과 중의원의 양 의원을 통해서 외국인 관광객 유치에 대한 건의안을 통과시켰으며, 그렇게 해서 국제관광국이 철도청의 한 국으로 탄생된 것이다.

기시가 이 글에서 언급한 국제 관광국이란 결론부터 말하면 전쟁 전의 쇼와 시대에 몇 개의 값진 호텔 건설을 촉진한 기관이다.

훗날 암살자의 흉탄에 쓰러진 하마구치 오사치浜口雄幸 내각은 1929(쇼와 4년)에 발족되었다. 재정 긴축과 산업의 합리화를 꾀하는 정책을 내놓아 국민들로부터 정리 긴축 내각으로 불린 그다지 평판이 좋지 않은 정권이었는데 기시는 "이 관광 정책 만큼은 반드시 처리해서 관광국을 설치해주었으면 한다"고 직접 제의를 했다. 하마구치도 관광국 설치는 국제 수지개선을 위해 도움이 되는 정책이라고 생각하여 분위기가 한층 고조되었다. 그리고 30년(쇼와 5년) 마침내 국제관광국이 창설되었다.

다만 기시의 이러한 설명만으로는 관광국 창설에 이르기까지의 경위에 대한 충분한 근거가 되지는 못할 것이다. 실은 그때부터 뒤로 거슬러 올라가 십 수 년 전인 1916년(다이쇼 5년) 수상관저에서 경제조사회 무역연합부회가 열려 외국인 관광객을 유치할 정책의 일환으로 이미 호텔 진흥책이 검토되었기 때문이다. 이때의 토의가 국제관광국 창설의 기초를 만들었던 것이다.

아울러 같은 국이 왜 철도성의 한 국으로서 탄생했는지, 어떤 경위로 이 명칭이 사용되었는지에 대한 의문이 생기는데 그 답은 국제 관광국이 발행한 《관광사업 10년의 회고観光事業十年の回顧》에 나와 있다. 당초 국제 관광국을 어느 성 내에 둘 것인가를 두고 논의가 벌어졌다. 내각 직속으로 하는 것이 타당하지 않겠는가 하는 목소리도 꽤 컸던 모양인데, 철도성이 예전부터 영문 안내서를 작성해왔고 JTB에 대한 원조도 하고 있다는 점, 또 철도 운영 그 자체가 외국인 관광객 유치사업과 밀접한 관계가 있다는 점에서 철도성 내에 설치하기로 한 것이다.

명칭에 대해서는 앞의 경제조사회의 회의에도 출석한 철도대신 에기 다스쿠江木翼의 의견이 반영된 것이라고 한다. 당시 관광이라는 단어나 개념은 오락 정도의 차원이 낮은 것으로 인식되었고, 관청관계의 업무와는 거의 인연이 없는 말이었다. 그러나 에기는 학자이기도 했던 터라 관광이라는 단어가 지닌 뜻의 깊이를 알고 있었다. 중국 주周나라 시대의 역학의 고전《주역》속에는 다른 나라의 문화를 시찰한다는 의미의 '觀光' 이 나와 있는데 에기는 특히 "觀國之光 尙賓也" 라는 문장에 주목했다. 이 말은 "찬란한 나라의 빛을 드러내고 빈객을 융숭하게 대접한다" 는 뜻으로 외국인들을 유치하고 환대하는 일은, 비할 데 없는 역사나 풍광, 그리고 문화를 보유하고 있을 때 비로소 가능하다는 것을 나타내고 있다. 그리고 그 정신이야말로 앞으로 일본의 국가적 사업에 어울리는 것이라 생각하고 국제관광국이라는 이름을 붙인 것이었다.

풍경의 자본화라는 새로운 발상

호텔 경영자에서 중의원 의원이 되어 국제관광국 창설에 온 힘을 쏟은 기시는 그 후 같은 국의 간사가 되었다. 그는 도대체 어떤 인물이었을까?

1885년(메이지 18년)에 우라와浦和시에서 태어난 기시는 도쿄 외국어학교 영어 본과를 졸업하자 곧바로 유럽으로 향한다. 이 시기 단신으로 해외로 건너가 호텔업계에 투신한 인물로 앞에 나온 이누마루 데쓰조가 있는데 기시는 이누마루보다 두 해 먼저 태어났고 따라서 두 해 먼저 해외로 나갔다. 그는 관광사업 연구라는 명확한 목적을 갖고 구미 호텔에서 일하다가 27세 때 귀국하여 데이코쿠 호텔 부지배인으로 근무했다. 그 뒤 기시는 한 귀족의 소개로 1892년(메이지 25년)부터 아타미에서 영업 중이던 히구치 호텔의 경영자 장녀와 결혼했다. 그런 인연도 있고 해서 일본 관광주식회사를 세우고 아타미 호텔을 개업한다. 1922년(다이쇼 11년)의 일이다.

여기서 흥미로운 사실은 기시가 "여우와 너구리가 출몰한다는 소문이 나돌고 살인 사건까지 일어나 소름이 돋는 숲"을 개발하여 호텔을 건설한 점이다. 당초에 기시는 아타미에서 호텔 부지를 찾기 위해 날마다 도시락을 싸들고 돌아다녔다. 그리고 기온과 풍향, 일조, 풍광 등을 연구해서 최종적으로는 아타미와 이즈야마산伊豆山 중간에 위치한 미개척지의 토지를 사들여 건설용지로 정했다. 당시는 몹시 외진 곳으로 사람들로부터 "저런데다 호텔을 짓다니, 잘 해야 하루 두 세 명 쯤 들텐데"라는 험담을 들을 정도였다. 그렇듯 덤불 속에 불쑥 솟아난 형편없는 입지조건을 지닌 호텔이 마침내는 정치가들의 회담 장소로 쓰이는 등 차츰 그 명성이 퍼져나갔다. 또 1923년(다이쇼 12년)부터는 "팁 1할 주의를 일본 호텔 사상 최초로 단행했고, 일본식도 양식과 같은 테이블에서 서비스 하는 등 다양하고 참신한 경영스타일을 선보여" 신혼부부들의 메카가 되기도 했다.

기시는 결국 사람들이 거들떠보지도 않던 땅을 개발하여 성공을 거두었지만, 그것은 어떤 의미에서 해외를 널리 돌아본 성과였다고 할 수 있을 것이다. 그는 앞의 저서에서 이렇게 언급하고 있다.

> 세계를 돌아보고 일본보다 풍광이 수려한 곳이 얼마든지 있다는 것을 통감했다. [……] 서양인은 전혀 보잘 것 없는 곳에 인공을 가미해 매우 뛰어난 풍광으로 만들어버리는 취향과 기술을 갖고 있다. [……] (일본도) 특수한 시설을 만들고 독자적인 경관을 살려 내야만 세계각지로부터 손님을 끌어 모을 수 있다.

그는 구체적인 생산물을 만드는 일이며 그것을 사고파는 것만이 산업은 아니다; 아무것도 생산하지 않는 풍광을 자본화해서 수익을 올리는 것도 훌륭한 산업이라는 새로운 발상을 아타미 호텔에서 실행한 것이었다.

역사상 최초의 호텔 붐

그런데 관광에 대한 진보적인 사고를 지니고 있던 기시가 창설에 관여한 국제관광국은 요코야마 다이칸横山大觀 등 일본화의 대가들이 그린 작품을 사들여 포스터를 만들어 외국 관광객 유치를 꾀하기도 했는데, 같은 국의 최대 사업의 하나는 뭐니 뭐니 해도 관광 호텔 건설을 촉진하는 일이었다.

그 사업의 기본적인 흐름은 대장성으로부터 저리의 융자를 지방 공공단체에 알선하고 그 단체가 호텔을 건설해서 경영을 민간에게 위탁하는 것으로, 다음과 같은 호텔들이 융자를 받아 개업했다. 《관광사업 10년의 회고》의 내용에 따라 개업 순으로 나열해 보겠다.

① 나가노 현립 가미코치 호텔(長野県立 上高地 HOTEL)
② 우라고오리초립 가마고리 호텔(浦郡町立 浦郡 HOTEL)
③ 시가 현립 비와코 호텔(滋賀県立 琵琶湖 HOTEL)
④ 요코하마시 유 호텔 뉴그랜드(일부 개조, 横浜市有 HOTEL NEW GRAND)
⑤ 오사카시립 신오사카 호텔(大阪市立 新大阪 HOTEL)
⑥ 나가사키 현립 운젠간코 호텔(長崎県立 雲仙観光 HOTEL)
⑦ 가라쓰 시립 가라쓰 씨사이드 호텔(唐津市立 SEA-SIDE HOTEL)
⑧ 야마나시 현립 후지뷰 호텔(山梨県立 富士 VIEW HOTEL)
⑨ 시즈오카 현립 가와나 호텔(瀞岡県立 川奈 HOTEL)
⑩ 나고야시립 나고야 간코 호텔(名古屋市立 名古屋観光 HOTEL
⑪ 나가노 현립 시가고겐칸고 호텔(長野県立 志賀高原観光 HOTEL)

⑫ 니가타 현립 아카쿠라 간코호텔(新潟県立 赤倉観光 HOTEL)

⑬ 구마모토 현립 아소간코 호텔(熊本県立 阿蘇観光 HOTEL)

⑭ 미야기 현립 뉴파크 호텔(宮城県立 NEW PARK HOTEL)

⑮ 도치기 현립 닛코간코 호텔(栃木県立 日光観光 HOTEL)

1933년(쇼와 8년)부터 40년(쇼와 15년) 사이에 위의 호텔들이 탄생해서 민관이 일체가 되어 호텔 산업을 육성했는데, 이러한 움직임에 자극을 받았는지 민간자본에 의한 호텔 건설도 전국적으로 줄을 이었다. 40년(쇼와 15년)에 만국박람회와 올림픽을 도쿄에서 개최하려고 준비한 적이 있었고 거기에는 거대한 호텔을 건설하려는 계획도 부상했다.

예를 들면 도쿄역 앞의 가지바시鍛冶橋에 계획한 도쿄주오東京中央 호텔은 화실 300실, 양실 150실, 예비실 35실을 마련하여 수용 능력 평균 500명, 봄과 가을 여행 시즌에는 1,000명, 만국박람회와 올림픽이 개최되는 황기 2,600년에는 2,500명을 수용할 태세를 갖추겠다는 뜻을 설립취지서에서 밝히고 있다.

이 호텔은 같은 토지에서 50여 년간 영업을 해온 주오료칸을 개축한 것이었다. 취지서에는 당시의 호텔 부족 상태를 엿볼 수 있는 말이 실려 있다.

> 우시즈카(牛塚) 전 도쿄 시장이 재임 중에 '대 도쿄시의 공공시설을 추진하는 것은 대단히 긴급을 요하는 일이다' 고 호소한 그 긴급한 일이란 분명 호텔의 완비를 지시한 것이라고 생각합니다. [……] 우리 시의 호텔 설비 현황을 보건데 질이든 양이든 호텔다운 호텔은 거의 볼 수가 없고, 세계의 도시 중에서 열다섯 번째라는 열악한 형편입니다.

그리고 이 취지서에는 올림픽을 유치하려 할 때 "일본에는 호텔이 없다"라는 모욕적인 이유로 한 때 무산될 뻔한 적이 있다는 점, 호텔이 부족하기 때문에 일본을 찾는 관광객 수가 늘지 않고 따라서 국제수지에서 손실을 초래하고 있다는 점 등을 들어 투자자들의 관심을 끌려고 했다. 안타깝게도 만국박람회와 올림픽은 전쟁의 영향으로 중지된다. 그러나 관광입국이라는 의식은 일본 호텔의 역사에서 처음으로 전국적인 붐을 불러 일으켰다.

호텔 건설로 결정된 뜻밖의 뒷 무대

호텔 탄생의 배경에는 어느 것이나 각각 드라마가 있는 법인데, 국제 관광국의 저리 융자에 의해 최초로 개업한 46실 규모의 가미코치 호텔에도 뜻밖의 숨은 일화가 있다.

앞에 나온 이누마루 데쓰조의 《호텔과 함께 70년》에 의하면 가미고치가 호텔 건설지로 떠오른 것은 신일본 팔경의 하나로 선정된 것이 계기였다고 한다. 이 신일본 팔경이란 〈도쿄 니치니치〉와 〈오카사 마이니치〉 양 신문사가 모집하고 철도성이 후원한 인기투표에서 계곡 부문에 가미코치가 뽑혔다. 그러자 갑자기 가미코치에 관심이 집중되었다. 머지않아 국립공원으로 지정될 것이라는 소문이 나돌기도 했다.

나가노 현 측에서 외국인 전용 호텔 건설에 대한 목소리가 나온 것도 자연스런 흐름이었을 것이다. 그 때 우연히 데이코쿠 호텔의 오쿠라 기시치로大倉喜七郎 회장이 나가노현을 여행했는데, 나가노현 지사와의 간담회 석상에서 이야기가 나왔다. 그렇지만 이누마루는 오쿠라 회장에 대한 이야기를 이렇게 기록한다.

사진 36 맨 처음에는 가미코치(上高地)의 옛 이름인 가미코치(神河內)로 제작된 가미코치 호텔의 팸플릿. 가혹한 조건 아래서 건설되었는데 올해로 창업 70주년을 맞이한다.

회장은 확실한 전망을 내놓지도 않고 그저 무작정 알았다고만 하고 귀경했다. 이것은 신오사카 호텔을 건설할 때 리키이시 오사카 부 지사와 단 한 차례 회담으로 그 계획을 승낙한 경위와 똑같은데, 그는 재벌의 가문의 아들다운 남다른 구석이 있었다(그러나 오사카의 경우는 이사회에서 반대 의견이 있어 한 차례 중단이 되었다).

이렇게까지 속사정을 밝히는 일은 드문 경우라 할 수 있겠으나 그만큼 이 사업이 어려움을 느끼고 있었던 것이리라.

실제 도로도 나있지 않은 해발 1,500미터의 비경을 간직하고 있는 땅에 호텔을 지어 경영한다는 것은 예사로운 일이 아니었다. 이누마루는 괴로운 속내를 이렇게 썼다.

오쿠라 회장이 이미 나가노현 측에 약속을 한 사실을 무시할 수가 없었고 데이코쿠 호텔로서는 일단 채산성을 무시하고서라도 호텔 건설과 경영을 감행하지 않을 수 없는 사태에 이르렀다. 그리고 그것을 구체화하는 것은 싫든 좋든 지배인인 나의 양 어깨에 달려 있었다.

이누마루는 가미코치 호텔의 설계를 다카하시 데이타로高橋貞太郎에게 의뢰했다. 그는 다카하시가 설계한 학사회관學士會館을 보고 그 기량에 감명을 받았는데, 이미 그 전에 신오사카 호텔을 발주한 적이 있었다. 그러한 실적이 있어서 이누마루는 다카하시에게 다시 요청을 한 것이었다.

다카하시는 이 경승지에 스위스 산장식의 위풍당당한 건물로 설계를 했다. 일층 둘레에 자연석을 붙이고, 이층은 낙엽송 원목을 교사校舍 모양으로 짜 맞추는 등 대자연과의 조화를 꾀했다.

이누마루의 걱정은 부질없는 일로 끝났다. 매력적인 입지 환경과 건축미에 영업에 종사하는 사람들의 헌신적인 노력의 결과 호텔은 지금까지 영업을 계속하게 되었다. 앞의 기시의 말을 빌리면 가미코치 호텔은 뛰어난 풍광을 자본화한 것이다.

합격점을 받은 일본의 호텔

그런데 쇼와 시대에 들어서고 난 후 일본의 호텔을 구미인들은 어떻게 평가했을까? JTB가 발행한 《외국인이 본 일본의 옆 얼굴外人の見た日本の横顔》 속에서 호텔에 대한 인상기를 찾아보면, 1930년(쇼와 5년)에 일본을 여행한 미국의 여행업자 R. B. 그레이엄이라는 인물의 경우 다음과 같이 논평한다.

주요도시 및 유람지의 호텔은 최고로 만족할 만한 수준이다. [……] 주요 호텔 식사는 비판의 여지가 없으며 구미의 일류 호텔에 견주어 보아도 손색이 없다. [……] 세계의 각 시장은 모두 일본 호텔의 고객이다. 일본 호텔의 매니저는 가장 유능한 전문가이며 식당, 주방, 기타 흠잡을 데가 없지만 불행하게도 그들은 정작 중요한 침대에 대해서는 별로 주의를 기울이지 않은 것 같다.

침대를 제외하면 모두 합격점을 주고 있다. 같은 책 속에는 그밖에 다음과 같은 내용의 글도 있다.

데이코쿠 호텔(당시는 프랭크 로이드 라이트(Frank Lloyd Wright)84)가 설계한 라이트 관이었다)은 세계에서 가장 흥미로운 호텔이라 불리는데 그 명성에 딱 들어 맞는다.
후지야 호텔은 일본에서 가장 훌륭한 호텔이라고들 하는데 정말 그렇다.
벳부 가메노이 호텔에서 받은 환대는 평생 잊을 수가 없을 것이다.
일본 호텔은 깨끗하고 유쾌하며 게다가 모든 일에 세심한 배려를 하는 데는 경이롭기까지 합니다.
아타미 만페이 호텔은 대단히 소박했고 즐겁게 쉬었습니다.
우리는 야마토 호텔에 신세를 졌다. 이 호텔들은 만철이 손실을 무릅쓰고 경영하고 있다. 대단히 훌륭한 호텔 체인이다.

한편 료칸에 흥미를 보이며 다음과 같은 제안을 남긴 외국인도 있었다.

신기함으로 여행자들을 기쁘게 하는 (것은) 순 일본식 료칸이다. 그래서

84) 프랭크 로이드 라이트(Frank Lloyd Wright, 1867~1959), 미국의 건축가. 미대륙과 일본에 많은 작품을 남겼다. 르 코르뷔지에, 미스 판 델 로에와 함께 근대 건축의 삼대 거장으로 불린다

될 수 있다면 그런 료칸을 그대로 보존하는 것이 바람직할 것이다. 서양식으로 바꾸려고만 할 게 아니라 일본의 독특한 분위기를 보존하고 더 키우는 노력을 해야 할 것…….

또 어떤 사람은 미야지마宮島의 이와소岩惣나 나고야의 핫쇼칸八勝舘 등의 료칸에 머무르면서 좋은 인상을 받아 이렇게 기록했다.

일본의 대규모 호텔 서구화에 급급해서 닥치는 대로 일본 고유의 특질을 없애려고 하는데 그것은 크게 잘못된 일이다. 이런 호텔들이 일본 취향을 보존하고 있다면 훨씬 더 매력적일 것이라 생각한다.

고민의 뿌리는 전근대적인 료칸의 찻값

외국인은 이국정서에 빠져들고 싶어 일본에 오기 때문에 호텔에도 일본 취향을 남겨두었으면 좋겠다는 의견을 피력한 것이다. 이치에 맞는 이야기인데 이 말은 거꾸로 해석하면 일본의 호텔은 서양식 시설로서는 이미 성숙한 단계에 접어들었음을 방증하는 것이리라.

그런데 구미인이 관심을 보인 일본의 료칸에서는 이 무렵 곤혹스런 문제가 발생했다. 찻값 문제다. 찻값이란 숙박료와 종업원에게 건네는 수고비와는 별도로 료칸에 지불하는 돈을 말한다. 데이코쿠 호텔 지배인을 지낸 이누마루 데쓰조가 1929년(쇼와 4년)에 후쿠시마 현 이이사카 온천에 들어갔을 때 찻값에 얽힌 실패담을 《호텔과 함께 70년》에 서술해 놓았다.

그는 료칸에 머물 때 "미리 선수를 쳐 반토番頭[85]나 여종업원에게

85) 숙박업소 등의 종업원 우두머리. 지배인에 해당됨.

'찻값은 적당히 계산에 포함해 둬! 라고 말하는 것을 오랜 습관처럼 해왔" 는데 그 때는 그것을 깜빡 잊어버리는 바람에 다음날 불쾌한 일이 벌어졌다는 것이다. 이누마루의 설명에 의하면 찻값은 "어디까지나 손님의 자유의사에 따라 주는 것인데 [……] 반드시 내야 하기 때문에 [……] 손님은 숙박을 할 때 료칸의 격, 방의 규모, 꾸밈새, 설비 및 반토나 여종업원의 대우 정도를 면밀히 연구한 결과 찻값을 결정할 필요가 있었다. [……] 해외의 숙박사정을 잘 알고 있는 사람으로서는 대단히 비합리적인 존재라고 하지 않을 수 없었" 던 것이다.

이 찻값을 언제부터 지불했는지 명확하지는 않지만 에도 시대에는 존재했다. 후카이 진조深井甚三의 《에도의 잠자리江戸の宿》에 그 사정을 엿볼 수 있는데, 누구나 지불한 것은 아니었으며, 경우에 따라서는 지불하지 않거나, 현금 대신에 다른 것으로 지불하기도 하는 등 여러 가지 형태가 있었던 모양이다.

그것은 그렇다 치고 언제부턴가 찻값은 료칸의 관행처럼 되어버려 이용자들을 당혹스럽게 했다. 잡지 《신여행新旅行》은 1927년(쇼와 2년) 6월호에서 40명 정도의 각계 저명인사로부터 찻값에 대한 의견을 모아놓았다.

사진 37 료칸의 찻값에 대해서 각계 저명인사의 의견을 실은 잡지 《신여행》 1927년(쇼와 2년) 6월호.

시인 요사노 아키코与謝野晶子는 "1박에 2 엔 정도 냅니다"라고 했고 평론가 우치다 로안内田魯庵은 "찻값은 지불합니다. 대충 방값 정도인데 [……] 종업원에 대한 수고료는 5할에서 10할 사이"라며 거부감 없이 지불했다. 사상가 요시노 사쿠조吉野作造는 "이것은 손님이 안 내는 것이 아니라 료칸에서 안 받기로 해야 한다고 봅니다. [……] 여종업원에 대한 수고비는 원칙적으로 지불합니다"라고 하여 양쪽을 구분했고, 시인 와카야마 보쿠스이若山牧水도 "내지요. 마음만 표시를 합니다만 [……] 저는 숙박료보다 많은 돈을 여종업원에게 줄 때가 많아요"라며 수고비 쪽을 중시한다. 정치가 오자키 유키오尾崎行雄는 "찻값과 수고비는 여행 기분을 망치게 하니까 [……] 료칸에서 없애도록 했으면 한다"고 답했고, 여자 육상경기 선수인 히토미 기누에人見絹枝는 "저는 결코 찻값을 내 본 적이 없습니다"라고 단언한다. 그 중에는 찻값과 수고비를 어떻게 해야 될지 몰라 혼자일 때는 서양식 호텔에 묵는다고 답한 사람도 있다.

이러한 풍조에 대해 료칸들 중에서도 광고에 '찻값 폐지'라 써 붙인 곳도 나타났다. 앞의 잡지에 광고를 낸 료칸 68개 중에서는 한 집 뿐이었지만 5년 뒤의 잡지 《여행 일본旅行日本》에서는 47개 중에서 일곱 군데

사진 38 JTB에서는 1925년(다이쇼 14년)부터 료칸 호텔을 간단히 이용할 수 있는 쿠폰을 발매. 사진은 34년(쇼와 9년)에 발행된 《쿠폰 여행 안내》.

가 '찻값 폐지' 를 내걸었다.

또 어떤 료칸들은 식사의 내용과 방값을 명확하게 제시하여 기분 좋게 계산을 할 수 있도록 한 곳도 있었다. 예를 들면 효고현 다케다오武田尾 온천의 하시모토루橋本樓는 팸플릿에 "지금 가장 문제시 되고 있는 찻값과 수고비를 폐지", 그 대신에 "봉사료로서 총액의 1할을 받습니다" 라고 밝혀 이 문제를 합리화했다.

전근대적인 찻값은 쇼와 시대에 들어서자 서서히 모습을 감추었다.

5장

호텔문화의 다양화와 성숙

호텔이라는 이름의 고등하숙집

호텔은 서양식 숙박시설, 나아가서는 일종의 영빈관으로서 일본의 근대와 발걸음을 함께해 왔다. 메이지 초기에는 서구를 따라가기 위해 어설픈 모방을 하다가 일본적인 요소를 가미하면서 점차 호텔을 완전한 일본의 시설로 만들기에 이르렀다. 그리고 국내의 관광지나 온천, 혹은 미개척지를 리조트 지역으로서 자본화하여 '새로운 일본'을 제시했고 아울러 외화 획득을 위한 호텔 붐을 불러일으키기도 했다. 호텔의 역사는 그야말로 일본 근대화의 짝패와도 같은 과정을 보여주었다.

그러는 가운데 돌연변이와 같은 호텔도 탄생되었다. 어쩌면 그것도 분명 일본 근대가 낳은 호텔 문화의 일부였다. 그 대표격이 도쿄 홍고本郷에 있는 기쿠후지菊富士 호텔이다. 이 호텔의 초석을 쌓은 사람은 기후현의 벽촌에서 상경하여 하숙집 기쿠후지루를 경영하던 하네다 고노스케羽根田幸之助로 1914년(다이쇼 3년)에 개업했다. 그리고 훗날 수많은 작가와 예술가, 사상가들이 이용하면서 일본의 근대 문화사에 커다란 족적을 남긴 호텔이 된다.

당초 하네다는 "나는 이 호텔을 일본 최고의 호텔로 만들겠다"고 호언했는데(하네다 다케오羽根田武夫, 《귀신의 숙박부鬼の宿帖》), 개업 때 개최된 도쿄 다이쇼박람회大正博覧會가 끝나 외국인 손님이 줄어들자 곧바로 고급 하숙집으로 노선을 변경했다. 하숙집은 예전부터 운영했지만, 변경 후 많은 지식인들에게 사랑을 받고 평판이 좋았던 것은 호텔이라는 이름이 주는 첨단적인 이미지와 호텔과 다름없이 제공된 서비스도 한 몫 했을 것이다. 여러 권으로 나와 있는 이 호텔 관계 도서 중에서 최초로 빛을 본 것으로 생각되는 세토우치 하루미瀬戸内晴美86)(지금의 세토우치 자쿠초寂聴)의 《귀신의 집鬼の栖》에 이런 글이 있다.

고노스케 씨는 진취적인 기질의 소유자로 새로운 것을 좋아하는 하이칼라였다. 흔해 빠진 무슨무슨 옥屋과 같은 상호명 같은 것은 마음에 들어하지 않았다. 당시만 하더라도 호텔이란 이름을 붙인 것은 데이코쿠호텔과 히비야(日比谷) 호텔밖에 없었는데 과감하게 호텔이라 이름을 지었다.

정확하게 말하면 쓰키지 세이요켄 호텔 등도 영업을 하고 있었지만 도쿄 스테이션 호텔은 아직 개업을 하지 않았던 때였고, 호텔이라는 단어의 울림이 새로운 문화, 혹은 미지의 세계를 사람들의 마음속에 상기시키던 시절이었다.

그러나 당초에는 "호텔이라는 이름이 붙으면 외국인들이 올 것이고 그만큼 관리가 복잡해진다"는 이유로 경찰이 허가를 내주지 않았다. 그것은 공안당국이 호텔을 일본에 온 외국인들의 동정을 파악하기 위한 적절한 장치로서 인식하고 있었다는 것을 알 수 있는데, 그런 상황에서도 하네다는 이렇게 주장했다

장지문 하나만 열면 옆방과 연결되는 재래의 일본식 방과는 전혀 달라요. 방마다 문과 자물쇠가 있고 침대도 들여놓았지요. 무엇보다 손님이 식당에서 식사를 하게 되어있다는 것이 호텔이라는 증거겠지요. 거기에 서양요리 요리사까지 데려다 놓았어요.(곤도 도미에(近藤富枝), 《홍고 기쿠후지 호텔(本郷菊富士ホテル)》)

결국 하네다는 기후현 출신 국회의원의 입김으로 호텔이라는 이름

86) 세토우치 하루미(1922~), 소설가이자 천태종의 승려이기도 하다. 도쿠시마현 출신. 도쿄 여자대학 국어전공부 졸업. 대표작으로 《여름의 끝(夏の終り)》, 《장소(場所)》, 《현대어역 겐지모노가타리(現代語訳 源氏物語)》 등 다수.

을 붙일 수 있었고, 기쿠후지 호텔은 1907년(메이지 40년)에 지은 구관 20실을 더해 50실 규모로 영업을 개시했다.

하네다는 장기 투숙객을 받아들이는 한편 수학여행단 등의 단체손님을 받기 위해 선전 팸플릿을 만들어 전국의 학교에 보냈다. 이는 당시로서는 보기 드문 시도였다. 그러다가 기쿠후지 호텔에 대한 성격을 결정짓는 사건이 일어난다. 1916년(다이쇼 5년)의 히카게 찻집 사건이다. 이 사건은 호텔 투숙객 중의 한 사람이었던 무정부주의자 오스기 사카에大杉栄가 애인인 이토 노에伊藤野枝와 하야마의 히카게 찻집에서 함께 지내고 있을 때 오스기의 다른 애인인 가미치카 이치코神近市子(훗날의 사회당 의원)가 질투심 때문에 오스기를 칼로 찌른 것이 주된 내용이다. 그로 인해 기쿠후지 호텔 이름도 화제가 되었고 이후 다니자키 준이치로와 우노 고지宇野浩二와 같은 작가, 화가인 다케히사 유메지竹久夢二, 가부키 배우 나카무라 자쿠에몬中村雀衛門 등 각계에서 활약하던 저명인들이 빨려들듯이 모여들어 기쿠후지 호텔의 고객이 되었다.

약자 구제라는 이념을 내건 호텔

돌연변이 하면 노동 호텔도 그 중의 하나라 해도 될지 모르겠다.

'노동 호텔' 이라는 말이 세간의 이목을 끌어 모은 것은 1912년(다이쇼 12년)의 일이었다. 이것은 일종의 간이 숙박장소로 가난한 사람들에게 제공되는 시설로 인식되었다. 일본식 건물 사진이 실린 취지서에는 다음과 같은 설명이 붙어 있다. 맨 앞에 미나미센주南千住(도쿄도 아라카와구荒川区) 임대 건물을 이용한다는 것, 요금은 일박 5전이며, 경영상 부족한 금액에 대해서는 명사나 부호의 원조를 받는다는 것, 숙박자에게는 취직자리를 소개하거나 오락을 제공한다는 것, 신문 • 잡지 • 서적류를 구비해 사회적인 지식을 제공하고 가끔씩 명사의 정신교육을 통해 일본 국민임을 자각하게 한다는 것 등이다.

이와 같이 노동 호텔은 대단히 획기적인 발상으로 운영되는가 싶었다. 그러나 실현을 보지 못했던 모양이다. 이 사업을 계획하고 취지서에 경영자로 이름이 오른 아사히 헤이고朝日平吾가 1921년(다이쇼 10년) 9월 28일, 야스다 재벌의 창시자인 야스다 젠지로安田善次郎를 살해하고 자신도 자살해 버렸기 때문이다.

당시 29세였던 아사히는 자본금을 모으느라 분주했다. 취지서에 이름이 올라있던 시부사와 에이이치도 아사히의 기부 의뢰를 일단 거절했다. 그러나 아사히가 단도로 할복을 하려고 하자 놀란 시부사와는 기부금을 냈다고 한다. 그렇지만 재벌 회장인 아사노 소이치로浅野総一朗나 오쿠라 기하치로大倉喜八郎에게는 거절당해 결국 살인이라는 끔찍스런 행동으로 끝이 났다. 고지마 노보루児島襄의 《평화의 실속 5平和の失速5》에 의

사진 39 노동 호텔 취지서. 상담역으로 도쿄시 부시장, 도쿄부 사회과장 등의 이름도 올라 있다. 그러나 본인들의 양해를 얻었는지는 확실하지 않다.

하면 아사히는 기부금을 자신의 생활비로 사용했다고 한다. 당시의 신문도 아시히가 우익 성향을 지닌 불량배였다고 보도했다. 아사히의 입장에서 보자면 당시의 재벌이나 부호는 사회적 책임을 다하지 않고 있었기 때문에 그들로부터 기부금(고지마의 설명에 의하면 요청이라기보다 강요였지만)을 빼앗아 노동 호텔을 건설하려 한 것인데, 여기서 흥미로운 것은 아사히가 이 시설을 호텔이라 이름을 붙였다는 점이다.

그 당시 즉, 다이쇼 시대에 들어서면서 앞에 나온 도쿄 스테이션 호텔과 기쿠후지 호텔이 개업을 하는 등 호텔이 일반 시민들 사이에도 침투하기 시작했다. 특권계급의 사교장이라는 그림의 떡같은 존재에서 점차 위상이 변모해 가고 있었던 것이다. 그런 점에서 미루어보아 호텔은 사회적, 문화적으로 최첨단의 위치에 존재하는 공간이라는 이미지가 정착되어 있었고, 아사히는 그 모던한 이미지를 사회사업적인 시설에 이식시켜 세상의 시선을 끌려고 했던 것이 아닐까?

그 옛날 중세 서양의 도시에는 병든 사람과 가난한 사람들에게 하룻밤을 제공하는 호스피스라는 시설이 있었다. 호스피스의 프랑스어 어원인 호스페스는 호텔의 어원이기도 하다. 그런 의미에서 노동 호텔은 호텔의 원점으로 되돌아가려 한 시도였을지도 모른다.

본격적인 장기 투숙형 호텔의 등장

다이쇼 시대에 들어서면 호텔의 경영자 층과 이용자 층 양쪽이 모두 늘어나 도회에서는 기쿠후지 호텔처럼 소규모이면서 개성적인 호텔이 출현했다. 그것은 메이지 시대에 모든 분야에서 시작된 서양화(근대화)가 다이쇼 시대에 들어서면서 심화된 결과라 할 수 있을지도 모르겠다. 그리고 그 후에 등장한 다이쇼 모더니즘이 진행되면서 호텔 생활이라는 생활양식도 등장했을 것이다.

이것은 다이쇼 시대가 끝이 나고 쇼와 시대가 막 시작된 1931년(쇼와 6년)의 일인데, 효고현 니시노미야시에 본격적인 장기체류형 호텔이 탄생했다. 호텔 파인클레스트다. 이 호텔은 객실 60실과 식당, 홀, 사교장 등을 갖추고 있었는데 일부에서 일반적인 호텔 영업을 하면서 한편으로는 장기체류자에게 방을 빌려주는 영업 방식을 채택했다. 필자가 갖고 있는 팸플릿에는 다음과 같은 안내문이 실려 있다.

> 본 아파트먼트는 시대의 요구에 가장 잘 적응할 수 있는 양식과 설비를 갖추고 문화생활의 합리화를 꾀하기 위해 다이신추오도치(大神中央土地) 주식회사가 직영으로 [……] 건설한 간사이에서 유일한 집약적 아파트입니다.

팸플릿에 기재된 규약에 의하면 이용 계약은 반드시 1개월 이상이어야 한다는 것, 객실료 2개월분을 보증금으로 한다는 것 등으로 되어 있다. 요금을 지불하면 구두를 닦아주는 서비스도 받을 수 있었다. 《오사카와 고베 사이의 모더니즘阪神間モダニズム》에 수록된 가도노 유키히로角野幸博의 논문 〈호텔 문화의 선구ホテル文化のさきがけ〉에 따르면 이용자의 대부분은 외국인 외에 상사나 금융기관의 전근족転勤族, 공무원, 군인 등이었는데, 한창 때는 빈방이 나오기를 기다리는 대기자도 있었다고 한다. 요리에도 자신을 갖고 있었는지 프랑스 요리에 대한 단행본을 발행하고 요리 교실도 열었다.

무엇보다 놀라운 것은 개업 이래 《파인클레스트》라는 월간지를 발행하고 있었다는 점이다. 내용은 호텔에서 열리는 서도교실이며, 월례 댄스회, 하이쿠회 등의 안내 외에 매월 입퇴거자가 실명으로 소개되었다. 고객 서비스를 위한 PR지라기보다 정보지의 성격을 지니고 있었던 것 같다. 또 가도노는 구체적인 내용을 언급하지는 않았지만 동창회 사무 취급 서비스도 다루고 있어 호텔이 동창회 모임을 적극적으로 유치했다는 것도 알 수 있다.

호텔에서 기거하는 생활양식은 구미의 경우 이미 상식처럼 되어 있었다. 1936년(쇼와 11년)에는 시카고학파에 속하는 학자 노먼. S. 하이너Norman S. Hayner가 호텔에 기거하는 것을 학문적으로 연구한《호텔 라이프》라는 저서를 냈다. 저작 속에서 하이너는 호텔이 다양한 계급 사람들의 생활양식에 커다란 영향을 끼치고 있음을 언급했는데, 그런 측면에서도 일본은 구미를 따라잡았던 것이다.

동양 최대의 비즈니스호텔

1938년(쇼와 13년) 4월 27일자 〈도쿄 니치니치신문〉 석간에 다음과 같은 기사가 실렸다.

> 신축 중인 제도(帝都) 최고의 대료칸 다이이치 호텔은 [……] 29일 문을 여는데, [……] 객실 수도 650실(정확하게 말하면 626실)이라는 엄청난 규모로, 내부의 불필요한 것들을 모두 생략해서 1실에 3엔, 4엔의 저렴한 가격으로 이용할 수 있도록 했다. 종업원은 여자가 300명, 남자 150명이 이미 채용을 완료했다.

동양 최대의 비즈니스호텔인 다이이치 호텔이 도쿄 신바시역 앞에 개업한 것을 보도한 기사다. 중산계급이나 상용객을 위한 호텔은 이미 도쿄 마루노우치의 마루노우치 호텔이 183실 규모로, 니혼바시의 시라키야(훗날의 도큐 백화점 니혼바시 지점) 앞에도 만페이 호텔이 경영하는 야시마八洲 호텔이 객실 65실로 영업을 하고 있었지만, 이런 호텔들과 비교하면 다이이치 호텔의 규모는 획기적이었다.

다이이치 호텔이 발행한 《꿈에 기대어夢を託して》에 의하면 예전의 창춘 야마토 호텔의 지배인을 거쳐 즈시나기사 호텔을 경영한 이와시타 이에카즈는 1936년(쇼와 11년)의 어느 날 아지노모토味の素를 경영하는 스즈키 일족의 동족회사인 스즈키산에이鈴木三栄의 상무이사인 쓰치야 게이조土屋計左右를 찾아갔다. 이와시타는 후배인 쓰치야에게 이렇게 말했다.

> 신바시역 가까이에 교통이 편리한 토지 약 6천 평이 매물로 나와 있어. 소유자는 요미우리 신문사인데 그곳에 호텔과 상가 그리고 사무소를 겸할 수 있는 시설을 만들면 분명 성공할 거야. 요즈음 건설 회사들도 일이 없으니까 건설비도 싸게 해줄 것이고. 그렇게 해서 싼 비용으로 시공을 하면 채산이 맞을 것 같은데…….

이와시타는 스위스에서 호텔 경영을 공부하고 새로운 컨셉에 의한 마루노우치 호텔 계획에도 참가한 인물이었다. 쓰치야는 그의 진언을 충분히 검토해볼 가치가 있다고 생각했다.

쓰치야는 곧바로 아지노모토의 스즈키 주지鈴木忠治 사장에게 상담을 하러 갔는데, 스즈키가 대표이사로 있는 도쿄전등(지금의 도쿄 전력)의 고바야시 이치조小林一三 사장이 가르쳐주는 대로 하라는 지시를 받는다. 한큐阪急·도호東宝그룹의 창시자인 고바야시는 당시 이미 다카라즈

사진 40 고바야시 이치조가 대중형 호텔에 대한 힌트를 얻은 시카고의 초대형 호텔 스티븐스 (훗날의 시카고 힐튼).

카宝塚 호텔과 롯코산 호텔 등의 경영에 관여하고 있었다. 그리고 쓰치야와 상담을 하기 직전인 1935년부터 36년(쇼와 10년에서 11년) 63세로 처음 구미 여러 나라들을 돌아보며 시야를 세계적으로 확대한 참이었다. 그 때의 인상을《내가 본 미국과 유럽私の見たアメリカ・ヨーロッパ》에서 이렇게 기록한다.

> 일본은 빈곤국이다. [……] 정말로 빈곤국이라는 것을 통감했다. [……] 일본의 생활과 문화는 서구에 비해 적어도 3, 40년 뒤떨어져 있다.

고바야시는 그 여행에서 당시 세계 최대 규모를 자랑하는 3,000실 규모의 스티븐스(1945년에 시카고 힐튼으로 된다)에 들러 "객실 수가 많으면 숙박료를 싸게 할 수 있다"는 점을 인식, 대중적인 호텔에 관심을 갖기 시작했다. 그리고 도쿄 히비야의 유라쿠초有楽町 부근에 독자적인 발상으로 대규모 호텔 건설을 계획하여 데이코쿠 호텔의 오쿠라 기시치로 회장에게 협력을 요청하기도 했다(그러나 오쿠라가 동조해주지 않아 중지되었다). 그런 만큼 쓰치야가 상담을 하러 왔을 때는 가뭄에 단비를 만난 기분이었을 것이다. 앞에 나온《꿈에 기대어》에 의하면 고바야시는 다음과 같은 아이디어를 쓰치야에게 제공해 주었다.

지방에서 상경하는 손님은 값싼 일본 료칸이나 하숙을 이용한다. [……] 회사의 부장, 과장급의 도쿄 체류비와 일당은 하루 6엔 50전에서 8엔 정도인데, 식대를 포함하면 도저히 호텔에 묵을 수 없다. 그래서 다음과 같은 호텔을 지으면 반드시 성공할 것이다"고 하면서 이런 구체적인 안을 내놓았다.

① 기차의 2등 침대요금(상단 3엔, 하단 4엔 50전)을 기준으로 한다.
② 싸다고 해서 빈약해 보여서는 안 된다. 인텔리 계급은 겉치레를 좋아하므로 호텔 외관을 멋지게 꾸미고 한 발 앞서 최신 설비를 갖춘다.
③ 요금은 싸게, 설비는 화려하게 하는 대신에 객실의 크기를 작게 하고, 그만큼 객실 수를 늘린다. 가구류도 줄인다.
④ 지금까지의 호텔은 대부분 격식에 얽매여 불필요한 낭비가 많아 100실 관리에 120명이 필요했지만 이를 88명으로 줄인다.
⑤ 구매부와 주방을 확실하게 분리해서 요리사가 물건 구입에 관여하지 않도록 한다.

이상과 같은 기본 구조를 이야기하고 나서 고바야시는 쓰치야에게 이렇게 말했다.

이 안을 자칭 전문가라는 옛날 호텔사장들은 이해하지 못할 것이네. 그러니까 아마추어가 하는 게 좋아. 호텔 일에 경험이 없는 신참자가 혁신적으로 밀고 나가려면 요리사 외에는 종업원들도 신참자를 쓰는 게 좋을 거야.

이렇게 해서 다이이치 호텔의 씨앗이 뿌려졌고, 그것을 신참자들이 키우고 가꿔 결실을 보게 된다.

개업 후 영업은 순조로웠다. 신바시 역 부근에는 수많은 료칸들이 있었지만 대부분의 이용자들이 다이이치 호텔로 옮겼다. 서문에서도 살펴보았듯이 아침이 되면 항상 정면 현관 앞에 다량의 말똥이 뿌려져 있었다. 당시만 하더라도 말이 끄는 짐마차를 많이 이용했다고는 하나 눈감아 줄 정도의 일은 아니었다. 아마 손님을 빼앗긴 료칸 업주들이 골탕을 먹이기 위해 한 짓이었을 것이다.

또 고바야시 이치조의 구상대로 많은 미경험자들을 종업원으로 썼다. 가끔 서비스가 지체되어 소수의 간부들이 불철주야로 고생을 했는데 호황 덕분에 사태를 무사히 넘겼다. 무엇보다도 '동양 최대의 비즈니스 호텔, 전관 냉·난방 완비' 라는 캐치프레이즈가 종업원들에게 일에 대한 보람을 안겨주었다. 당시 냉방 설비를 갖춘 다른 호텔은 도쿄도 내에는 없었다. 그때까지 가루이자와를 피서지로 삼았던 시인 사사키 노부쓰나佐佐木信綱는 피서지 대신 다이이치 호텔을 이용하면서 "덕분에 가루이자와를 오가는 수고를 덜었다" 며 기뻐했다고 한다.

저자 후기

JR 도카이도선의 고시엔구치甲子園口역에서 내려 한적한 주택가를 6, 7분 걷다보면 독특한 건축미를 풍기는 건물과 만나게 된다. 현재는 무코가와가쿠인武庫川学院 고시엔카이칸甲子園会館이라는 명칭으로 통하지만 이 건물이야말로 다름 아닌 예전 "동쪽의 데이코쿠 호텔, 서쪽의 고시엔 호텔"로 명성을 날리던 고시엔 호텔이다.

이 호텔은 한신阪神 전철이 고시엔 리조트 사업에 맞추어 같은 회사의 사장인 시마 도쿠조島徳蔵가 데이코쿠 호텔의 전 지배인 하야시 아이사쿠林愛作에게 개발을 의뢰, 1930년(쇼와 5년)에 개업했다. 하야시와 데이코쿠 호텔의 라이트관을 설계한 프랭크 로이드 라이트의 밑에서 배운 엔도 아라타遠藤新가 이상적인 호텔을 추구한 덕분에 라이트의 작풍이 곳곳에 스며있는 건물로, 정원을 넓게 배치한 설계가 일류의 품격과 개방감을 주어 호평을 얻었다.

화실과 양실을 조합한 객실을 많이 배치했고, 또 이상적인 호텔은 주택의 연장이라는 사고방식에 따른 구조로 공간을 꾸몄다. 따라서 지나

사진 41 당시 '라이트식' 으로 불린 양식을 채용한 고시엔 호텔. 전체 디자인이며 외벽의 초벌구이 타일로 장식을 한 점 등이 데이코쿠 호텔을 떠올리게 한다.

치게 기능적인 병원의 긴 복도와 같은 구조를 배제하고, 복도에서 객실의 내부가 보이지 않도록 설계에 세심한 주의를 기울였다. 하야시의 이상이 구현된 객실이었다.

1934년(쇼와 9년)에는 베이브 루스George Herman Babe Ruth를 비롯한 메이저리거들이 일본에 왔을 때도 이 호텔에 머물었는데(이때 일본 올스타는 16전 전패를 했다), 오사카에 쓸만한 호텔이 부족하여 그런 영광을 누리기도 했지만, 고시엔 호텔은 점차 영빈관적인 성격을 띠게 되었다고 한다.

이 책에서는 일본 근대의 시대적인 흐름에 따라 호텔의 역사를 더듬어 봤는데, 몇 군데 중요한 호텔을 빠뜨렸다. 그 중 하나가 고시엔 호텔이다. 한신대지진阪神大震災[87] 때에도 이렇다 할 피해를 입지 않아 이 귀중

87) 1995년 1월 17일 일어난 지진. 아와지시마가 진원지로 고베시 일대에 엄청난 인명과 재산 피해를 입혔다.

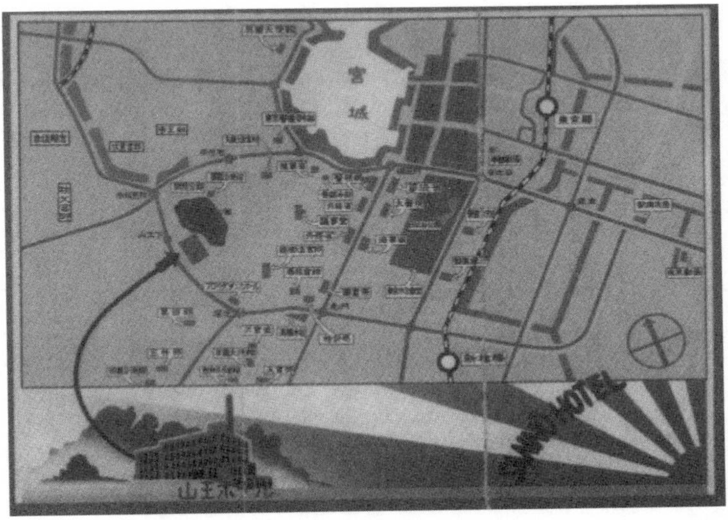

사진 42 산노 호텔의 팸플릿에 실린 지도. 중요한 건물이 주위에 산재해 있어 2 • 26 사건[88]을 일으킨 주력 부대가 농성을 하는데 아주 적합한 호텔이었다는 것을 알 수 있다

한 유물은 건재할 수 있었다.

그러나 역할이 바뀌긴 했어도 고시엔 호텔은 행복한 건물이라 할 수 있다. 호헤이칸의 경우도 그렇지만 이 호텔 역시 많은 복을 누린 건축이다. 전쟁 전에 건설되어 현역으로 활약하고 있는 호텔은 고작해야 십 수 채에 지나지 않는다.

그 몇 안 되는 클래식 호텔 중의 하나인 요코하마 뉴 그랜드에서는 이런 일이 있었다. 1927년(쇼와 2년) 개업과 더불어 주방장으로 데려온 스위스인 새리 와일은 그때까지의 호텔 식당에 대한 상식을 하나 둘 씩 깨부수어 나갔다. 다양한 일품 요리를 듬뿍 갖추어 놓았을 뿐만 아니라

88) 1936년 2월 26일 육군 황도파 청년 장교들이 국가 개조, 통제파 타도를 내걸며 약 1,500명의 부대를 이끌고 수상 관저 등을 습격한 구테타 사건. 내무대신 사이토 마코토, 대장대신 다카하시 고레키요, 교육총감 와타나베 조타로 등을 살해하고 나가타초 일대를 점거했다. 다음날 계엄령이 공포되었고 29일 무혈진압된다. 사건 후 숙군이라는 미명하에 군부는 정치적 지도력을 현저하게 강화시켰다.

메뉴에 기재되어 있지 않은 요리의 주문도 받았으며, 주방장 스스로 객석을 돌며 손님들을 웃음으로 맞이했다. 또 부하들에게는 요리에 대한 기술이나 지식을 아낌없이 가르쳐 주었다. 기술이나 지식은 선배의 어깨 너머로 배우는 것이라고 들어온 젊은 요리사들에게는 너무나 뜻밖의 일이었다. 그는 그야말로 레스토랑의 혁명을 일으킨 혁명아와 같은 존재였다. 그 뒤 와일을 존경하는 제자들이 이 호텔을 떠나 일본 서양 요리계의 주류를 이뤘다.

그런데 일본의 호텔은 쇼와시대에 들어서서 커다란 붐을 이루다가 시세의 흐름에 따라 점차 전시戰時 분위기에 물들어간다. 1936년(쇼와 11년)에는 2·26사건을 일으킨 주력 부대가 산노山王 호텔을 점거하고 농성에 들어갔다. 열아홉 살에 미국으로 갔다가 귀국 후에는 외제차의 수입 판매업을 한 나카야 다모쓰中谷保(인공 눈을 연구하여 일본에서 처음으로 눈을 생성하는 데 성공한 저온물리학자 나카야 우키치로中谷宇吉郎의 숙부)가 개업한 호텔이다.

그리고 전쟁에 패한 뒤 대부분의 호텔은 연합군이 접수를 했는데, 통상의 영업을 재개하기까지는 상당한 시간을 요했다. 호텔 중에는 연합군에게 접수를 당한 채 일반 영업을 하지 못하고 폐쇄되어버린 산노 호텔과 같은 예도 있었다. 그러나 전후 부흥기에는 고토 게이타五島慶太, 쓰쓰미 야스타로, 오가와 에이이치小川栄一 등의 힘있는 실업가들이 장래의 관광 호텔 붐을 예견하고 호텔 경영에 뛰어들어 호텔 체인의 기초를 쌓았다.

마침내는 도쿄 올림픽과 오사카 만국박람회와 같은 국제적인 이벤트가 열리면서 더욱 더 큰 붐이 조성되었고, 전쟁 전에는 생각할 수도 없었던 신년 계획이나 수험생 패키지의 발매, 결혼식 피로연 등 다양한 상품의 급격한 증가로 호텔의 대중화 시대를 맞이하게 된 것은 잘 알려진 사실이다.

그러나 그 길이 평탄하지만은 않았다. 국가적 이벤트가 끝난 뒤, 반동적인 불경기를 버텨내면서 어떻게 이용자들을 확보할 것인가 하는 고심에 찬 노력과 지혜로 오늘날까지 살아남은 것이다.

새로운 시장에 대한 진출도 엄청난 모험을 동반했다. 지금이야 미국의 맨하탄과 같은 경관을 드러낸 도쿄 신주쿠의 초고층 빌딩가가 형성되었지만, 최초의 건물인 게이오 플라자京王プラザー 호텔이 들어섰을 때만 하더라도 "허허벌판에 치솟은 한 건물"에 불과했다. 업계에서는 "신주쿠에서는 호텔은 무리"라 했고 초고층 호텔 경영을 꿈꾸던 게이오 전철의 이노우에 사다오井上定雄는 사장자리를 내던지면서까지 이 계획의 실현에 몰두했다.

호텔 역사에서 필자가 좋아하는 일화가 몇 가지 있는데 이노우에의 도전은 그 중에서도 특히 감동적인 이야기다. 또 전쟁 전의 예로 이런 이야기가 있었다. 아키安芸 미야지마宮島의 미야지마 호텔 일어난 일이다.

이 호텔은 히로시마 물산 진열관(훗날 히로시마 원폭 돔으로 불린 건물)과 마쓰지마松島 파크 호텔 설계를 맡았던 체코인 얀 렛쓸Jan Letzel이 담당한 일본 양식과 유사한 호텔인데, 호텔이 업적 부진에 빠졌을 때 구원의 손길을 내민 인물이 있었다. 대일본 맥주 사장을 역임하여 '맥주왕'으로 불린 마고시 교헤이다. 그는 중역들에게 이렇게 말했다.

> 본사가 미야지마 호텔에 투자하는 것은 이익을 목적으로 한 것이 아니다. 일본 3경[89]의 하나인 미야지마에 내외 귀빈을 모시는 것을 영광으로 생각하기 때문이다.(《미야지마 호텔(宮島ホテル)》 관계자료)

---

89) 일본 삼경으로 이밖에도 교토부의 아마노하시다테(天橋立)와 미야기현(宮城県)의 마쓰시마(松島)가 있다.

호텔도 비즈니스의 하나임에는 틀림이 없다. 경영자는 투자자에게 이익을 환원해 주어야 하는 책임과 의무를 갖고 있다. 그러나 이 마고시의 말에서 한 기업이라기보다는 재계인으로서의 기개, 좀 과장되게 말하면 일본인으로서의 긍지를 느끼지 않을 수 없다.

또 이런 인물이 있었다. 1925년(다이쇼 14년)에 오이타현大分県 벳푸別府 온천에 순수한 서양식 가메노이 호텔을 창업한 아부라야 구마하치油屋熊八는 로스앤젤레스에서 열린 세계 호텔업자 대회에 출석했을 때 "벳푸 민중 외무대신"이라는 어깨띠를 두르고 "세계에 자랑하는 벳푸온천" 등의 영문으로 인쇄한 명함을 출석자 전원에게 돌렸다. 그리고 대회가 끝나자 "일본의 벳푸 온천"이라는 영문자를 물들인 붉은 하오리를 걸치고 전차나 버스를 타거나 시내를 걸어 다녀 미국인들을 깜짝 놀라게 했다고 한다.

아부라야는 벳푸라는 이름을 알리는데 여념이 없었다. 후지산 기슭에 "산이라면 후지, 바다라면 세토우치, 온천은 벳푸 온천"이라고 쓴 거대한 간판을 세우기도 했고, 신문사가 일본 8경을 독자투고로 선정했을 때(4장 참조) 그는 엽서를 산더미처럼 구입하여 시민들에게 나누어주는 등 온천 부문에서 벳푸가 제1위에 당선되는 데에도 크게 공헌했다.

그는 젊었을 때는 오사카에서 투기꾼으로 큰 성공을 이뤘다가, 나중에 실패하여 도망치듯 미국으로 건너가 3년간 이주생활을 하는 등 파란의 인생역정을 거친 인물이다. 천국과 지옥을 오간 만큼 그릇이 컸다. 스웨덴의 황태자나 프랑스 시인 폴 크로델 등과 같은 외국인들이 벳푸를 찾았을 때 맡아 놓고 아부라야가 그들을 접대해서 그야말로 민중 외무대신의 역할을 톡톡히 했다(시타마 가즈오志多摩一夫, 《아부라야 구마하치전油屋熊八伝》).

구미에서는 호텔경영자를 '호텔리에'라 부르며 존경의 뜻을 표한다는 이야기를 어떤 책에서 읽은 적이 있다. 호텔은 그 도시와 그 거리의 상징이자, 그 지방의 문화 수준을 나타내는 지표이기도 하고, 그 지방을 찾은 여행자들을 맞이하는 중요한 역할을 한다는 것을 지역 사람들이 인식하고 있기 때문이다. 아마 맥주왕 마고시도 그 점을 이해한 까닭에 구미의 호텔리에처럼 긍지를 가지고 미야지마 호텔 재건 사업에 뛰어들었을 것이다. 아부라야도 호텔 하나를 경영하는 것보다 벳푸 전체의 번영이 중요하다고 생각하여 선전 활동에 열중했을 것이다.

이 책은 일본에서의 호텔의 형성과 과정을 통해 일본 근대사의 한 측면을 살펴본 것인데, 달리 말하면 자긍심 높은 일본 호텔리에들의 이야기이도 하다.

세이큐샤의 야노 케이지矢野恵二 씨를 비롯한 편집부 여러분들의 빈틈없고 정확한 지시 덕분에 일본 근대의 호텔상을 떠올릴 수 있지 않았나 생각한다. 감사드린다.

도미타 쇼지
富田昭次

역자 후기

유모토 고이치는 《메이지 사물 기원 사전》(湯本豪一, 《明治事物起源事典》, 柏書房, 1996; 한국어판으로는, 연구공간 수유+너머 동아시아 근대 세미나팀 옮김, 《일본 근대의 풍경》, 도서출판 그린비, 2004가 있다)에서 메이지 시대를 전후로 일본 근대 형성기에 등장한 사물들 중 200항목을 골라 간략하게 설명해놓았다. 사전은 각 항목들이 메이지 전후라는 시대적인 맥락 속에서 어떤 식으로 제도화되고 정착되었는지, 또 그 과정에서 그것들이 지니는 의미가 무엇인지를 서술하고 있다. 물론 호텔도 예외가 아니다. 호텔은 이 책 제9장 토목 • 건축편에 편성되어 있다. 유모토 고이치의 분류대로라면 이장의 제목인 토목과 건축은 말 그대로 외형적으로 드러난 일본의 전통적이고 전근대적인 물리적 기반을 해체하여 서구적인 형태로 변모시키는 과정, 영역에 속한다고 할 수 있다.

《호텔—근대 문명의 상징》(원제 《호텔과 일본 근대》)은 다양한 '일본 근대의 풍경' 중에서 호텔을 매개로 일본의 근대화 과정을 더듬어가는 흥미로운 저작이다. 최근 들어 '근대'에 대한 담론은 매우 다양해졌을 뿐 아니라 그만큼 깊이를 더하고 있는 것이 사실이다. 특히 기존의 정치, 경제, 사회와 같은 큰 주제로 접근하려는 '거대 담론' 보다는 의식주를 비롯한 일상생활, 대중매체 등 당대의 삶과 가까운 거리에 있는 것들을 통해 '근대'를 응시하려는 연구가 활발하게 이루어지고 있다. 요컨대 '미시적'인 연구들이 근대에 대한 담론의 커다란 흐름을 형성하고 있는 것이다. 그렇지만 이런 '미시적 담론'들이 '미시적'이라는 한정된 범위에 갇혀있는 것은 아니다. 오히려 근대라는 역사적 흐름과 미시적인 맥락을 종횡함으로써 근대의 조감도를 더욱더 선명하게 드러낸다. 이는 '근대론'이라는 식단을 한층 풍성하게 채워주는 역할을 한다.

《호텔—근대 문명의 상징》은 저자가 서술하고 있듯이 시대를 비추는 거울로서의 호텔이라는 문화 장치가 어떻게 일본의 풍토에 뿌리 내렸는지를 살펴보려는 시도다. 이미 알려진 바대로 메이지 유신과 더불어 '탈아입구脫亞入歐'라는 슬로건과 함께 일본은 서구 문명을 활발하게 받아들임으로써 당시 동양에서는 유일하게 근대 국가를 세우는 데 성공한다. 그 과정에는 정치적 천황을 중심으로 한 '국민' 통합이 있었고, 거기에는 홋카이도 개척으로 구체화된 내부 식민지 정책도 뒷받침되었다. 나아가 여기에서의 '탈아'는 아시아를 벗어난다는 의미의 '탈아脫亞' 뿐만 아니라 전통적인 자아로부터 벗어난다는 '탈아脫我' 의미도 포함되어 있었던 만큼 자기부정을 통한 '입구入歐'의 치열한 몸부림이기도 했다. 그러나 개화기 서구인들의 눈에 비친 일본인들의 '입구入歐'의 몸부림은 우스꽝스럽기 짝이 없었다.

이 책을 통해 일본 호텔의 근원을 거슬러 올라가다 보면 호텔이 뿌리내리는 과정이 놀라울 정도로 일본 근대의 형성과정과 짝패를 이루고 있음을 확인할 수 있다. 실제 일본의 근대화와 식민지 정책을 기획하고 실천한 이토 히로부미, 이노우에 가오루, 고토 신페이 등과 같은 거물급 정치인들의 이름이 근대 초기 호텔건설과 경영에 관련된 일화에 끊임없이 등장하는 것만 보아도 그 짝패의 근거를 대는 일은 어렵지 않다.

개국과 더불어 외국인 거류지로 지정된 요코하마에서 첫 울음소리를 터트린 일본의 호텔은 기존의 숙박시설인 료칸이나 하타고를 개조하여 호텔의 흉내를 낸 것들이 대부분이다. 이들은 마치 갓 쓰고 자전거를 탄 것이나 다름없는 화양 절충 형식에서 반듯한 서양식 호텔에 이르기까지 다양한 변주를 보이면서 발전해간다.

아울러 메이지 초기 홋카이도 개척은 국민국가 형성의 막바지 작업이었는데, 이는 단일민족인 일본인이 그들로서는 이질적이었던 아이누족의 땅을 '일본'에 귀속시키는 작업이기도 했다. 이는 홋카이도의 중심도시 삿포로에 건설된 호헤이칸이 그 설립 초기에 천황의 숙소로 사용된 것에서 드러난다. 호헤이칸은 단순히 지방 중심 도시의 호텔의 성격을 넘어 근대국가 성립에 따른 국민 통합의 상징과도 같은 존재였다.

근대국가 수립에 성공한 일본이 제국주의의 길로 들어서면서 식민지 지배정책을 펼 때도 예외 없이 호텔은 그 길을 함께한다. 아니 함께하는 정도가 아니라 제국주의 침략의 첨병이 되어 식민모국의 권위를 드러내고 근대문명의 상징적인 존재로 문명의 전파자 역할을 함으로써 식민지배의 정당성을 확보하는 막중한 임무를 수행한다. 식민지 조선에 건설된 경성 조선 호텔을 비롯한 역과 명승지에 건설된 호텔들 그리고 만철의 지도 아래 건설된 만주국의 호텔들이 그렇다. 이에 대해 저자 스스로도 '피비린내 나는 부분이 내장된 식민지 호텔'이라 지적하고 있다. 그리고 우리는 연합군에 의해 일본 제국주의가 패망한 뒤, 그때까지 명성을 날리던 일본 각지의 호텔들이 점령군에 접수되어 군 시설로 이용되고

마는 기구한 운명에서도 일본의 제국주의적 근대의 비극적 결말을 읽어 낼 수 있을 것이다.

그러나 저자는 이 책에서 그러한 거대 담론과 관련된 서술보다는 호텔 내부의 문제에 더 많은 지면을 할애하고 있고, 마찬가지로 글의 의도 또한 근대 문명의 상징 중의 하나인 호텔을 일본에 정착시키려 혼신의 노력을 다한 여러 사람들의 이야기를 들려주려 한다. 그 사람들 중에는 직접 호텔을 건설하거나 경영한 사람도 있지만, 요리사, 지배인, 사진사 등과 같이 자신의 직업에 투철한 평범한 사람도 적지 않다. 일본 근대에 대한 평가를 두고 외부적인 강압과 위로부터의 힘에 의한 것으로 일반화시키려는 경향이 있는 우리들이 눈여겨 봐야할 대목이다. 메이지 이후 100여 년이라는 짧은 기간에 근대를 성취해낸 그들의 저력 이면에는 자발적으로 일본의 근대를 이끌었으나 그 역사에는 기록되지 않은 사람들의 힘겹고 고단한 삶이 담겨져 있을 터이기 때문이다.

이렇듯 저자는 근대문명의 상징으로서의 호텔이 일본에서 탄생한 배경과 '모방에서 획득으로' 의 과정에서 일본의 호텔사, 혹은 일본의 근대를 일궈낸 곁가지들을《호텔―근대 문명의 상징》속에 담아놓았다. 이 책에서 일본근대사의 거대담론에 주목하면서 정치와 경제의 역동적인 흐름을 읽을 것인지, 아니면 미시적 담론에 기대어 평범한 사람들의 의식 속으로 들어가 일본 근대의 저변에 흐르는 작을 물줄기를 살필 것인지는 독자들의 몫이다.

우리말에 "모로 가도 서울만 가면된다" 라는 속담이 있다. 사전을 뒤적여 봤더니 "수단과 방법을 가릴 것 없이 목적만 이루면 된다는 말"이라고 해설되어 있다. 옮긴이 나름대로 속담을 전복해 보았다. "서울로 가는 길은 모로 가는 길도 있는데 왜 한(큰) 길만 바른 길이라 하지?" 맨 앞의 유모토 고이치의 책에 언급되어 있는 키워드들처럼 일본의 근대를 읽는 방법에는 여러 갈래의 길이 있기 마련이라는 의미에서 억지를 부려 보면 그렇다는 얘기다.

책이 나오기까지 많은 분들의 도움이 있었다. 꼼꼼한 교정과 깔끔한 편집으로 때깔 나는 책을 만들어주신 이종욱 편집위원과 논형 편집부에 먼저 감사드린다. 바쁘다는 핑계를 늘 여과 없이 받아들여주신 논형의 소재두 대표님, 덕분에 출판이 많이 늦어져버렸다. 바쁜 와중에도 번역을 독려해주신 (주)유진기업 유경선 회장님에게도 감사드린다.

2007. 12.

유재연

참고문헌

獅子文六, 〈グランドホテルの記憶〉, 《Hotel Review》, 1955年 6月号, 日本ホテル協会

伊藤精介, 〈名バーテンダー物語〉, 《バッカス》, 1966年 5月号, TBSブリタニカ

運輸省鉄道総局業務局観光課編. 《日本ホテル略史》, 運輸省観光課, 1946年

大熊喜邦, 《東海道宿駅本陣の研究 総説の巻》, 建築知識社, 1939年

横浜市編纂, 《横浜市史稿 風俗編》, 臨川書店, 1965年

板橋倫行, 〈《横浜ホテル》逸事〉, 早稲田大学史学会編, 《史学論文集》 所收, 六甲書房, 1943年

グスターブ・シュピース, 《プロシャ日本遠征記》, 小澤敏夫訳, 奥川書房, 1934年

アレキサンデル・フオン・シーボルト, 《シーボルトの最終日本紀行》, 小澤敏夫訳, 駿南社, 1931年

クリストフア・ドレッサー, 〈日本-その建築・美術・工芸〉, ヒュウーコータッツイ, 《維新の港の英人たち》 所收, 中須賀哲郎訳, 中央公論社, 1988年

E・カブアリヨン, 〈二五四日世界一周〉, C・モンブランほか, 《モンブランの日本遠征記 - フランス人の幕末明治観》 所收, 森本英夫訳, 新人物往來社, 1987年

ヨセフ・コジェンスキー, 《明治のジャポンスコーボヘミア教育総監の日本観察記》, 鈴木文彦訳, サイマル出版会, 1985年

イサベラ・バード, 《日本奥地紀行》(東洋文庫 240), 高梨健吉訳, 平凡社, 1973年

ヒュー・ウイルキンソン, 〈太陽の国国とその海域〉, ヒュー・コータッツイ, 《維新の港の英人たち》 所收, 中須賀哲郎訳, 中央公論社, 1988年

ルイス・ウイングフイールド, 〈ある世界漫遊者の極東紀行〉, ヒュー・コータッツイ, 《維新の港の英人たち》 所收, 中須賀哲郎訳, 中央公論社, 1988年

土居晴夫, 〈神戸外國人居留地史話〉, 《Hotel Review》, 1991年 4月号

《オリエンタルホテル三十年の歩み》, オリエンタルホテル, 1965年

《神戸ゴルフ倶楽部史》, 神戸ゴルフ倶楽部, 1956年

川副保編著, 《百味往來 - 明治・大正・昭和》, 山口勇治翁傘寿記念出版の会, 1966年

《清水建設五十年》, 清水建設, 1954年

伊藤一隆, 〈幕末のホテル〉, 《同人》 所收, 同人, 1919年

福沢諭吉, 《福翁自伝》, 岩波文庫, 1978年

初田亨,《都市の明治一路上からの建築史》, 筑摩書房, 1981年

日本科学史学会編,《日本科学技術史体系 第17巻》, 第一法規出版, 1964年

山田風太郎,〈怪談築地ホテル舘〉,《明治断頭台》所收, ちくま文庫, 1997年

サミュエル・モスマン,《ニュージャパン》, ねずまさし・小池晴子訳, 平凡社, 1970年

アーネスト・サトウ,《一外交官の見た明治維新 下》, 坂田精一訳, 岩波文庫, 1960年

大熊喜邦,〈築地ホテル舘〉,《建築雜誌》329号, 330号, 351号(1914-16年), 日本建築学会

藤森照信,《日本の近代建築 上》(幕末・明治編), 岩波新書, 1993年

篠原宏,〈築地ホテル周辺考〉,《銀座文化研究》1号, 銀座文化史学会, 1986年

池田文痴菴編,《日本洋菓子史》, 日本洋菓子協会, 1960年

堀田曉生,〈写真が語る自由亭ホテルと大阪ホテル〉,《大阪春秋》511号, 大阪春秋社, 1978年

堀田曉生,〈自由亭ホテルの創業〉,《大阪春秋》83号, 1996年

《日本人名大事典 第2巻》, 平凡社, 1979年

小野重勝,《明治洋風宮庭建築》, 相模書房, 1983年

A・B・ミットフォード,《英國外交官の見た幕末維新》, 長岡祥三訳, 新人物往來社, 1985年

トク・ベルツ編,《ベルッ日記》, 管沼竜太郎訳, 岩波文庫, 1979年

三島由紀夫,《鹿鳴館》, 新潮文庫, 1984年

畠山けんじ,《鹿鳴館を創った男一お雇い建築家ジョサイア・コンドルの生涯》, 河出書房新社, 1998年

近藤富枝,《鹿鳴館貴婦人考》, 講談社文庫, 1980年

外國人居留地比較研究グループ,〈鹿鳴館はいかに活用されたか〉,《Hotel Review》, 1994年 12月号

犬丸徹三,《ホテルと共に七十年》, 展望社, 1964年

遠藤明久,〈ホテル建築・豊平館〉, 札幌市教育委員会文化財室編,《豊平館・清華亭》, 所收, 北海道新聞社, 1980年

越野武,《北海道における初期洋風建築研究》, 北海道大学図書刊行会, 1993年

木村勉,《近代建築解体新書一修復の計画と技術》, 建築修復学双書, 1994年

《帝国ホテル百年の歩み》, 帝国ホテル, 1990年

阿部要介,《札幌グランドホテル50年》, 三井観光開発, 1985年

小泉和子,〈古家具で知る文明開化〉,《日本経済新聞》, 1990年 4月 4日

中村雄昂,《西洋料理人物語》, 築地書館, 1985年

保田孝一,《最後のロシア皇帝ニコライ二世の日記》, 朝日新聞社, 1985年
レヴリー・ミットフォード,〈東洋と西洋〉, ヒュー・コータッツィ,《維新の港の英人たち》, 所收, 中須賀哲郎訳, 中央公論社, 1988年
オットマール・フォン・モール,《ドイツ貴族の明治宮廷記》, 金森誠也訳, 新人物往來社, 1988年
《風俗画報》415号, 東陽堂, 1910年
《汽車汽船旅行案內》, 庚寅新誌社, 1894年
《山本為三朗翁伝》, 朝日麦酒, 1970年
《奈良ホテル物語》, 奈良ホテル, 1991年
土崎紀子・沢良子編,《建築人物群像 追悼編/資料編》(住まい学大系 65), 住まいの図書館出版局, 1995年
《都ホテル100年史》, 都ホテル, 1989年
金谷眞一,《ホテルと共に七拾五年》, 金谷ホテル, 1945年
宮原安春,《軽井沢物語》, 講談社, 1991年
《万平ホテル物語—軽井沢とともに100年》, 万平ホテル, 1996年
重松敦雄,《旅と宿》, 国際観光旅館連盟, 1977年
宍戸実,《軽井沢別荘史—避暑地百年の歩み》, 住まいの図書館出版局, 1987年
西澤泰彦,《海を渡った日本人建築家—20世紀前半の中国東北部地方における建築活動》, 彰国社, 1996年
箱根湯温泉旅館組合編,《箱根湯本・塔ノ沢温泉の歴史と文化—箱根湯温泉旅館組合創立五0周年記念誌》, 夢工房, 2000年
箱根湯温泉旅館組合編,《箱根温泉史》, ぎょうせい, 1986年
三元祥一,《開港慰安婦と被差別部落—戦後RAA慰安婦への軌跡》, 三一書房
山口由実,《箱根富士屋ホテル物語》, トラベルジャーナル, 1994年
《富士屋ホテル八十年史》, 富士屋ホテル, 1958年
吉田綱市,《富士屋ホテルの建築》(箱根町文化財研究紀要第19号), 箱根町教育委員会, 1995年
長谷川堯,《日本ホテル館物語》, プレジデント社, 1994年
嶋有義,《嶋家聴き伝え》, 私家版, 1996年
メアリー・フレイザー, ヒュー・コータッツィ,《英国公使夫人の見た明治日本》, 横山俊夫訳,

淡交社, 1988年

谷崎潤一郎,《痴人の愛》, 新潮社, 1947年

相原典夫,〈鎌倉海浜ホテル考〉,《鎌倉》 34号, 鎌倉文化研究所, 1980年

武田勝蔵,《風呂と湯のこぼれ話—日本人の沐浴思想発達史話》, 村松書館, 1977年

長崎県衛生公害研究所編,《雲仙・小浜温泉誌》小浜町, 1990年

ブライアン・バークガフニ,《花と霜—グラバー家の人人》, 平幸雪訳, 長崎文献社, 1989年

桐山秀樹,〈雲仙物語〉,《シエスタ》, 1990年春号, シエスタ

草柳大蔵,《昭和天皇と秋刀魚》, 中央公論社, 1992年

堤康次郎,《叱る》, 有紀書房, 1946年

由井常彦編,《堤康次郎》, エスピーエイチ, 1996年

仙台市史編纂委員会編,《仙台市史　特別編 4》, 仙台市, 1997年

青木助三郎,《仙台駅前界隈八十年》, 私家版, 1979年

毎日新聞社編,《旅情百年 - 日本の鉄道》, 毎日新聞社, 1968年

長船友則,〈山陽鉄道物語〉,《かもめ》 19号, かもめクラブ, 1990年

村岡實,《日本ホテル小史》, 中公新書, 1981年

〈山陽ホテル物語〉,《山口新聞》, 1964年 2月 27日-29日

加藤郁哉編,《満州旅行の栞》, 満鉄鉄道総局, 1939年

小林英夫,《満鉄—〈知の集団〉の誕生と死》, 吉川弘文館, 1996年

鶴見祐輔,《後藤新平伝 満州経営論 上》, 太平洋協会出版部, 1943年

《南満州鉄道株式会社》, 南満州鉄道, 1919年

夏目漱石,〈趣味について〉,《漱石全集》, 第 25巻所收, 岩波書店, 1950年

森川哲郎,《暗殺百年史》, 図書出版社, 1973年

久保尙之,《満州の誕生—日米摩擦のはじまり》(丸善ライブラリー—184), 丸善, 1996年

西澤泰彦,《‘満州’ 都市物語—ハルビン・大連・長春》, 河出書房新社, 1996年

《南満州鉄道株式会社十年史 第2次》, 南満州鉄道, 1928年

《目でみる昔日の朝鮮》, 図書刊行会, 1986年

《建築画報》 1918年 3月号, 建築画報社

《回顧錄》, ジャパン・ツーリスト・ビューロー, 1937年

林靑梧,《文明開化の光と闇—建築家下田菊太郎伝》(相模新書), 相模書房, 1981年

木下淑夫, 〈ツーリスト事業の将来と隣接諸邦との関係〉, 《国有鉄道の将来》 所收, 鉄道時報局, 1924年
星野小次郎, 《藤山雷太伝》, 万里閣, 1939年
《東京會館いまむかし》, 東京會館, 1987年
岸衞 , 《観光立国》, 東京ニュース通信社, 1947年
《観光事業十年の回顧》, 国際観光局, 1940年
ジャパン・ツーリスト・ビューロー訳編, 《外人の見た日本の横顔》, ジャパン・ツーリスト・ビューロー, 1935年
深井甚三, 《江戸の宿—三都・街道宿泊事情》, 平凡社新書, 2000年
《新旅行》, 1927年 6月号, 溫泉の日本社
羽根田武夫, 《鬼の宿帖》, 文化出版局, 1977年
瀬戸内晴美, 《鬼の栖》, 河出書房, 1976年
近藤富枝, 《本鄉菊富士ホテル—文壇資料》, 講談社文庫, 1974年
児島襄, 《平和の失速— '大正時代' とシベリア出兵5》, 文藝春秋, 1994年
角野幸博, 〈ホテル文化のさきがけ〉, 〈阪神間モダニズム〉, 展実行委員会編, 兵庫県立近代美術館ほか企画・監修, 《阪神間モダニズム—六甲山麓に花開いた文化, 明治末期 - 昭和15年の軌跡》, 所收, 淡交社, 1997年
ノーマン・S・ハイナー, 《ホテル・ライフ》(シカゴ都市社会学古典シリーズ No.1), 田嶋淳子, ハーベスト社, 1997年
《夢を託して—第一ホテル社史》, 第一ホテル, 1992年
小林一三, 《私の見たアメリカ・ヨーロッパ》, 要書房, 1953年
高橋修三, 〈 '宮島ホテル' 関係資料〉, 《宮島の歴史と民俗》, 8号, 宮島町立宮島歴史民俗資料館, 1991年
志多摩一夫, 《油屋熊八伝》, 別府市観光協会, 1979年

신문기사
《明治ニュース事典》 第1-3巻, 毎日コミュニケーションズ, 1983-86年
《大正ニュース事典》 第1巻, 3巻, 5巻 ,毎日コミュニケーションズ, 1986~88年
《昭和ニュース事典》 第6巻, 毎日コミュニケーションズ, 1992年

찾아보기

가가(加賀) 146
가게쓰(花月) 250
가고시마 225
가나야 호텔 119
가나자와가(金沢家) 104
가네시로(金城) 호텔 157
가네야 부자 144
가네야 신이치(金谷真蹦) 139
가네야 젠이치로(金谷善蹦郎) 138, 143, 144
가네야 카테지 인 138, 140, 141, 143, 149
가네야 호텔 138, 140, 146
가도노 유키히로(角野幸博) 275
가라쓰 시립 가라쓰 씨사이드 호텔 259
가라쓰(唐津) 156
가라하후(唐破風) 71
가라후토(樺太) 93
가루이자와 146, 147, 148, 150, 154, 155, 160, 162, 163, 179, 189, 194, 280
가루이자와 골프클럽 154
가루이자와 우체국 147
가루이자와 호텔 153, 155, 158, 159, 160, 163
가루이자와 회의 151
가마고오리(蒲郡) 호텔 247
가마쿠라 가이힝인 호텔 185, 188, 190, 191
가마쿠라 막부 136
가메노야 호텔 194
가메노이 호텔 286
가메야 호텔 150
가메야(亀屋) 148, 149
가메이 쓰네지로도(井常次郎) 177
가메이 호텔 148
가미야 덴베에(神谷伝兵衛) 157
가미치카 이치코(神近市子) 272
가미코치 호텔 261, 262, 263
가바야마(樺山) 142
가부키 극장 157
가스미가세키 78
가쓰라 다로(桂太郎) 163
가와라마치 고이케(河原町御池) 114
가와우(川卯) 료칸 208
가와이 고조(河合浩蔵) 126
가와하라 헤이지로(河原兵次郎) 171
가이드 재난 144
가이세키(会席) 68
가이요켄(魁養軒) 101
가이카루(開化楼) 137
가이힝인(海浜院) 호텔 185, 186, 192
가지와라 이사부로(梶原伊三郎) 118
가타오카 야스시(片岡安)그룹 126
가터 훈장 122
가토 쇼이치로(加藤昇一郎) 142
간사이 철도 125, 206
간사이(關西)지방 12
간이 숙박장소 272
간키루(岩亀構) 165
간토 대지진 27, 192
개척사 맥주양조장 94
개척사(開拓使) 92, 93
갸쿠샤 10
거류지 29, 35, 46, 51, 58, 59, 64, 65, 96, 136, 143, 164, 168, 171, 172
게마 신지로(拆間新次郎) 41
게오르그 드 래런드(George de Lalande) 235
게오르기오스 109
게이오 전철 285
게이오 플라자(京王プラザー) 호텔 285
겔론 일행 93
견미 사절단 48
견습 요리사 67
경부 철도 246
경성 조선 호텔 235, 236, 246
경제조사회 256
고(講) 34
고노 겐이쿠(河野元育) 190
고니카이(五に会) 호텔 123, 124, 129, 130
고니카이 회관 124
고다이 도모아쓰(五代友厚) 48, 65, 67
고돈야마(御殿山) 85
고딕 양식 157
고료코쿠(御料局) 103
고마바(駒場) 권업료 167
고마쓰미야(小松宮) 161
고마에(格間絵) 144
고문단 93

고바야시 노부코(小林延子) 252
고바야시 다이조(小林大造) 155, 159
고바야시 유키오(小林幸夫) 147
고바야시 이치조(小林一三) 277, 280
고바야시 히데오 217
고바야시(小林) 호텔 141
고베 도아(東亞) 호텔 245
고보쿠샤 168
고쇼(御所) 61
고시노 다케시(越野武) 95
고시로(幸四郎) 252
고시엔 호텔 281, 282
고시엔구치(甲子園口)역 281
고시엔카이칸(甲子園会館) 281
고이즈미 가즈코(小泉和子) 103
고지고쿠(小地獄) 194
고지마 노보루(兒島襄) 273
고지마 우스이(小島烏水) 200
고지마가(小島家) 171
고추조야도(講中定宿) 33, 34
고쿄(皇居) 72, 254
고쿠도 161
고쿠부쓰(国府津) 역 180
고토 게이타(五島慶太) 284
고토 쇼지로(後藤象二郎) 67
고토 신페이(後藤新平) 125, 217, 220, 241
곤도 도미에(近藤富枝) 79, 271
골프 클럽 40, 42, 44
공부대학교 78, 86
관부연락선 211, 213, 234
관세 자주권 73
관영 호텔 213
관철 204
관청 집중 계획 82
괴담 쓰키지 호텔관(怪談築地ホテル館) 54
교카(狂歌) 57
교쿠센칸(玉泉館) 233
교키(行基) 192, 199
교토 고쇼 132
교토 데이코쿠 호텔 113
교토 마루야마 공원 112
교토 미야코 호텔 130
교토 상업회의소 118, 131
교토 호요칸(保養) 118
교토 3대 마쓰리 130
교토(京都) 호텔 9, 48, 115, 116, 120, 122, 131, 132, 133
교토신문 110
구노 미사오(久野節) 247
구니사부로 155
구니사와 신베에(国沢新兵衛) 228
구라가케야마(鞍掛山) 200
구라노가미(内蔵頭) 88
구라바 도미사부로(倉場富三郎) 197
구레 진수부 207
구로다 기요타카(黒鉀清隆) 93, 95
구로몬(黑門) 79
구로사와 다메기치(黒沢為吉) 40
구로타 기요타카 103
구리하라 사다코(栗原貞子) 198
구마로쿠(熊六) 153
구마모토 현립 아소간코 호텔 260
구사노 니시키(草野錦) 68
구사노 조키치(草野丈吉) 65, 66, 67, 111
구사야나기 다이조(草柳大蔵) 199
구스타브 브와소나드 75
구스타브 슈피스(Gustav. Spies) 22
구키 다카요시(九鬼隆義) 114
국내 권업박람회 64
국제 관광국 256, 257, 259, 261
궁내성(宮內省) 76, 88, 184
궁성 72
궁전풍 124
궁중형 건축 130
귀족원 92
규슈 호텔 197
규슈(九州) 철도 206
그랜드 호텔 9, 10, 23, 24, 28, 29, 224, 243
글래버 상회 39
글래버원 66
글로브 호텔 35
글룸 39, 40, 42, 43, 44
금강산 호텔 235
급행열차 206, 232
기가(木賀) 167
기노시타 도시오(木下淑夫) 240, 241, 242, 244, 246
기누가사야마(絹笠山) 199
기독교 금지정책 193
기리시마(霧島) 195
기리야마 히데키(桐山秀樹) 198
기무라 쓰토무(木村勉) 97
기스케 46, 47, 50, 51, 57, 58, 59, 60

기온 마쓰리(祇園祭り) 131
기우치 신타로(木内真太郎) 131
기쿠후지(菊富士) 호텔 270, 272, 274
기쿠후지루 270
기타무라 시게타카(北村重威) 61, 62
기타시라카와미야(北白川宮) 161
기힝카이(喜賓會) 244
긴자 대화재 59
긴자 도큐 호텔 62

나가군(那珂郡) 191
나가노 우헤이지(長野宇平治) 127
나가노 현립 가미코치 호텔 259
나가노 현립 시가고겐칸고 호텔 259
나가라쿠칸(長樂館) 131
나가사키 현립 운젠간코 호텔 259
나가사키부교(奉行) 193
나가사키야(長崎屋) 18, 23
나가사키야 겐에몬(長崎屋源右衞門) 18
나가요 센사이(長沾專齋) 186
나고야시립 나고야 간코 호텔 259
나고야의 핫쇼칸(八勝舘) 265
나라 국립박물관 127
나라(奈良) 호텔 11, 12, 124, 125, 127, 128, 129, 241
나라야 호텔 136, 164, 177, 178
나라현 청사 127
나쓰메 소세키(夏目漱石) 149, 221, 228, 234
나카노 부에이(中野武営) 239
나카무라 고레키미(中村是公) 219, 221
나카무라 시쓰루(中村芝鶴) 191
나카무라 유다카(中村雄昂) 105
나카무라 자쿠에몬(中村雀衞門) 272
나카무라루(中村樓) 111, 113
나카센도(中山道) 146
나카시마 공원 92
나카야 다모쓰(中谷保) 284
나카야 우키치로(中谷宇吉郎) 284
나카야마 야스지로(中山安次郎) 186
남만주 철도주식회사 214, 234
노 쓰네타미(佐野常民) 67
노기(乃木) 158
노(能) 118
노동 호텔 272, 273, 274
노먼. S. 하이너(Norman S. Hayner) 276
노무라 요조(野村洋三) 8
노스 차이나 데일리뉴스(NORTH CHINA DAILYNEWS) 195
니가타 현립 아카쿠라 간코호텔 260
니시무라 니헤이에이 129
니시무라 진베에(西村仁兵衞) 117~119, 122, 123, 124, 125, 130
니시무라 진사쿠(西村仁作) 117
니시무라 한지로(西村伴次郎) 130
니시자와 야스히코(西沢泰彦) 157, 224
니시키에(錦絵) 52, 56
니카푸고료목장(新冠御料牧場) 103
니콜라이 황태자 115
니콜라이 2세 26
니혼게이자이 신문(日本経済) 103
니혼제당 249
닛코 가네야(金谷) 호텔 123, 138, 139, 145
닛코 신코(真涼)교회 144
닛코 호텔 141, 142, 143
닛타 요시사다(新田義貞) 136
닛타 요시타카(新田義隆) 136
닛폰유센(日本郵船) 155, 245

다니자키 준이치로(谷崎潤一郎) 185, 272
다렌 야마토 호텔 216, 217, 220, 221, 222, 226~228
다루니 호텔 216, 220
다바시 도모유키(板橋倫行) 21
다쓰노 가사이(辰野葛西)사무소 209
다쓰노 긴고(辰野金吾) 126, 209, 239
다이부쓰(大嘉) 호텔 124
다이세호칸(大政奉還) 52
다이쇼 모더니즘 275
다이쇼 시대 83, 197, 249, 274
다이스이카쿠(大翠閣) 233
다이이치 국립은행 90
다이이치(第一) 호텔 13, 276, 280
다카라즈카(減塚) 호텔 277
다카마쓰노미야(高松宮) 106
다카시마 탄광 193
다카야마 조규(高山樗牛) 205
다카키(高滑) 호텔 195
다카하시 데이타로(高橋貞太郎) 263
다케다 가쓰조(武田勝蔵) 190
다케다오(武田尾) 온천 268
다케우치 료이치(竹内良一) 212
다케히사 유메지(竹久夢二) 272
대일본 호텔 124, 125, 129
대일본 호텔업 동맹회 243

대장 대보(大藏大輔) 85
대장성 장관 161
데라다 도라히코(寺田寅彦) 222
데이비드 팬헬로 101
데이코쿠 극장 249, 250, 251, 252, 254
데이코쿠(帝館) 호텔 9, 11, 65, 76, 78, 82, 83, 86~91, 101~103, 120, 123, 168, 178, 188, 214, 237, 239~242, 245~248, 250, 251, 253, 257, 261, 263~265, 271, 279, 281, 282
데이코쿠철도청 212
데이코쿠코센(帝国 鉱泉) 249
데포슈(胛砲洲) 51
덴몬카타(天文方) 19
도고 헤이하치로(東鄉平八郎) 225
도쇼구(東照宮) 139
도야마현(富山県) 44
도요켄(東洋軒) 250
도요키센(東洋汽) 247
도이 하루오(土居晴夫) 35
도치기 현립 닛코간코 호텔 260
도쿄 다이쇼박람회(大正博覧會) 270
도쿄 상업회의소 244, 249, 251
도쿄 스테이션 호텔 238, 242, 255, 271, 274
도쿄 시바공원 79
도쿄 올림픽 284
도쿄 일일 신문 76
도쿄 정차장(스테이션) 호텔 237
도쿄 터미너스 호텔 합동준비임원회 248
도쿄 호텔 85, 120, 238
도쿄 힐튼 호텔 12
도쿄고등상업학교 214
도쿄대학 74, 78, 167
도쿄역 호텔 238
도쿄주오(東京中央) 호텔 260
도쿄카이칸(東京會) 249, 251, 252, 253, 254, 255
도쿄해상보험 247
도쿠가와 쇼군 70
도쿠가와 요시노부(徳川慶喜) 89
도쿠가와 요시시타(徳川義親) 154
도큐 백화점 277
도키와 야스고로(常盤安五郎) 189
도키와(常磐) 호텔 108, 109, 110, 115, 117, 132, 222
도키와카단(常磐花壇) 114
도호(東減)그룹 277
동청(東清) 철도 223
돼지막 화재 사건 57
드 르부르 호텔 50

라피스라줄리(lapis lazuli) 92
랴오닝 영빈관 231
랴오뚱반도 216
러시아 혁명 189
러일 전쟁 125, 145, 214, 215, 220, 237
레빌리 미드포드 112
레스토랑 세이요켄(精養軒) 61
레이크 사이드 호텔 119
로쿠메이칸 11, 48, 65, 75, 76, 77, 79, 80, 81, 82, 84, 188
롯코산 호텔 278
롯코산(六甲山) 38, 42, 43
료칸 10, 13, 21, 30~32, 50, 101, 110, 113, 120, 126, 145, 149, 163, 179, 180, 185, 190, 194, 199, 205, 210, 226, 227, 238, 240, 244, 249, 264, 265, 266, 279, 280
루디야드 키플링 37
루이 나폴레옹 81
루이 비고 37
뤼순 야마토 호텔 217
리조트 136, 137, 146, 147, 199, 185, 188, 201, 204, 281
리키이시 오사카 부 지사 262
릿쿄(立教)학교 143, 144

마고시 교헤이(馬越恭平) 190, 285
마나쓰루(真鶴) 185
마루노우치(丸の內) 호텔 226, 277
마스다 고(益田孝) 88
마스다 다카시(益田孝) 168, 244
마쓰가타(松方) 161
마쓰다 미치히사(松田道久) 137
마쓰마에번(松前藩) 92
마쓰모토 다마지로(松本玉次郎) 212
마쓰모토 준(松本順) 190
마쓰지마(松島) 파크 호텔 285
마에다 마타키치(前田又吉) 114, 116, 222
마이니치신문사 206
마차 인력거 64
마코토코(真誠講) 34
마키에(蒔絵) 56
막부 45, 48, 80, 165
만주 40, 213, 215, 216, 231, 232, 234, 237
만철(滿鐵) 214, 216, 217, 220, 221, 223, 226, 228,

230, 231, 232, 234, 241, 246
만철 호텔 216, 219
만키치 122
만페이(万平) 호텔 147, 150, 152, 153, 155, 158, 160, 163, 189, 264, 277
매슈 페리(Matthew Calbraith Perry) 20, 47
메리 프레이저(Mary Frazier) 180
메시모리 온나(飯盛り女) 34
메이지 시대 38, 46, 65, 154, 182, 194, 204, 274
메이지 유신 18, 164
메이지 정부 75, 70
메이지무라(明治村) 91
메이지야(明治屋) 159, 189, 192
모기 소베에(茂木袮兵衛) 186
모더니즘 건축 174
모리 리쓰코(森律子) 252
모리 아리노리(森有橋) 64
모리 오가이(森鷗外) 61
모리카와 데쓰로(森川哲朗) 221
모모야마(桃山) 시대 111
묘지타이토(名字朧刀) 45
무라오카 미노루(村岡実) 208
무로우 사이세이(室生犀星) 189
무쓰(陸奧) 호텔 126, 204, 205
무코가와가쿠인(武庫川学院) 281
미・일 통상조약 20, 49
미도리야(掛屋) 호텔 194
미쓰이 구미(三井組) 하우스 60
미쓰코시 백화점 106
미야기 현립 뉴파크 호텔 260
미야노시타의 대화재 170
미야지마 호텔 285, 287
미야코(都) 호텔 40, 116, 117, 119, 120, 122, 123, 129, 130, 131, 132
미야하라 야스하루(宮原安春) 147
미즈모리네기리(水盛根切) 51
미첼 맥도널드 24
미카사(三笠) 호텔 153, 154, 156, 157, 158, 159, 160
민영 료칸 205

바질 홀 체임벌린(Basil Hall Chamberlain) 173
바칸 208
반 발겐버그 공사(公使) 46
베이브 루스(George Herman Babe Ruth) 282
벤케이호 94
벳푸(別府) 온천 286
보신(戊辰)전쟁 59
봉사료 106, 268
뵈크만 82, 85, 86
부산 철도호텔 234
불평등 조약 73, 77
브리젠스 53, 57
블라디보스토크 195
비고 시대 37
비와코 호반 136
비와코(琵琶湖) 109
비즈니스호텔 276, 280
비프 스테이크 105
빅토리아 여왕 70
빌헬름 뵈크만 82

사가미만(相模局) 186
사가미지방 136
사가번(佐賀藩) 193
사교 살롱 154
사교기관 253
사교장 124, 255
사나토리움 185, 186, 187, 188
사단법인 일본 건강개발재단 184
사무라이 65, 140
사뮤엘 모스맨 55
사보이 극장 250
사사키 노부쓰나(佐佐木信綱) 280
사철(私鉄) 125, 204, 206
사카타니 요시오(阪谷良郎) 246
사쿠라이자와 152
사토 구니아키 149
사토 만에몬(佐藤万右衛門) 147
사토 만페이 148, 155
사토 사시치(佐藤佐七) 165
사토 오리에(佐藤織衛) 153
산요(山王) 호텔 126, 207, 209, 210, 211, 212, 241, 246, 283, 284
산요(山陽) 철도 126, 206
산자수명(山紫水明) 200
산조 사네토미(三条實美) 78
산코쿠이케(三国池) 42
산킨코타이(參勤交代) 32, 146
산토코(三都講) 34
삿포로 그랜드 호텔 102
삿포로 농학교 94, 101
샤를르 가르니에(Charles Garnier) 80

상들리에 99, 100
서구화주의자(西欧化主義者) 64
서양식 64, 65, 229, 267
섭정관 103
세공품 158
세관청사 157
세이부 그룹 200
세이부 콘체른 161
세이요켄 62, 63, 64, 241
세이요켄 호텔 61, 250, 251, 271
세이카루(清華樓) 68
세이쿄샤(聖教社) 신학교 149
세키즈카 기헤이(関塚喜平) 104~106
세토나이카이(瀬戸内海) 195, 206
세토우치 자쿠초(寂聴) 270
세토우치 하루미(瀬戸内晴美) 270
센가다키 161
센고쿠바라(仙石原) 168
센류(川柳) 120, 121, 152
센신칸(洗心舘) 68
센신테이(洗心亭) 68
센트 폴즈 학교 143
소코쿠라(底倉) 167
손탁 호텔 245
쇄국정책 66, 73
쇼와 시대 102, 255, 263, 268, 275, 284
송위에청(熊岳城) 온천 231, 232
순행 100, 131, 132
슈쿠에키 제도(宿駅制度) 32
슈쿠에키초(宿駅町) 33
스기마고 시치로 88
스기야마 기쿠지로(杉山菊次郎) 104
스기야마 쇼지(杉山正次) 107
스기야마가(杉山家) 104
스나가 덴조(須永伝蔵) 168
스미토모 신탁은행 130
스즈키 기소지(喜惣次) 138
스즈키 다이치로(鈴木太一郎) 209
스즈키 주지(鈴木忠治) 277
스즈키 호텔 138, 140
스즈키산에이(鈴木三栄) 227, 277
스테이션 호텔 240
스텐드 글라스 131
스티븐스 278
슬레이트 지붕 157
승합자동차 196
시가 시게타카(志賀重昴) 200
시가 현립 비와코 호텔 259
시게마쓰 아쓰오(重松敦雄) 152
시계탑 94, 96
시나가와숙(品川宿) 165
시노하라 히로시(篠原宏) 58
시니세(老舗) 111, 247
시라키야(白木屋) 147, 207
시리베시도오리(後志通り) 96
시마 도쿠조(島徳蔵) 281
시마 슈기치(嶋周吉) 174
시마 아리요시(嶋有義) 174
시마바라 운젠다케 193
시마바라 철도 196
시마바라(島原)유곽 58
시마바라번 193
시마자키 도손(島崎藤村) 205
시메쓰 호텔 21
시모노세키 철도 구락부 211
시모노세키의 관인 호텔 209
시모다 기쿠타로(下田菊太郎) 247
시모다 호텔 194
시모쓰케(下野)신문 161
시모오카 렌조(下岡蓮杖) 174
시미즈 건설 44
시미즈 기스케(清水喜助) 10, 44, 56, 66, 75, 172
시미즈구미(清水組) 235, 251
시민회관 96, 106
시바코요칸(芝紅葉舘) 79
시베리아 철도 234
시부사와 에이이치 88~90, 168, 244, 273
시시도 마코토(宍戸実) 153
시시분로쿠(獅子文六) 9, 11
시즈오카 현립 가와나 호텔 259
시카고의 오드트리엄좌 250
시타마 가즈오(志多摩一夫) 286
식산흥업 60
신시마바라(新島原) 58
신에쓰(信越) 본선 206
신오사카 호텔 262, 263
신유(新湯) 호텔 197
신의주 정차장 호텔 235
신일본 팔경 261
신천지 231
신토 호텔 198
심벽틀 형식 127

쓰다 산조(津田三藏) 26, 109
쓰마키 요리나카(妻木供黃) 126
쓰쓰미 야스지로(堤康次郎) 161, 200
쓰치야 사진관 147
쓰키지 세이요켄 호텔 61, 85, 104, 240, 242
쓰키지 호텔 10, 23, 46, 52~61, 66, 67, 75, 99

아다치 요시유키(安達善幸) 96, 99
아더 H. 글룸 38
아라이(新井) 호텔 141
아르누보 양식 235~225
아리마 호텔 123, 129
아리마구락부(有馬倶楽部) 호텔 123
아리마(有馬) 온천 123
아리시마 다케오(有島武郎) 154, 158
아리아케(有明) 호텔 197
아부라야 구마하치(油屋熊八) 286
아사노 소이치로(浅野総一朗) 88, 89, 273
아사누마(浅沼)상회 176
아사카노미야 162
아사히 맥주 사장 121
아사히 헤이고(朝日平吾) 273
아서 글룸 209
아오야마 가즈사부로(青山和三郎) 188
아오이 마쓰리(葵祭) 130
아오키 스케사부로(青木助三郎) 205
아오키(青木) 호텔 205
아이하라 노리오(相原典夫) 186
아인슈타인 박사 104
아카바(赤羽) 공작 분국 100
아케타니 도라노스케(明谷寅之助) 40
아쿠타가와 류노스케(芥川瑠之介) 189
아키(安芸) 미야지마(宮島) 285
아키타 세이로쿠(秋田清六) 9
아타미 호텔 255, 257
아타미(熱海) 온천 167
아편 전쟁 73
아프트식 철도 150
안도 간에몬(安藤勘右衛門) 168
안도 하야토노스케(安藤隼人介) 136, 168
안도 헤이지(安藤兵治) 177
안둥(安東) 234
안중근 221
알버트 아인슈타인 105
앨저넌 미트포드 71
야나기타 구니오(柳田国男) 146
야마가타 아리아케(山県有明) 212
야마가타 이사부로(山県伊三郎) 212
야마구치 구메조(山口灸蔵) 165
야마구치 센노스케 165, 168, 170, 243
야마구치 쇼조(山口正造) 173, 176
야마구치 유미(山口由美) 166
야마구치 유지(山口勇治) 40~42
야마다 닌조(山田忍三) 207
야마다 후타로(山田風太郎) 54
야마모토 규자부로(山本久三郎) 249
야마모토 나오나리(山本直成) 154
야마모토 다메사부로(山本為三郎) 121
야마토 호텔 225, 226, 227, 230, 232, 240, 241, 246, 264
야사카 진자 111
야스다 고이치(保田孝一) 108
야스지(安次) 104, 105
야시마(八洲) 호텔 277
야아미 호텔 110, 112, 113, 114, 116, 118, 120, 122, 123
얀 렛쓸(Jan Letzel) 285
어네스트 사토 55, 57
에기 다스쿠(江木翼) 256
에도 시대 33, 34, 92, 146
에딘버러공 알프레드 70
에르빈 폰 베르츠 74, 75, 84, 182, 184, 185, 187
에비야(海老屋) 20, 23
에조치(蝦夷地) 92
엔데와 뵈크만 86
엔도 아라타(遠藤新) 281
엔도 아키히사(遠藤明久) 94, 96, 98
엔료칸 72, 76, 78
엥겔베르트 켐퍼(Engelbert Kaempfer) 193
역사(驛舍) 호텔 239
영국 공사관 방화 사건 85
영국 철도 206
영문 광고지 244
영빈관 70, 76, 80, 81, 83, 84, 92, 124, 125, 126, 128, 133, 217, 270
오가와 에이이치(小川栄一) 284
오나미 쇼즈이(大浪昌隨) 165
오노키 고지(小野木孝治) 223, 231
오노키 시게카쓰(小野木重勝) 71
오다와라 사카니무라(小田原酒内村) 171
오도(王堂)문고 177
오리엔탈 호텔 29, 36, 37, 38, 39, 41, 42, 209, 235,

245
오무라번(肥前大村藩) 186
오사카 마이니치신문 209
오사카 만국박람회 284
오사카 상법회의소 65
오사카 지유테이(自由亭) 호텔 48
오사카 철공소 38
오사카 호텔 66, 121, 123
오사카나가사키야 20, 23
오사카부 권판사 65
오사카시립 신오사카 호텔 259
오사후네 도모노리(長船友則) 207
오스기 사카에(大杉栄) 272
오쓰 무라사키야초 137
오쓰 사건(大津事件) 26, 108, 114, 132
오야토이(お雇い) 94, 96, 98, 101
오오카 스케에몬(大岡助右衛門) 96
오와쿠타니(大涌谷) 183
오이즈미 우메지로(大泉梅次郎) 205
오이즈미야(大泉屋) 205, 206
오자키 유키오(尾崎行雄) 150, 267
오카다 도키타로(岡田時太郎) 156
오카다 요시코(岡田嘉子) 212
오쿠라 기시치로(大倉喜七郎) 261, 279
오쿠라 슈코칸(大倉集古舘) 89
오쿠마 요시쿠니(大熊喜邦) 18, 56
오쿠보 도시미치(大久保利通) 75, 204
오키 모리구니(冲守国) 164
오타 쓰요시(太田毅) 223, 228
오토(鴨東)은행 118
오트멀 폰 몰(Ottmar von Mohl) 113
온천 182, 187
와다쿠라몬(和田倉門) 59
와인 양조장 157
와인관인 규큐(牛久) 157
와카야마 보쿠스이(若山牧水) 267
와키진 95, 146
와타나베 마모루(渡辺譲) 82, 86
와타나베(渡澗) 호텔 141, 143
요미우리신문 63, 186
요사노 아키코(与謝野晶子) 267
요세프 코젠스키 28
요시고로(吉五郎) 174
요시노 사쿠조(吉野作造) 267
요시다 쓰나이치(吉田綱市) 171
요시미즈엔(吉水園) 117, 130
요시카와 아키마사(芳川顕正) 239
요시히사 친왕(能久親王) 132
요조칸(養生館) 233
요코야마 다이칸(横山大觀) 259
요코야마 마고이치로(横山孫一郎) 88
요코이 겐스케(横井謙介) 231
요코하마 그랜드 호텔 157, 245
요코하마 생사(生絲)업계 187
요코하마 클럽 21, 23
요코하마 호텔 21, 22, 23, 35
요코하마시 유 호텔 뉴그랜드 259
요코하마(横浜) 클럽 20
요하네스 얀슨 82
우노 고지(宇野浩二) 272
우라고오리초립 가마고리 호텔 259
우룽베이(五龍背) 온천 232, 234
우스이 고개 150
우시즈카(牛塚) 260
우에노 공원 64
우에노 박물관 79, 80
우에노 히코마(上野彦馬) 174
우에무라 슈페이(植村俊平) 210
우지야마다(宇治山田) 123
우치다 로안(内田魯庵) 267
우타가와 히로시게(歌川広重) 19
운젠 공원 계획 196
운젠(雲仙) 192
운조쇼(運上所) 22
울트라 마린 블루 92
월례 댄스회 276
윈저 하우스 25
윌라드 호텔 49
윌리엄 버젠스 78
윌리엄 클라크(William Smith Clark) 94
유겐트 양식 235
유곽제도 137
유곽촌 165
유녀 해방령 137
유니버설 콘탁스 176
유라쿠초(有楽町) 278
유모토 료칸 194
유빈호치(郵便報知)신문 137
유한책임 데이코쿠 호텔회사 85
율리시스 그랜트 75
이노우에 가오루(井上馨) 48, 65, 77, 78, 82, 84, 86, 114
이노우에 기타로(井上喜太郎) 116

이노우에 마사루(井上勝) 204
이노우에 사다오(井上定雄) 285
이노하라 사다오(猪原貞雄) 246
이누마루 데쓰조(犬丸徹三) 88, 214, 223, 257, 261, 265
이리모야(入母屋) 71
이리에 조하치(入江長八) 99
이마후쿠(今福) 250
이사벨라 버드 29, 30, 140
이세(伊勢)신궁 124
이세코(伊勢構) 34
이소노 조조 159, 189
이슬람 양식 80
이와소(岩惣) 265
이와시타 이에카즈(岩下家一) 225
이와자키 야노스케(岩崎逕之助) 88
이와쿠라 도모미(岩倉具視) 61, 62, 64
이와쿠라 사절단 166
이이 나오스케(井伊直弼) 45
이이사카 265
이즈야마산(伊豆山) 258
이즈(伊豆)의 조하치(長八) 계통 99
이치다 기쿠지로(市田菊次郎) 224
이치다 주로베(市田重郎兵衞) 224
이카호(伊香保) 182
이케다 분치안(池田文痴菴) 62
이쿠마(生馬)화백 158
이토 고노스스무(伊藤耕之進) 250
이토 고노스케(伊東幸之助) 124
이토 노에(伊藤野枝) 272
이토 도시스케(伊藤俊輔) 36, 85
이토 히로부미(伊藤博文) 36, 48, 74, 103, 114, 115, 221, 234
이토 히로유키(伊東祐亨) 207
일본 관광주식회사 257
일본 산악회 200
일본 은행 126
일본 적십자사 67
일본 호텔 협회 242, 243, 245
일본 8경 286
일본관 170
일본군 민정서(民政署) 220
일본식 별장 229
일본의 벳푸 온천 286
일본풍 장식 99
잇신코(一新講) 33
자동차용 도로 196
장기체류형 호텔 275
장안 호텔 235
장춘 야마토 호텔 215, 217, 219
저팬 호텔주식회사 247
전권대사 62
전근족탑(勤族) 275
정차장 호텔 231
제국 박물관 127
제일국립은행 60
제임스 C. 헵번(James Curtis Hepburn) 23, 138
제임스. M. 가디너(James Mcdonald Gardener) 143, 147
제정 러시아 216, 224, 225, 230
제1차 세계대전 237
조루리(浄瑠璃) 118
조사이어 콘더 76, 86, 188
조선 정무총감 212
조선 철도 234
조선 호텔 235, 237
조선총독부 철도국 234
조선해협 213
조슈(上州) 160
조슈(長州)번 85
조야도(定宿) 33, 34
조야신문(朝野新聞) 68, 82
존 에드워드 코리어 168
존왕양이(尊王洋夷) 운동 53
주가이쇼교신보(中外商業新報) 252
주식회사 아지노모토 226
주오료칸 260
주오테이(中央亭) 250
주젠지코(中禅寺湖) 119, 145
중국 후난성 186
중요문화재 106, 107, 156
즈시(逗子) 호텔 226
즈이센지(瑞泉寺) 44
증기 기관차 129, 150
지다이 마쓰리(時代祭) 131
지유테이(自由亭) 호텔 66~68, 111, 113
지지신보(時事新報) 76, 102
지치부노미야(秩父宮) 102
직업사진가의 선구자 174
직영 호텔 235
진푸루(神風樓) 166

진푸코(神風講) 33
집약적 아파트 275

챗값 265~268
창춘 구락부 223
창춘 야마토 호텔 225, 226, 230
천장절(天長節) 92, 132
천황 즉위식 130
철도 개업식 67
철도 건설 204
철도 호텔 234, 237, 240, 241
철도국장 161
철도원 125
철도회사 125, 204
청부인 51, 96
청원 순사제도 160
청일 전쟁 195, 216, 234
초대 육군군의 총감 190
초밥집 250
총독부 민정장관 217

카라카우어 76
카발리용 26
캐프런 93
커머셜 호텔 247
컨노트 공작(Duke of Connaught) 122, 145
코린트 양식 99
콘더 78, 79, 80, 81, 98
쿠어하우스(Kurhaus) 호텔 182, 184
크리스토퍼 드레서 24
클래식 호텔 283
클럽 호텔 245
키치너 원수 145

타이완 40
타이완 철도 호텔 246
탄정대(彈正臺) 54
탕강쯔(湯崗子) 온천 232, 233
테오도르 히데코 150
토머스 글래버(Thomas Blake Glover) 193
토머스 앤티셀(Thomas Anticel) 94
토머스 월터스 60
통역관 71
투바이포 공법 97
툰베리(Carl Peter Thunberg) 19
특설전화 제도 179

파이오니어(PIONEER) 37
파크스 공사 46, 141
팔레스 호텔 254
팔작지붕 71
팸플릿 161
펑텐 야마토 호텔 217, 230
펠리스 비아토(Felice Beato) 175
편자(蹄鐵)호텔 22
평양 철도 호텔 235
포츠머스조약 220
폴 크로델 286
프랑스 요리 72
프랭크 39
프랭크 로이드 라이트 264, 281
프린스 호텔 200
플라자합의 8
플라자호텔 8
피엘 로티(Pierre Loti) 112

하계 학교 154
하네다 고노스케(羽根田幸之助) 270
하네다 다케오(羽根田武夫) 270
하라 젠자부로(原善三郎) 187
하라다 덴야(原田伝逕) 101, 104
하루노 야스미레(春酒家董) 57
하마고텐(浜御殿) 70
하마구치 모리스케(浜口守助) 119
하마구치 오사치(浜口雄幸) 256
하마리큐온시(浜離宮恩賜) 공원 70
하버드 폰팅(Herbert George Ponting) 119
하세가와 다카시(長谷川尭) 172, 228
하시모토루(橋本樓) 268
하쓰다 도루(初田亨) 51, 126
하야시 다미오(林民雄) 245
하야시 세이고(林青梧) 248
하야시 아이사쿠(林愛作) 245, 281
하인리히 멘츠 85
하치이시초(鉢石町) 138
하코네 미야노시타(箱根宮ノ下) 136
하코네 온천 164, 167, 179, 180
하코네 유모토(箱根湯本) 163
하코네 토지개발 주식회사 161, 162, 201
하코다테신문(函館新聞) 101
하타고(旅籠) 19, 32, 146~148
학사회관(學士會館) 263

한신대지진(阪神大震災) 282
한신(阪神) 전철 281
합장형의 장식판 양식 71
해군 기관학교 189, 190
해군 훈련병 주둔소 70
해리 파크스 45, 138
해수욕 188, 191
해수탕 187, 190
해체 복원 공사 97
하쿠주(百十)은행 210
헤르만 엔데 82
헵번식 로마자 138
현영 골프장 196
현영 테니스코트 196
현영(県営) 공원 195
현청 지정 료칸 137
호레이스 캐프런(Horace Capron) 93
호소(房總) 해안 186
호시가 우라 호텔 217, 230
호시오카 시게카즈(星丘重一) 66
호요칸(保養館) 234
호코카이(保晃會) 142
호텔 경영 37, 85
호텔 보이 215
호텔 붐 270
호텔 센다이 플라자 205
호텔 열차 206
호텔 파인클레스트 275
호텔 후프나겔 22
호텔관광업계 245
호텔리에 287
호텔협회 245
호헤이칸(豊平館) 11, 92, 94, 95, 96, 97, 98, 99, 100, 101, 102, 103, 104, 105, 106, 107, 156, 283
혼진 94, 146, 153
홋카이도 대학 94
화양 절충 104, 127, 128, 159, 233
황태자 암살미수 사건 108
회반죽 부조 99
회원제 클럽 84
효고뉴스 37
후가쿠칸(富嶽館) 169
후미마로(近衛文倹) 공작 154
후지모리 데루노부(藤森照信) 57
후지사와 세이시치(藤沢清七) 44
후지야(富士屋) 호텔 48, 119, 123, 165, 167, 168, 170, 171, 173, 174, 176~178, 181, 183, 243, 264
후지야마 라이타(藤山雷太) 249, 251
후지야마와 게이샤 173
후지타 겐기치(藤田源吉) 84
후카이 진조(深井甚三) 266
후쿠자와 유키치(福沢諭吉) 48, 50, 167, 168
후쿠주 기헤이지(福住喜平治) 167
후프나겔 호텔 23
휴 윌킨슨 31
히가시 후시미노미야(東伏見宮) 158
히노데신문(日出新聞) 110
히다리 진고로(左甚五郎) 144
히라이 세이지로(平井晴二郎) 242
히로시마 원폭 돔 285
히비야(日比谷) 호텔 271
히카게 찻집 사건 272
히타치 조선소 38
히토미 기누에(人見絹枝) 267
히토쓰바시(一橋)대학 107, 214
11대 쇼군 이에나리팁(川家齊) 70
15대 장군 요시노부 52
2·26사건 284
3대 히로시게 52
6대 장군 이에요시팁(川家宜) 70
A. 모리스 35